MICHEL **GLATT**

20
24

REPARAÇÃO DE DANOS NA RESPONSABILIDADE POR RUPTURA INJUSTIFICADA DAS TRATATIVAS

ENTRE O INTERESSE NEGATIVO E O
INTERESSE POSITIVO

Dados Internacionais de Catalogação na Publicação (CIP) de acordo com ISBD

G549r   Glatt, Michel

        Reparação de Danos na Responsabilidade por Ruptura Injustificada das Tratativas: entre o interesse negativo e o interesse positivo / Michel Glatt. - Indaiatuba, SP : Editora Foco, 2024.

        184 p. ; 16cm x 23cm.

        Inclui bibliografia e índice.

        ISBN: 978-65-6120-156-8

        1. Direito. 2. Reparação de Danos. 3. Responsabilidade por Ruptura Injustificada das Tratativas. I. Título.

2024-2571   CDD 340   CDU 34

Elaborado por Vagner Rodolfo da Silva – CRB-8/9410

Índices para Catálogo Sistemático:

1. Direito 340

2. Direito 34

MICHEL GLATT

REPARAÇÃO DE DANOS NA RESPONSABILIDADE POR RUPTURA INJUSTIFICADA DAS TRATATIVAS

ENTRE O **INTERESSE NEGATIVO** E O **INTERESSE POSITIVO**

2024 © Editora Foco

Autor: Michel Glatt
Diretor Acadêmico: Leonardo Pereira
Editor: Roberta Densa
Coordenadora Editorial: Paula Morishita
Revisora Sênior: Georgia Renata Dias
Capa Criação: Leonardo Hermano
Diagramação: Ladislau Lima e Aparecida Lima
Impressão miolo e capa: FORMA CERTA

DIREITOS AUTORAIS: É proibida a reprodução parcial ou total desta publicação, por qualquer forma ou meio, sem a prévia autorização da Editora FOCO, com exceção do teor das questões de concursos públicos que, por serem atos oficiais, não são protegidas como Direitos Autorais, na forma do Artigo 8º, IV, da Lei 9.610/1998. Referida vedação se estende às características gráficas da obra e sua editoração. A punição para a violação dos Direitos Autorais é crime previsto no Artigo 184 do Código Penal e as sanções civis às violações dos Direitos Autorais estão previstas nos Artigos 101 a 110 da Lei 9.610/1998. Os comentários das questões são de responsabilidade dos autores.

NOTAS DA EDITORA:

Atualizações e erratas: A presente obra é vendida como está, atualizada até a data do seu fechamento, informação que consta na página II do livro. Havendo a publicação de legislação de suma relevância, a editora, de forma discricionária, se empenhará em disponibilizar atualização futura.

Erratas: A Editora se compromete a disponibilizar no site www.editorafoco.com.br, na seção Atualizações, eventuais erratas por razões de erros técnicos ou de conteúdo. Solicitamos, outrossim, que o leitor faça a gentileza de colaborar com a perfeição da obra, comunicando eventual erro encontrado por meio de mensagem para contato@editorafoco.com.br. O acesso será disponibilizado durante a vigência da edição da obra.

Impresso no Brasil (8.2024) – Data de Fechamento (8.2024)

2024
Todos os direitos reservados à
Editora Foco Jurídico Ltda.
Rua Antonio Brunetti, 593 – Jd. Morada do Sol
CEP 13348-533 – Indaiatuba – SP

E-mail: contato@editorafoco.com.br
www.editorafoco.com.br

AGRADECIMENTOS

O presente trabalho – que decorre de dissertação de mestrado elaborada no âmbito do Programa de Pós-graduação da Faculdade de Direito da Universidade do Estado do Rio de Janeiro (UERJ) – não existiria sem o suporte, compreensão e apoio incondicional daqueles que figurarão nos próximos parágrafos.

A presente seção da obra se justificaria, então, se a paciência e o carinho daquelas pessoas tivessem se limitado ao período de elaboração do estudo e aos esforços que cada um deles, de uma maneira ou de outra, empreendeu para que ele chegasse a seu final. Entretanto, seu papel não se limitou àquele curto espaço de tempo ou àquele suporte específico; mas, muito além, a atuação de todos e de cada um foi essencial para que hoje eu me sinta, ao mesmo tempo, realizado e ansioso por realizar muito mais, e, assim, em alguma medida, retribuir aquilo que recebi.

As linhas abaixo, portanto, jamais farão jus à homenagem que eles mereceriam receber ante toda a gratidão que sinto por terem ficado ao meu lado e acreditado em mim. Aliás, mesmo se tivesse o espaço de um livro inteiro para dedicar aos agradecimentos àqueles que os merecem, certamente não conseguiria, já que palavras não bastariam a tanto. Assim, espero, no convívio do dia a dia, expressar, devidamente e em toda a extensão, o quanto sou agradecido por ter cada um deles na minha vida.

Aos meus pais, Sonia e André, que nunca mediram esforços para me proporcionar tudo, agradeço o incansável apoio, incentivo, orientação e presença, por todos os valores transmitidos, e, principalmente, por todo o carinho e amor que fazem questão de demonstrar, diariamente e por todas as formas.

À Rachel, minha irmã e melhor amiga, pela parceria incondicional, companheirismo infinito, pelos conselhos, por cada gesto carinhoso e por sempre ter na ponta da língua cada palavra importante, expressada exatamente quando preciso ouvi-la.

Aos meus avós, Jacob (*in memoriam*), Fany, Miriam e Carlos (*in memoriam*), agradeço por todos os ensinamentos que me transmitiram, com carinho e paciência indescritíveis, e por acompanharem e vibrarem com cada passo meu.

Aos meus tios Vitor e Suzanne, desde sempre com os braços abertos para me abraçar e para dar a segurança de não temer cair, e meus primos Daniel, Eduarda e Rafaela, agradeço por estarem sempre ao meu lado e me incentivando, nos melhores e piores momentos.

À Nicole, minha namorada, com sua infindável paciência, boa vontade e alto astral, agradeço a companhia, a motivação e o amor diários, por sempre estar ao meu lado, por me fazer feliz, completo e uma pessoa melhor, e por ter me sujeitado ao alicerce de sua família – a quem também agradeço o sempre carinhoso e afetuoso acolhimento.

Aos meus amigos, agradeço pela alegria de compartilhar momentos inesquecíveis, e, aos meus colegas de Escritório, pelo companheirismo e espírito de equipe.

Ao meu sempre orientador e mestre, Professor Carlos Konder, brilhante jurista e acadêmico, pela imensa dedicação, parceria e preciosos ensinamentos, bem como por acreditar na minha capacidade, ajudar na organização das minhas ideias e incentivar a publicação desta obra.

Aos meus professores do PPGD-UERJ e da PUC-RJ, pelos conhecimentos transmitidos e colaboração para o meu crescimento pessoal e preparação profissional. E, em especial, aos Professores Carlos Edison do Rêgo Monteiro Filho e Marcelo Calixto, que me honraram ao participar da banca examinadora do trabalho que originou este livro, pelas valiosas contribuições, que foram determinantes para os rumos desta obra.

PREFÁCIO

Se um bom jurista conhece as categorias conceituais da ciência do direito em que labora, um ótimo jurista conhece também as limitações dessas categorias. Trata-se de reconhecer nos conceitos e teorias um instrumento para a persecução de certos fins e, diante disso, deles fazer uso sob perspectiva crítica, testando seus limites diante de uma realidade que muda sem cessar: na imagem Perlingeriana, 'dogmática sem dogmatismo'.[1]

Esse é justamente o caso de "A reparação de danos na responsabilidade por ruptura injustificada das tratativas: entre o interesse negativo e o interesse positivo", de Michel Glatt. O trabalho que ora chega ao grande público – pelo importante movimento da Editora Foco de editar bons trabalhos acadêmicos – corresponde, com ajustes, à dissertação de mestrado do autor, defendida no âmbito do Programa de Pós-graduação em Direito da Universidade do Estado do Rio de Janeiro (PPGD/UERJ), onde foi aprovada com a melhor avaliação possível – grau dez, louvor e recomendação de publicação – por banca composta pelos professores Marcelo Calixto (PUC-Rio), Carlos Edison do Rêgo Monteiro Filho (UERJ) e por mim, na qualidade de orientador.

Trata-se, verdadeiramente, de investigação sobre problemas em delicada fronteira de tradicional dicotomia conceitual: a contraposição entre responsabilidade contratual e extracontratual.

A responsabilidade civil, no seu trabalho de investigar os requisitos e os efeitos da obrigação de indenizar, volta-se sempre a uma meta ideal: colocar a vítima na situação que estaria se não tivesse sofrido o dano. Trata-se do chamado princípio da reparação integral, que se desdobra em duas dimensões: todo dano deve ser reparado e todo o dano deve ser reparado.[2] O desafio de decidir *se* o dano deve ser indenizado (*an debeatur*) é muitas vezes superado pela tortuosa avaliação de *quanto* deve ser indenizado (*quantum debeatur*).

A reparação integral da vítima – utopia nunca integralmente alcançada – costuma ser colocada em termos diversos conforme tradicional dicotomia desse ramo do direito, consistente na distinção entre a responsabilidade

---

1. PERLINGIERI, Pietro. *O direito civil na legalidade constitucional*. Rio de Janeiro: Renovar, 2008, p. 97-98.
2. MONTEIRO FILHO, Carlos Edison do Rêgo. Limites ao princípio da reparação integral no direito brasileiro. *Civilistica.com*, ano 7, n. 1. Rio de Janeiro: 2018, p. 6.

aquiliana, fundada no descumprimento do dever geral de não causar dano, e a responsabilidade dita negocial, obrigacional ou contratual, oriunda de obrigação específica preexistente entre as partes. Enquanto naquela o cenário hipotético se pauta basicamente pelas máximas gerais de experiência, nesta é delimitado no próprio negócio firmado entre as partes um objetivo que havia de ter sido atingido. Ademais, é comum que o exercício da autonomia negocial predetermine os termos da reparação integral no caso de inadimplemento, por meio de figuras como a cláusula penal e as cláusulas limitativas e excludentes do dever de indenizar.

Entretanto, em meio às várias razões para tal dicotomia ser relativizada, encontra-se o reconhecimento de que a formação do contrato, especialmente em contratações complexas, é cada vez menos um ato e mais um processo. Entre negociações, minutas, punctações, cartas de conforto, propostas e contrapropostas, há efetivo *iter* de formação contratual – muitas vezes, verdadeira formação progressiva do contrato[3] –, em que se emprega tempo, trabalho e recursos na esperança de que o negócio, afinal, seja formalmente celebrado. Contudo, nesse limbo em que os sujeitos já não são mais desconhecidos, mas ainda não são contratantes, em que já não são mais suficientes as regras gerais da *Lex Aquilia*, mas ainda não há vínculo contratual a protegê-los, como lidar com os danos que, frequentemente, um causa ao outro?

A hipótese mais delicada e frequente diz respeito à chamada ruptura injustificada das negociações, isto é, aquele que desiste de contratar depois de avançadas as negociações, sem razão legítima para tanto, amparando-se na invocação geral de sua liberdade de não contratar, na ausência de obrigação enquanto não formado o vínculo.[4] Embora reconhecendo a prioridade da liberdade no período pré-contratual, deve-se admitir que – tal qual o noivo que abandona o altar – é possível que seja abusivo o exercício dessa liberdade, pois quanto mais avançadas as negociações, quanto maior a dedicação de tempo, trabalho e recursos à contratação, mais intenso é o liame de solidariedade que a boa-fé impõe aos potenciais contratantes.

Exposta essa problemática no primeiro capítulo do trabalho, Michel passa a enfrentar o problema central relativo ao montante a se indenizar, caso a ruptura imotivada das negociações ocorra de forma não merecedora de tutela. Nesse caso,

---

3. Sobre o tema, v. TEPEDINO, Gustavo. Formação progressiva dos contratos e responsabilidade pré--contratual: notas para uma sistematização. In: BENETTI, Giovana *et. al.* (orgs.). *Direito, cultura, método: leituras da obra de Judith Martins-Costa*, Rio de Janeiro: Editora GZ, 2019, p. 586-604.

4. Sobre o tema, os trabalhos pioneiros entre nós de PEREIRA, Regis Fichtner. *A responsabilidade civil pré-contratual:* teoria geral e responsabilidade pela ruptura das negociações contratuais. Rio de Janeiro: Renovar, 2001; POPP, Carlyle. *Responsabilidade civil pré-negocial: o rompimento das tratativas.* Curitiba: Juruá: 2001; e ZANETTI, Cristiano de Sousa. *Responsabilidade pela ruptura das negociações.* São Paulo: Juarez de Oliveira, 2005.

a incidência do princípio da reparação integral deve buscar colocar a vítima na situação hipotética em que estaria se não tivesse ocorrido a desistência (ou seja, a contratação), ou se sequer tivesse ocorrido a negociação?

Aqui, o segundo capítulo da obra investiga outra dicotomia conceitual, referente às figuras do *interesse positivo* e do *interesse negativo*. Esse debate, em que poucos tiveram coragem de ingressar e menos ainda dele regressaram com explicações claras[5], é mapeado de forma didática por Michel, demonstrando em que medida essas categorias são úteis para a quantificação da indenização por ruptura injustificada de negociações. Entretanto, também aqui o autor mantém sua postura crítica, novamente não permitindo que seu cuidado e atenção à dogmática degenere em dogmatismo.

Com efeito, o terceiro capítulo oferece ao leitor modelo teórico flexível, no qual o interesse negativo figura como regime reparatório geral pela ruptura injustificada de negociações, ante a ausência de contratação, mas, diante de um cenário de formas cada vez mais heterogêneas de formação de contratos, não descarta a aplicabilidade do interesse positivo em certas situações. De forma inovadora e sistemática, o autor propõe critérios que podem ajudar o intérprete a identificar se está diante de uma dessas situações, levando em conta a boa-fé objetiva, os usos e costumes e as circunstâncias.

Trata-se de obra em que convivem em harmonia, portanto, enorme rigor técnico e científico, marca indelével de seu autor, e reflexão crítica, atenta à teimosa realidade histórica, social e econômica, sempre resistente a ser aprendida por categorias herméticas e modelos teóricos puros. Na obra de Michel Glatt, a profundidade conceitual está a serviço da vida prática do jurista, razão pela qual se trata de contribuição de enorme relevância.

Carlos Nelson Konder

---

5. Ressalte-se, neste sentido, PINTO, Paulo Mota. *Interesse contratual negativo e interesse contratual positivo*. Coimbra: Coimbra Editora, 2008, e, entre nós, PEREIRA, Fabio Queiroz. *O ressarcimento do dano pré-contratual: interesse negativo e interesse positivo*. São Paulo: Almedina, 2017; e STEINER, Renata C. *Reparação de danos*: interesse positivo e interesse negativo. São Paulo: Quartier Latin, 2018.

SUMÁRIO

AGRADECIMENTOS V

PREFÁCIO VII

INTRODUÇÃO XI

1. NEGOCIAÇÕES PRELIMINARES E A RESPONSABILIDADE POR SUA RUPTURA INJUSTIFICADA 1

1.1 Função e princípios norteadores da fase das tratativas 1

1.2 Complexidade das tratativas e figuras envolvidas 14

1.3 Fundamentos, pressupostos e natureza jurídica da responsabilidade pela ruptura das negociações 29

2. INTERESSE CONTRATUAL NEGATIVO E INTERESSE CONTRATUAL POSITIVO 51

2.1 Função, origem e desenvolvimento dos conceitos 51

2.2 Composição dos danos materiais nos interesses negativo e positivo 61

2.3 Aspectos controvertidos envolvendo a aplicação do interesse positivo e do interesse negativo 83

3. A REPARAÇÃO DE DANOS PELA RUPTURA DAS TRATATIVAS 91

3.1 Regime clássico reparatório: indenização pelo interesse negativo 91

3.2 Hipóteses específicas de violação à confiança pré-negocial: formação progressiva do contrato à luz da doutrina do contrato sem negócio jurídico e dever de contratar 102

3.3 Esboço de parâmetros para identificação do interesse reparável: boa-fé objetiva, usos e costumes e circunstâncias 124

CONCLUSÃO 151

REFERÊNCIAS 155

INTRODUÇÃO

A identificação do momento em que se considera formado um contrato não constitui procedimento hermenêutico simples. Atualmente, há razoável consenso no sentido de que a formação do contrato pode consistir em processo dinâmico que, pela bilateralidade que lhe é inerente, se protrai no tempo, na medida em que demanda a combinação de, no mínimo, duas declarações de vontade.

Pela legislação brasileira, reputa-se formado determinado contrato a partir do momento em que se encontram duas declarações de vontade: a proposta e a subsequente aceitação. Entretanto, muitas vezes, a formação do pacto escapa à moldura prevista no Código Civil, sendo antecedida por uma fase de tratativas, que pode ter maior ou menor duração e englobar mais ou menos atos, a depender da complexidade dos interesses em jogo.

Nessa esteira, é cada vez mais frequente que negócios jurídicos se formem progressivamente, diante da sua complexidade e da necessidade de fases preliminares de diversas tratativas, inclusive, eventualmente, com a celebração, pelos pretensos contraentes, de instrumentos de diversas naturezas, pondo em xeque a disciplina formalista do Código Civil brasileiro.

Sob esta ordem de ideias, observa-se que as negociações preliminares podem resultar, formalmente, na constituição do contrato, a partir da formulação de uma proposta, com os elementos essenciais ao futuro contrato, e da subsequente aceitação, nos moldes do mencionado sistema binário previsto no Código Civil. Ou, diversamente, é possível que das tratativas se forme o contrato, sem que sequer seja possível delimitar qual dos contraentes seria o proponente e qual seria o oblato. Em ambas as hipóteses descritas, sem dúvidas, há a formação do contrato, sobre o qual passam a incidir regras específicas. Contudo, pode se vislumbrar uma terceira hipótese, consubstanciada na ausência de formação do negócio. De fato, afigura-se possível que, após os contatos iniciais, os contraentes optem, conjuntamente, por não firmar negócio definitivo. Também é comum que um dos envolvidos decida, unilateralmente, romper as negociações preliminares – sendo essa a hipótese objeto do presente estudo.

Tradicionalmente, sob a égide de um liberalismo acentuado, sustentava-se que nenhuma consequência jurídica poderia advir do rompimento unilateral das tratativas, independentemente da motivação do pretenso contratante, na medida em que as negociações preliminares não constituiriam fonte de obrigação. Entretanto, tendo como norte a dignidade da pessoa humana, os valores da solidariedade social – alçados ao ápice do sistema jurídico pela Constituição de 1988 – e a consectária concretização do princípio da boa-fé objetiva, o posicionamento tradicional merece maiores reflexões.

Com efeito, contemporaneamente entende-se que a atuação conforme a boa-fé objetiva (honesta, leal e reta) deve ser adotada pelas partes antes mesmo da formação propriamente dita do contrato; e, nesta medida, já durante a fase das negociações as legítimas expectativas dos envolvidos são merecedoras de tutela pelo ordenamento jurídico, haja vista a confiança derivada pela proximidade do contato social, bem como os investimentos de tempo e os recursos embolsados nessa etapa.

A partir desse raciocínio, defende-se a possibilidade de incidência da chamada responsabilidade pré-contratual quando do rompimento das negociações por um dos contraentes decorrer a frustração de legítimas expectativas da contraparte, desde que preenchidos certos requisitos.

O desenvolvimento da teoria da *culpa in contrahendo* se deve à obra de Rudolf von Jhering, na qual o autor atentava para a necessidade de proteger a parte lesada pela atuação culposa da contraparte na formação de um contrato.[6] Atualmente, contudo, a construção da *culpa in contrahendo* de Jhering constitui apenas uma das hipóteses de responsabilidade pré-contratual, sobretudo no Direito brasileiro, encontrando-se seu ponto central na proteção contra a ruptura injustificada das tratativas, hipótese que concentra o maior número de decisões judiciais.[7]

Dessa forma, caso se constate que a ruptura unilateral das tratativas foi, de fato, injustificada e violadora da legítima expectativa despertada, a gerar danos na esfera jurídica da contraparte, entende-se que restará configurada a responsabilidade civil pré-contratual, com a consequente necessidade de ressarcimento da vítima.

Nesse sentido, questiona-se se o prejudicado deve ser indenizado pelos valores despendidos no decurso das tratativas e pelas oportunidades perdidas em função da ruptura ou pelos danos correspondentes ao conteúdo econômico do contrato que não se concluiu. Vale dizer, se o ressarcimento dos danos causados pela ruptura das negociações deve se dar, respectivamente, pelo chamado "interesse contratual negativo" ou pelo denominado "interesse contratual positivo".

---

6. JHERING, Rudof von. *Culpa in Contrahendo ou indemnização pelos contratos nulos ou não chegados a perfeição*. Coimbra: Almedina, 2008.
7. TEPEDINO, Gustavo. Formação progressiva dos contratos e responsabilidade pré-contratual: notas para uma sistematização. In: BENETTI, Giovana et. al. (Org.). *Direito, cultura, método: leituras da obra de Judith Martins-Costa*. Rio de Janeiro: Editora GZ, 2019, p. 588.

Apesar de não serem conceitos mencionados expressamente no ordenamento jurídico brasileiro, as noções de interesse contratual positivo e de interesse contratual negativo vêm chamando a atenção da doutrina e jurisprudência e suscitado diversas controvérsias, seja com relação ao conteúdo que lhes subjaz, seja com relação às hipóteses de sua incidência. Trata-se, como argutamente observado, de tema "obscuro e inusitado"[8] que tem fomentado verdadeiro "fascínio" nos mais diversos ordenamentos jurídicos.[9]

Basicamente, as noções de interesse contratual positivo e interesse contratual negativo correspondem a *fórmulas sintéticas* do dano patrimonial indenizável, que buscam indicar a direção da reparação a ser concedida à vítima. Nesse sentido, no interesse contratual positivo, busca-se conduzir o lesado à situação em que estaria se o contrato tivesse sido celebrado e devidamente cumprido, enquanto no interesse contratual negativo visa-se colocar a vítima no estado em que estaria caso não houvesse confiado nas negociações e nelas não tivesse adentrado.

Desde a sua formulação por Jhering no século XIX, o *par conceitual* passou por notável desenvolvimento, acompanhando a evolução do próprio Direito das Obrigações e dos princípios a ele incidentes, buscando propiciar soluções a hipóteses lesivas até então inéditas que vieram a surgir. Todavia, nota-se a verdadeira existência de um "movimento contínuo em busca de critérios seguros para a definição apriorística das hipóteses lesivas abrangidas individualmente pelos componentes desse par de conceitos, o que, contudo, acabou por criar verdadeiros dogmas quanto às hipóteses de sua aplicação".[10]

De fato, se, quando concebidos, verificava-se uma (praticamente) automática correlação entre o interesse contratual negativo e a celebração de contratos inválidos e entre o interesse contratual positivo e o descumprimento de contratos válidos, após a mencionada evolução, passou-se a se constatar uma imediata ligação entre o interesse contratual negativo e a responsabilidade pré-contratual; e entre o interesse contratual positivo e o inadimplemento contratual.

Esse raciocínio genuinamente subsuntivo, contudo, parece ser insuficiente e incompatível com a realidade fática em determinados casos. Atualmente, à luz dos valores que permeiam o ordenamento jurídico e do dinamismo e complexidade que envolvem certas relações contratuais atuais, não parece admissível que se

---

8. ASSIS, Araken de. Dano positivo e dano negativo na resolução do contrato. *Revista da Associação dos Juízes do Rio Grande do Sul (Ajuris)*. n. 60, março 1994, p. 121.
9. PINTO, Paulo Mota. *Interesse contratual negativo e interesse contratual positivo*. Coimbra: Coimbra Editora, 2008, v. I, p. 1-8.
10. STEINER, Renata C. *Reparação de danos*: interesse positivo e interesse negativo. São Paulo: Quartier Latin, 2018, p. 23.

adote a mesma solução vislumbrada em período marcado por outra metodologia, deixando-se de se analisar as peculiaridades de cada hipótese concreta.

Em função disso, tem-se sustentado que as situações que levam à reparação de um ou outro interesse "não são rígidas a ponto de permitir que, a partir delas, se possa realizar a classificação de ambos os componentes do par conceitual de forma apriorística". A bem da verdade, o interesse contratual positivo e o interesse contratual negativo consistem em "meros instrumentos à definição da relação jurídica de reparação".[11]

No presente estudo, então, buscar-se-á analisar o regime indenizatório aplicável à responsabilidade pela ruptura das negociações, a partir do exame do tema pela metodologia do direito civil-constitucional e, especialmente, consideradas as premissas que afirmam a historicidade dos institutos e a predominância de seus perfis funcionais sobre os estruturais.

No primeiro capítulo, pretende-se tratar do *locus* da responsabilidade por ruptura das tratativas, que é a fase das negociações preliminares. Nesse sentido, procurar-se-á analisar essa fase à luz dos objetivos pretendidos pelos agentes quando dela participam (isto é, a formação do consenso mínimo para o estabelecimento do contrato) e também dos princípios que a balizam (especialmente, a autonomia privada e a boa-fé objetiva). Em seguida, prosseguir-se-á com a análise do procedimento de formação dos contratos, demonstrando que a disciplina trazida pelo Código Civil se mostra muito simples para dar conta da complexidade envolvida na construção do consenso negocial.

Nesse sentido, tratar-se-á do fenômeno, cada vez mais recorrente, de formação progressiva dos contratos, abordando alguns instrumentos que nele se encontram presentes, como as minutas, cartas de intenção, memorandos de entendimentos, propostas, contratos preliminares, dentre outros. Ao final do capítulo, abordar-se-á a responsabilidade pela ruptura das negociações, verificando seus fundamentos, seus pressupostos e as discussões acerca de sua natureza jurídica, à luz do ordenamento jurídico brasileiro.

No segundo capítulo, tratar-se-á dos conceitos de interesse contratual negativo e de interesse contratual positivo, abordando as razões de sua formulação por Rudolf von Jhering, bem como a função que realizam à luz do Direito Civil brasileiro e os princípios que devem ser observados na sua utilização.

Além disso, apurar-se-á o desenvolvimento do *par conceitual* vis-à-vis a evolução do Direito Obrigacional, para se demonstrar que se, quando da sua

---

11. STEINER, Renata C. *Reparação de danos*: interesse positivo e interesse negativo. São Paulo: Quartier Latin, 2018, p. 134.

formulação, os conceitos encontravam-se vinculados a hipóteses lesivas específicas, atualmente, com a complexificação social, não se mostra mais possível tal vinculação, sendo incabível soluções silogísticas.

A partir daí, analisar-se-á a composição dos danos em cada um desses interesses, levando-se em consideração o que se busca com a utilização de cada um deles, destacando-se a necessidade de respeito ao previsto no Código Civil quanto aos elementos do dano material reparável, bem como alguns pontos controvertidos, como a possibilidade de reparação pela perda de uma chance no interesse contratual negativo.

Ao final do capítulo, pretende-se abordar as principais controvérsias doutrinárias envolvendo a aplicação dos conceitos de interesse contatual positivo e de interesse contratual negativo, em especial: a possibilidade de a indenização concedida pelo interesse negativo superar o valor daquela que seria atribuída utilizando-se o interesse positivo como parâmetro; a possibilidade de escolha, pelo credor, entre o interesse negativo ou o positivo para mensurar a indenização no caso concreto; e, a possibilidade de cumulação da indenização, utilizando-se tanto as verbas que decorreriam do interesse negativo quanto as que seriam provenientes do interesse positivo.

No terceiro capítulo, tratar-se-á do núcleo central da dissertação, relativo ao interesse reparável na hipótese de ruptura das negociações. No início, buscar-se-á trazer o posicionamento da doutrina tradicional quanto ao ponto, alusiva à necessidade de utilização, apenas, do interesse negativo nessas hipóteses. Nessa esteira, abordar-se-á os fundamentos usualmente utilizados para a defesa dessa posição.

Na sequência, pretende-se problematizar o entendimento tradicional, retomando-se a análise da complexidade que envolve a formação dos contratos na contemporaneidade para verificar a possibilidade, em certas hipóteses, de concessão de indenização pelo interesse positivo na fase pré-negocial. Nesse sentido, examinar-se-á, em especial, o fenômeno da formação progressiva do contrato à luz da teoria que admite a existência de contratos sem negócios jurídicos fundantes, bem como a possibilidade de existência de um dever de contratar derivado da confiança negocial.

Após tal exame, pretende-se sugerir critérios para identificar o interesse reparável à vista da concreta situação lesiva, consistentes na boa-fé objetiva, nos usos e costumes e nas circunstâncias.

1
NEGOCIAÇÕES PRELIMINARES E A RESPONSABILIDADE POR SUA RUPTURA INJUSTIFICADA

1.1 FUNÇÃO E PRINCÍPIOS NORTEADORES DA FASE DAS TRATATIVAS

Todo fato jurídico deve ser analisado sob os pontos de vista funcional e estrutural. Apesar de defender-se, no exame de qualquer de qualquer instituto jurídico, a necessidade de se privilegiar o ângulo funcional, o intérprete não pode se descurar da investigação estrutural, já que tais aspectos não são excludentes entre si. Com efeito, a estrutura da figura é moldada pela função que ela exerce, sendo certo que "a função do fato determina a estrutura, a qual segue – não precede – a função".[1] Realmente, a partir da determinação da função do fato, pode-se também considerar determinada sua estrutura, ou seja, enumerar os elementos que compõem o instituto.[2]

Conforme leciona Pietro Perlingieri, a função de determinado instituto consiste na "síntese dos efeitos essenciais", de modo que o exame funcional serve para definir *para que* aquele instituto serve, enquanto a análise estrutural revela *o que* ele é.[3] O exame funcional permite, então, revelar para quais finalidades determinado instituto se presta dentro do ordenamento jurídico, sendo tais propósitos predeterminados pelo ordenamento jurídico em esquemas típicos, ou moldados por iniciativa dos sujeitos.[4]

---

1. PERLINGIERI, Pietro. *O direito civil na legalidade constitucional*. Rio de Janeiro: Renovar, 2008, p. 642.
2. PERLINGIERI, Pietro. *O direito civil na legalidade constitucional*. Rio de Janeiro: Renovar, 2008, p. 643.
3. "Preliminarmente, pode-se dizer que estrutura e função respondem a duas indagações que se põem em torno ao fato. O 'como é?' evidencia a estrutura, o 'para que serve?' evidencia a função" (PERLINGIERI, Pietro. *Perfis do direito civil*: introdução ao direito civil constitucional. 3. ed. Rio de Janeiro: Renovar, 2002, p. 94).
4. PERLINGIERI, Pietro. *O direito civil na legalidade constitucional*. Rio de Janeiro: Renovar, 2008, p. 642.

Entretanto, a determinação de quais efeitos devem ser reputados essenciais "pressupõe avaliação que somente pode dar-se em vista dos interesses concretos envolvidos", de modo que o exame da função "não deve se limitar à avaliação do esquema regulamentar abstrato ou do modelo típico adotado, pois cumpre superar a perspectiva da subsunção, com o objetivo de valorizar a identificação dos interesses e das peculiaridades que distinguem o negócio concreto".[5]

A partir do exame das finalidades de certo instituto, se modela a zona de autonomia conferida aos sujeitos para deliberarem sobre seus interesses, de modo que é de acordo com a função desempenhada por determinada situação jurídica que são definidos os poderes atribuídos ao titular do direito subjetivo e das situações jurídicas subjetivas.[6]

Nessa perspectiva, com o reconhecimento da unidade do ordenamento jurídico em sua complexidade, sob a superioridade normativa dos preceitos constitucionais, o exame funcional demonstra que os institutos jurídicos não são fins em si mesmo, "merecedores de tutela por sua própria estrutura", passando a ser identificados como instrumentos destinados a realizar finalidades consagradas no texto constitucional e, consequentemente, a desenvolver o processo de democratização dos direitos.[7]

O exame funcional merece posição de destaque no estudo das negociações preliminares à celebração de um contrato e de seus efeitos. As negociações preliminares, ou tratativas, são fenômenos cada vez mais frequente nas relações contemporâneas, se revelando especialmente relevantes nos negócios de conteúdo mais complexo e de maior vulto econômico. Decerto, contemporaneamente, dificilmente a formação contratual ocorre de maneira instantânea e as tratativas, realizadas no período pré-contratual, se tornam cada vez mais dinâmicas e demoradas.

Como o próprio nome indica, a fase pré-contratual é o período anterior à existência do negócio jurídico almejado pelas partes, que se inicia com as primeiras aproximações entre os pretensos contratantes com objetivo de realizar o pacto, e se estende até a formação do vínculo entre elas.[8]

---

5. TEPEDINO, Gustavo; KONDER, Carlos Nelson; BANDEIRA, Paula Greco. *Fundamentos do direito civil*: contratos. 2. ed. Rio de Janeiro: Forense, 2021, v. 3, p. 30.
6. TEPEDINO, Gustavo. Esboço de uma classificação funcional dos atos jurídicos. *Revista Brasileira de Direito Civil – RBDCivil*, Belo Horizonte, v. 1, p. 12, jul./set. 2014.
7. KONDER, Carlos Nelson. *Contratos conexos, grupo de contratos, redes contratuais e contratos coligados*. Rio de Janeiro: Renovar, 2006, p. 28; TEPEDINO, Gustavo. Premissas metodológicas para a constitucionalização do direito civil. *Temas de direito civil*. 4. ed. Rio de Janeiro: Renovar, 2008. t. I.
8. GRECO, Renato. *O momento de formação do contrato*: das negociações preliminares ao vínculo contratual. São Paulo: Almedina, 2019, p. 28.

Nessa esteira, reconhece-se que, na formação do contrato, as negociações preliminares revelam processo teleológico, constituído de uma série de atos encadeados, voltado a uma finalidade última: a eventual celebração de negócio jurídico, de forma voluntária e consensual.[9]

Como registra a doutrina, dentro desse processo, "os atos realizados são de diversas naturezas, todos ligados por um elemento comum: a instrumentalidade no desenvolvimento da relação contratual". Busca-se, assim, a "obtenção da convergência da vontade das partes sobre todos os aspectos necessários à formação do contrato".[10]

Com efeito, pelas tratativas, as partes se envolvem em projeto comum, com a finalidade de estabelecerem entre si relação contratual. Nesse trajeto, cujos contornos variam de acordo com cada relação específica, os possíveis contratantes trocam informações, mantêm contato pessoal mais intenso, e, assim, a

---

9. FRITZ, Karina Nunes. *Boa-fé objetiva na fase pré-contratual*: a responsabilidade pré-contratual por ruptura injustificada das negociações. Curitiba: Juruá, 2012, p. 289. Na mesma linha: MENEZES CORDEIRO, António. *Da boa-fé no direito civil*. Coimbra: Almedina, 2001, p. 538. Para Mariana Deperon, as tratativas são importantes para que "as partes consigam buscar elementos suficientes a fim de que uma delas ou ambas se vinculem, quer por meio de atos pré-negociais, quer por meio da conclusão direta do contrato. Entende-se que as tratativas visam à conclusão do contrato, mas esse não é seu objeto principal; a finalidade das tratativas é proporcionar aos sujeitos da relação a se formar a oportunidade de pesquisar mais profundamente determinados aspectos do negócio, conservando-se, neste momento, a autonomia negocial para firmá-lo ou não" (DEPERON, Mariana Pazianotto. *Responsabilidade civil pela ruptura ilegítima das tratativas*. Curitiba: Juruá, 2009, p. 119). Ainda: "No iter contratual, às negociações preliminares correspondem todos os atos dirigidos à celebração do contrato, ou seja, são 'atos preparatórios tendentes direta e imediatamente à constituição do vínculo contratual'. Usualmente, iniciam-se com as tratativas, isto é, 'conversas prévias, sondagens, debates em que despontam os interesses de cada um, tendo em vista o contrato futuro' notadamente sem o interesse específico, ainda, de celebrar qualquer contrato. Em verdade, a função das tratativas está antes na averiguação da viabilidade econômica do futuro negócio que na própria celebração deste" (REIS JÚNIOR, Antonio dos. O problema da execução do contrato preliminar: esboço de sistematização em perspectiva civil-constitucional. *Civilistica.com*. Rio de Janeiro, a. 6, n. 1, 2017. Disponível em: http://civilistica.com/o-problema-da-execucao-do-contrato-preliminar/. Acesso em: 05 jan. 2023).

10. GRECO, Renato. *O momento de formação do contrato*: das negociações preliminares ao vínculo contratual. São Paulo: Almedina, 2019, p. 29. Como leciona Mário Julio de Almeida Costa: "Daí, a frequência sempre maior de contratos precedidos de um processo genético, que se inicia aos primeiros contactos das partes com a finalidade da realização de um negócio e se prolonga até o momento da sua efectiva celebração. Nele cabe vários e sucessivos trâmites, tais como entrevistas e outras formas de diálogo, estudos individuais ou em conjunto, experiências, consultas de técnicos, viagens de esclarecimento pessoal, redução a escrito de aspectos parcelares ou acordos provisórios e a unificação destes num projecto ou minuta, incitamentos recíprocos a propostas contratuais e, por último, a forte e a aceitação definitivas. Tudo se dirige à obtenção da convergência da vontade das partes nas cláusulas sobre as quais qualquer delas tenha considerado necessário o acordo, sem o que o contrato não fica concluído" (COSTA, Mário Julio de Almeida. *Direito das obrigações*. 10. ed. Coimbra: Almedina, 2006, p. 300-301).

depender das circunstâncias concretas, passam a depositar certa confiança de que tal objetivo comum se realizará.[11]

Nessa esteira, essa etapa é marcada pela aproximação dos pretensos contratantes, pelo entabulamento de conversações, pela realização de estudos, por sugestões negociais, pela elaboração de diversos documentos de conteúdos diversos e de uma série de condutas, "que visam e caminham em direção ao amadurecimento do consenso e da formação do contrato".[12]

A análise da fase que antecede a conclusão do contrato, contudo, não se põe sem dificuldades para o intérprete, seja em função da heterogeneidade que marca esse período, seja em razão de sua tutela jurídica encontrar-se polarizada por interesses em potencial conflito.[13]

Nesse sentido, conforme leciona Judith Martins-Costa, de um lado, existe o interesse da liberdade negocial, isto é, "a vantagem que pode haver em que os negociadores conservem intacta sua autonomia deliberativa até a formação do contrato, portanto ainda depois da emissão da oferta", e, de outro, há o interesse no fomento da boa-fé e da proteção da confiança, que se manifestam "em face das expectativas criadas no decorrer da fase pré-contratual, crescendo, via de regra, decerto, à medida que o *inter contractus* progride". A questão fundamental que se coloca, como pontua a autora, é o modo para se resolver essa situação de tensão.[14]

Tradicionalmente, sob abrigo de um liberalismo exacerbado, defendia-se que as negociações preliminares não constituiriam fonte de obrigação, não formando qualquer vínculo entre as partes. Diante disso, aduzia-se que nenhuma consequência jurídica poderia advir do que nelas ocorresse, inclusive do rompimento unilateral das tratativas, independentemente da motivação do negociante.[15]

Àquela época, no apogeu do liberalismo econômico, entendia-se que caberia ao direito civil garantir à atividade privada a segurança da estabilidade das regras para a disciplina das relações econômicas, sendo que "[o]s chamados riscos dos

---

11. PEREIRA, Regis Fichtner. *A responsabilidade civil pré-contratual*: teoria geral e responsabilidade pela ruptura das negociações contratuais. Rio de Janeiro: Renovar, 2001, p. 285.

12. GRECO, Renato. *O momento de formação do contrato*: das negociações preliminares ao vínculo contratual. São Paulo: Almedina, 2019, p. 30.

13. A heterogeneidade que marca a fase de formação dos contratos e, mais especificamente, das tratativas será desenvolvida no item 1.2, a seguir.

14. MARTINS-COSTA, Judith. *A boa-fé no direito privado*: critérios para a sua aplicação. São Paulo: Marcial Pons, 2015, p. 386. Conforme leciona António Menezes Cordeiro: "A interrupção das negociações anima, no grau mais elevado, o confronto entre a boa-fé e a autonomia privada" (MENEZES CORDEIRO, António. *Tratado de direito civil*. 4. ed. Coimbra: Almedina, 2014, t. II, p. 222).

15. Quanto ao ponto, confira-se a análise histórica constante em PEREIRA, Fabio Queiroz. *O ressarcimento do dano pré-contratual*: interesse negativo e interesse positivo. São Paulo: Almedina, 2017, p. 95 e ss.

negócios, advindos do sucesso ou insucesso das transações, expressariam maior ou menor inteligência, a maior ou menor capacidade de cada indivíduo".[16]

Prevalecia, naquele tempo, a noção de que a vontade das partes se revelava como expressão genuína da liberdade de contratar. Era a vontade das partes que dava significado e fundamento de legitimidade ao conceito de contrato, de modo que não caberia ao Estado qualquer interferência nessa zona de atuação, seja para interferir nas negociações, seja para interferir no conteúdo do eventual contrato.[17]

Entretanto, tendo como norte a dignidade da pessoa humana, os valores sociais do trabalho e da livre iniciativa, a solidariedade social – alçados ao ápice do sistema jurídico pela Constituição Federal de 1988 – e a consectária concretização do princípio da boa-fé objetiva, parece que o posicionamento tradicional merece maiores reflexões.

Com efeito, como ensina Régis Fichtner, "é quase intuitivo que no momento em que duas pessoas iniciam conversações com a finalidade de realizar um negócio jurídico, não se encontram mais na mesma situação em que se encontram duas pessoas que conversam socialmente", o que deve ser reconhecido pelo ordenamento jurídico. Assim, "não se pode qualificar os atos praticados entre duas partes, com vistas à formação de uma relação jurídica contratual, como meros atos de conduta, não jurídicos, abrangidos somente pelas regras da moral".[18]

De fato, a sistemática contratual, anteriormente marcada pela rigidez patrimonialista e pela prevalência quase que absoluta da autonomia privada,[19] foi modificada pelos princípios e valores constitucionais éticos da Carta Magna.[20] Se em outro momento histórico a autonomia privada era entendida apenas como o poder conferido pelo ordenamento jurídico aos particulares, de regularem seus

---

16. TEPEDINO, Gustavo. Normas constitucionais e relações de Direito Civil na experiência brasileira. In: TEPEDINO, Gustavo. *Temas de direito civil*. Rio de Janeiro: Renovar, 2006, t. II, p. 25.

17. TEPEDINO, Gustavo; KONDER, Carlos Nelson; BANDEIRA, Paula Greco. *Fundamentos do direito civil*: contratos. 2. ed. Rio de Janeiro: Forense, 2021, v. 3, p. 15-16.

18. PEREIRA, Regis Fichtner. *A responsabilidade civil pré-contratual*: teoria geral e responsabilidade pela ruptura das negociações contratuais. Rio de Janeiro: Renovar, 2001, p. 33 e p. 53.

19. "Na teoria clássica, todo o edifício do contrato assenta na vontade individual. É a vontade, assim, a razão de ser da força obrigatória dos contratos. As partes não se vincularam senão porque assim quiseram e o papel da lei resume-se em consagrar êsse entendimento. Nada pode o juiz ante essa vontade soberana, limitando-se a sua função em assegurar-lhe o respeito, na proporção da inexistência de nenhum vício de consentimento ou de qualquer vulneração às regras de ordem pública" (LOPES, Miguel Maria de Serpa. *Curso de direito civil*: fonte das obrigações, contratos. Rio de Janeiro: Freitas Bastos, 1954, v. 3, p. 13).

20. SCHREIBER, Anderson. *A proibição de comportamento contraditório*: tutela da confiança e *venire contra factum proprium*. 3. ed. Rio de Janeiro: Renovar, 2012, p. 49-50.

próprios interesses, contemporaneamente, a autonomia privada deixa de ser um valor em si mesmo e passa a ser concebida como instrumento de promoção dos valores constitucionais.[21]

Com efeito, embora o Direito Obrigacional, por suas raízes e princípios que lhe são fundantes, tenha historicamente dificuldade de se transformar, não há dúvidas de seu atual alinhamento com os valores constitucionais.[22] Regrado, tradicionalmente, por princípios individualistas, como o da autonomia da vontade, da obrigatoriedade dos contratos, do *pacta sunt servanda* e da segurança jurídica, o Direito das Obrigações passou a permitir em sua estrutura os novos princípios sociais.

Com as transformações advindas da Revolução Industrial, a sociedade, sob regência dos tradicionais princípios obrigacionais, viu-se permeada por abusos e injustiças sociais. Com efeito, "[a] indiferença do direito obrigacional com o conteúdo das relações contratuais" legitimou "sob ponto-de-vista jurídico a imposição de condições perversas à parte economicamente mais desfavorecida".[23] A autonomia privada, então, converteu-se em "instrumento de opressão entre os próprios indivíduos".[24]

Diante desse cenário, para acompanhar os progressos sociais, o Direito Obrigacional passou a admitir a inserção, nas relações contratuais eminentemente positivistas, de princípios imbuídos de valores éticos e solidários, valores

---

21. Veja, a respeito, as lições de Pietro Perlingieri: "A autonomia privada não é um valor em si e, sobretudo, não representa um princípio subtraído ao controle de sua correspondência e funcionalização ao sistema das normas constitucionais. Também o poder de autonomia, nas suas heterogêneas manifestações, é submetido aos juízos de licitude e de valor, através dos quais se determina a compatibilidade entre ato e atividade de um lado e o ordenamento globalmente considerado, do outro" (PERLINGIERI, Pietro. *Perfis do direito civil*: introdução ao Direito civil constitucional. 3. ed. Rio de Janeiro: Renovar, 2002, p. 277). Quanto ao tema também: "A passagem do Estado Social de Direito, voltado à solidariedade, à igualdade, ao respeito à pessoa e à promoção de sua dignidade, altera, de modo significativo, a atuação estatal. Reconhece-se que, em sociedades desiguais, é a intervenção do poder público que garante e promove a liberdade da pessoa humana. A autonomia privada deixa, então, de ser considerada um valor em si mesmo e passa a ser concebida como instrumento de promoção de finalidades constitucionalmente relevantes, como o são, a rigor, na esteira do que propugna a metodologia do Direito Civil-Constitucional" (TERRA, Aline Miranda Valverde; KONDER, Carlos Nelson; GUEDES, Gisela Sampaio da Cruz. Boa-fé, função social e equilíbrio contratual: reflexões a partir de alguns dados empíricos *Princípios contratuais aplicados*: boa-fé, função social e equilíbrio contratual à luz da jurisprudência. Indaiatuba, SP: Foco, 2019, p. 2).
22. VARELA, João de Matos Antunes. *Das obrigações em geral*. 10. ed. Coimbra: Almedina, 2005, v. 1, p. 25.
23. SCHREIBER, Anderson. A tríplice transformação do adimplemento: adimplemento substancial, inadimplemento antecipado e outras figuras. *Revista Trimestral de Direito Civil: RTDC*. Rio de Janeiro, n. 32, p. 3-27, out. 2007, p. 4.
24. SCHREIBER, Anderson. *A proibição de comportamento contraditório*: tutela da confiança e *venire contra factum proprium*. 3. ed. Rio de Janeiro: Renovar, 2012, p. 45-46.

de estatura constitucional.[25] A partir da consagração do princípio da dignidade humana e, principalmente, da solidariedade social, a autonomia privada teve seu conteúdo redimensionado, de modo que seus limites – antes externos e excepcionais – passam a ser vistos como internos, "na medida em que são expressão direta do ato e de seu significado constitucional".[26]

A autonomia privada assume, então, feição solidarista e normativista, abandonando-se a perspectiva subjetivista e voluntarista que outrora assumira e passando a constituir instrumento de promoção dos princípios e valores fundamentais do ordenamento jurídico, sujeitando-se, o ato dela decorrente, para além do controle de licitude, ao controle de merecimento de tutela.[27]

Isso não induz, contudo, à existência de redução quantitativa dos espaços de autonomia privada, senão transformação qualitativa, em que os institutos de direito civil passam a ser lidos à luz da Constituição, "sem que com isso se pretenda subtrair da autonomia privada seus poderes, titularidades e responsabilidades na construção de uma sociedade (que o constituinte quis) justa e solidária".[28]

Nessa linha, atualmente, reconhece-se que, no âmbito da liberdade contratual, a ideia de funcionalização recebe duas acepções, que se complementam. Identifica-se que o ato de autonomia privada não é um valor em si mesmo e que somente pode sê-lo, e em certos limites, se e enquanto responder a um interesse digno de tutela por parte do ordenamento jurídico. Isso significa que "a própria liberdade de contratar passa a ser protegida em virtude da função perseguida por meio de seu exercício".[29]

Nesse contexto de se repudiar aos abusos provenientes da liberdade contratual e de se "conformar o direito civil à hierarquia de valores e interesses prevista

---

25. Como bem salientado por Anderson Schreiber, por mais que as codificações romano-germânicas, inclusive o Código Civil de 2002 não tenham sofrido grandes alterações relativamente ao Direito Obrigacional, a doutrina e a jurisprudência vêm as implementando, v. SCHREIBER, Anderson. A tríplice transformação do adimplemento: adimplemento substancial, inadimplemento antecipado e outras figuras. *Revista Trimestral de Direito Civil: RTDC*. Rio de Janeiro, n. 32, p. 5-6, out. 2007.

26. PERLINGIERI, Pietro. *Perfis do direito civil*: introdução ao direito civil constitucional. 3. ed. Rio de Janeiro: Renovar, 2002, p. 280.

27. TERRA, Aline de Miranda Valverde; KONDER, Carlos Nelson; GUEDES, Gisela Sampaio da Cruz. Boa-fé, função social e equilíbrio contratual: reflexões a parir de alguns dados empíricos. In TERRA, Aline de Miranda Valverde; KONDER, Carlos Nelson; GUEDES, Gisela Sampaio da Cruz (Coord.). *Princípios contratuais aplicados*: boa-fé, função social e equilíbrio contratual à luz da jurisprudência. São Paulo: Editora Foco, 2019, p. 3.

28. TEPEDINO, Gustavo. Normas constitucionais e relações de direito civil na experiência brasileira. In: TEPEDINO, Gustavo. *Temas de direito civil*. Rio de Janeiro: Renovar, 2006, t. II, p. 42.

29. KONDER, Carlos Nelson. *Contratos conexos, grupo de contratos, redes contratuais e contratos coligados*. Rio de Janeiro: Renovar, 2006, p. 31.

na constitucionalmente"[30] e, em decorrência dos sobreditos princípios constitucionais, desenvolveu-se o princípio da boa-fé objetiva.[31]

A boa-fé a que se refere não é a subjetiva relacionada à intenção dos sujeitos e caracterizada pela ausência do chamado "estado de ignorância", mas, sim, a objetiva, que exprime norma de conduta, a determinar a observância pelos contratantes de comportamentos conformes à axiologia constitucional.[32]

O princípio da boa-fé objetiva extrai seu fundamento de validade justamente daqueles valores solidaristas, adotados em contraponto ao "egoísmo"[33] que predominava nas relações obrigacionais.[34] Sob a perspectiva constitucional brasileira, a boa-fé decorre especificamente de "quatro princípios fundamentais para a atividade econômica": dignidade da pessoa humana, valor social da livre iniciativa, solidariedade social e igualdade substancial, previstos, respectivamente, nos artigos 1º, incisos III e IV, 3º, incisos I e III, da Constituição Federal.[35]

"Verdadeira tábua de salvação contra as injustiças albergadas pela dogmática tradicional das obrigações", a boa-fé contribui para a construção de uma sociedade justa e solidária, impondo, nas relações jurídicas, padrões comportamentais éticos, solidários e pautados na confiança.[36] No âmbito das

---

30. NEGREIROS, Teresa. *Fundamentos para uma interpretação constitucional do princípio da boa-fé*. Rio de Janeiro: Renovar, 1998, p. 269.
31. NEGREIROS, Teresa. *Fundamentos para uma interpretação constitucional do princípio da boa-fé*. Rio de Janeiro: Renovar, 1998, p. 269.
32. NEGREIROS, Teresa. *Teoria do contrato*: novos paradigmas. 2. ed. Rio de Janeiro: Renovar, 2006, p. 122-123.
33. A expressão "egoísta" foi empregada Judith Martins-Costa: "A novidade está na consideração das relações obrigacionais – por muito tempo tidas exclusivamente como o reino do interesse individual, até mesmo 'egoísta' – como relações que podem e devem concretizar, em larga medida, deveres de solidariedade social" (MARTINS-COSTA, Judith. Mercado e solidariedade social entre cosmos e taxis: a boa-fé nas relações de consumo. In: MARTINS-COSTA, Judith (Org.). *A reconstrução do Direito Privado*: reflexos dos princípios, diretrizes e direitos fundamentais constitucionais no direito privado. São Paulo: Ed. RT, 2002, p. 629).
34. Veja, a esse respeito, as lições de Judith Martins-Costa e Gérson Luiz Carlos Branco: "A doutrina e jurisprudência italianas têm, neste aspecto, uma lição a ensinar, na medida em que reconduzem os deveres de agir segundo a boa-fé no período contratual e pré-contratual à diretriz constitucional da solidariedade social, reconhecendo que esta, por sua hierarquia constitucional, qualifica o complexo das atividades juridicamente relevantes dos sujeitos, aí compreendidas as pré-negociais, constituindo a boa-fé um aspecto do princípio geral (que) exprime a necessidade de um espírito de colaboração recíproco entre os contraentes e em condições de paridade" (BRANCO, Gerson Luiz Carlos; MARTINS-COSTA, Judith. *Diretrizes teóricas do novo código civil brasileiro*. São Paulo: Saraiva, 2002, p. 219).
35. TEPEDINO, Gustavo; BARBOZA, Heloisa Helena; MORAES, Maria Celina Bodin de. *Código Civil interpretado conforme a constituição da república*. 2. ed. Rio de Janeiro: Renovar, 2012, v. II, p. 17.
36. SCHREIBER, Anderson. A tríplice transformação do adimplemento: adimplemento substancial, inadimplemento antecipado e outras figuras. *Revista Trimestral de Direito Civil*: RTDC. Rio de Janeiro, n. 32, out. 2007. p. 6. Dessa forma, também: MORAES, Maria Celina Bodin de. Notas so-

relações obrigacionais, tais comportamentos, como se abordará na sequência, devem ser adotados desde o momento em que se iniciam os contatos entre os sujeitos com o fim de estabelecerem relação contratual, na medida em que, a proximidade derivada de tal situação, impõe a observância de padrões de comportamentos mais acentuados.

A boa-fé objetiva atua sobre a autonomia privada, erigindo-se como fonte heterônoma de deveres e exigindo dos agentes, a despeito de sua vontade, e até contrariamente a ela, a adoção de condutas leais e probas em suas relações, levando em consideração não apenas seus interesses, como também os da contraparte.[37]

O princípio desempenha, assim, função harmonizadora, conformando o conteúdo da autonomia privada, exigindo-lhe, a um só tempo, o respeito às expectativas, condições e necessidades dos agentes e o atendimento aos valores constitucionais, sem prejuízo da conservação do núcleo da liberdade individual.[38] A aplicação da boa-fé, porém, não pode importar em uma redistribuição dos riscos e dos custos atinentes ao negócio[39] ou em sacrífico de posições de vantagem, encontrando limite, assim, na função social e econômica do contrato.[40] De fato, a boa-fé visa à preservação do conteúdo econômico do negócio, não servindo à tutela de interesse privado e individual de cada um dos contratantes, mas ao interesse comum extraído objetivamente da avença.[41]

Ademais, é importante notar que, nessa nova perspectiva do Direito Obrigacional, a boa-fé objetiva estrutura-se, essencialmente, como uma cláusula geral, que abre o ordenamento jurídico para a introdução de valores extrajurídicos.

A partir da segunda metade do século XX, as codificações civis – do Brasil e de relevante parte da Europa Ocidental – passaram a utilizar em sua estrutura normas abertas ou vagas, caracterizadas "pela ausência de uma pré-figuração

---

bre a promessa de doação. *Civilistica.com*, v. 2, n. 3, p. 1-19. Disponível em: http://civilistica.com/wp-content/uploads/2015/02/Bodin-de-Moraes-civilistica.com-a.2.n.3.2013.pdf. Acesso em: 25 maio 2022.

37. TERRA, Aline de Miranda Valverde. *Cláusula resolutiva expressa*. Belo Horizonte: Fórum, 2017, p. 100.

38. Nesse sentido, leciona Clóvis do Couto e Silva: "A aplicação do princípio da boa-fé tem, porém, função harmonizadora, conciliando o rigorismo lógico-dedutivo da ciência do direito do século passado com a vida e as exigências éticas atuais, abrindo, por assim dizer, no *hortus conclusus* do sistema do positivismo jurídico, 'janelas para o ético'" (SILVA, Clóvis do Couto e. *A obrigação como processo*. São Paulo: FGV Editora, 2013, p. 42).

39. MARTINS-COSTA, Judith. *A boa-fé no direito privado*: critérios para a sua aplicação. São Paulo: Marcial Pons, 2015, p. 464-465.

40. TEPEDINO, Gustavo; SCHREIBER, Anderson. O princípio da boa-fé objetiva no Código Civil e no Código de Defesa do Consumidor. In: TEPEDINO, Gustavo (Coord.). *Obrigações*: Estudos na perspectiva civil-constitucional. Rio de Janeiro: Renovar, 2005, p. 38.

41. TEPEDINO, Gustavo. Novos princípios contratuais e a teoria da confiança: a exegese da cláusula *to the best knowledge of the sellers*. *Temas de direito civil*. Rio de Janeiro: Renovar, 2006, t. 2, p. 253.

descritiva ou especificativa" e "pelo emprego em seu enunciado de termos cuja tessitura é semanticamente aberta, e dotados, geralmente, de cunho valorativo". Dentre estas normas abertas, encontra-se a chamada "cláusula geral", cuja função é justamente amparar a mutabilidade do ordenamento jurídico facilitando o seu avanço mesmo se inexistente qualquer inovação legislativa.[42]

Para possibilitar tal mutabilidade, as prescrições contidas nas cláusulas gerais são vagas e aludem com o mínimo de elementos descritivos às circunstâncias de incidência das normas. Isto é, o texto normativo das cláusulas gerais "apresenta, ao invés de descrição na hipótese normativa (fato tipo, *facti species*), termos e expressões carecidas de determinação ('conceitos vagos')",[43] justamente por terem de ser complementados pelo intérprete com a utilização de regras, eventualmente, extrajurídicas, a partir da análise de certo caso prático.[44]

Diante disso, reconhece-se que o enunciado do artigo 422 do Código Civil configura-se como uma cláusula geral da boa-fé objetiva.[45] Como se trata de cláusula geral, a legislação não estabeleceu parâmetros específicos que auxiliem na determinação de seu conteúdo, cabendo ao julgador analisar a situação concreta, a partir do comportamento almejado em cada campo específico de atividade, da lealdade e probidade exigíveis de acordo com o regulamento de interesses particulares e em consonância com a axiologia constitucional.[46] A boa-fé, assim, "não impõe

---

42. SILVA, Clóvis do Couto e. *A obrigação como processo*. São Paulo: FGV Editora, 2013, p. 119-120.
43. MARTINS-COSTA, Judith. *A boa-fé no direito privado*: critérios para a sua aplicação. São Paulo: Marcial Pons, 2015, p. 130.
44. Nesse sentido, sumariza Judith Martins-Costa: "De fato, as cláusulas gerais constituem *estruturas normativas parcialmente em branco*, as quais são completadas por meio da referência às regras extrajurídicas, ou a regras dispostas em outros '*loci*' do sistema jurídico. A sua concretização exige, consequentemente, que o julgador seja *reenviado* a modelos de comportamento e a pautas de valoração que não estão *descritos* na própria cláusula geral (embora por ela sejam indicados), cabendo-lhe, para tanto, quando atribuir uma consequência jurídica à cláusula geral, formar normas de decisão vinculadas à concretização do valor, diretiva ou do padrão social prescritivamente reconhecido como arquétipo exemplar de conduta" (MARTINS-COSTA, Judith. *A boa-fé no direito privado*: critérios para a sua aplicação. São Paulo: Marcial Pons, 2015, p. 143).
45. Assim, as lições de Ruy Rosado: "A boa fé é uma cláusula geral cujo conteúdo é estabelecido em concordância com os princípios gerais do sistema jurídico (liberdade, justiça e solidariedade, conforme está na Constituição da República), numa tentativa de 'concreção em termos coerentes com a racionalidade global do sistema'" (AGUIAR JÚNIOR, Ruy Rosado de. A boa-fé na relação de consumo. *Revista de Direito do Consumidor*. São Paulo: Ed. RT, p. 20-27, abr./jun. 1995, p. 24).
46. TEPEDINO, Gustavo; SCHREIBER, Anderson. *Fundamentos do direito civil*: obrigações. 2. ed. Rio de Janeiro: Forense, 2021, v. 2, p. 38. Como registra a doutrina, trata-se de indeterminação intencional, própria das cláusulas gerais, que busca "deixar ao juiz, ao intérprete, uma maior possibilidade de adaptar a norma às situações de fato". Tal vagueza, porém, "é superada com o reenvio não à consciência ou à valoração social, mas ao complexo de princípios que fundam o ordenamento jurídico, única garantia de pluralismo e de democracia. As cláusulas gerais, portanto, são uma técnica legislativa que consente a concretização e especificação das múltiplas possibilidades de atuação de um princípio, agindo contemporaneamente como critério de controle da compatibilidade entre princípios e regras. Indagar se um comportamento é contrário à boa-fé ou à lealdade (...) significa individuar os princípios (e os

comportamento geral, de conteúdo pré-estabelecido, mas determina a conduta específica devida pelos contratantes à luz do concreto regulamento de interesses".[47]

Com efeito, da leitura do aludido artigo 422, verifica-se que ele não traz a definição de boa-fé, não determina qual seria o comportamento adequado à luz da boa-fé, não indica qual a extensão dessa obrigação e nem mesmo estabelece quais as consequências de sua eventual violação. E isso é proposital: apenas diante da relação contratual *in concreto* irá o intérprete responder a todas essas questões.[48]

É necessário, dessa forma, que se promova sua aplicação técnica, por meio de suas próprias funções, sob pena de seu esvaziamento conceitual.[49] É indispensável, de igual modo, que não se adote abordagem tipificante da boa-fé objetiva, criando verdadeiros tipos de comportamentos aos quais a conduta concreta deveria ser subsumida, vez que postura assim limitadora se revela incompatível com a vocação expansiva do princípio.[50]

Dessa forma, como a boa-fé atua contextualmente, considerando a singularidade de cada situação contratual específica, sua incidência se dará de forma modulada com os demais princípios e regras aplicáveis a cada setor, de modo que seu desempenho será diverso a depender do campo em que concretamente for utilizada.[51]

---

correspondentes valores) em curso e as ulteriores regras legislativas vigentes, em relação à hipótese a decidir; significa desenvolver aspectos implícitos na normativa (por exemplo, em tema de obrigações e contratos, a igualdade e a tendência à equivalência das prestações, a reciprocidade das trocas, a confiança etc.) e sintetizá-los na elaboração da regra do caso concreto" (PERLINGIERI, Pietro. *O direito civil na legalidade constitucional*. Rio de Janeiro: Renovar, 2008, p. 239-240).

47. BANDEIRA, Paula Greco. As cláusulas de *hardship* e o dever da boa-fé objetiva na renegociação dos contratos. *Pensar – Revista de Ciências Jurídicas*, v. 21, p. 1044, 2016. A esse respeito, também: "Contudo, insista-se, o ditame da boa-fé não se apresenta pronto para imediata e formal execução, «self-executing». Visto que consagrado através de uma cláusula geral, carece ainda de uma mediação concretizadora. O legislador enuncia um princípio, estabelece um projecto ou plano de regulamentação que envia ou comete ao juiz. E este deverá partir das exigências fundamentais da ética jurídica, que se exprimem em virtude de manter a palavra e a confiança, de cada uma das partes proceder onesta e lealmente, segundo uma consciência razoável, para com a outra parte, interessando as valorações do círculo social, considerado, que determinam expectativas dos sujeitos jurídicos" (COSTA, Mário Julio de Almeida. *Direito das obrigações*. 10. ed. Coimbra: Almedina, 2006, p. 122-123).

48. LARENZ, Karl. *Derecho de Obligaciones*. Madrid: Revista de Derecho Privado, 1958, t. I, p. 142-143.

49. TEPEDINO, Gustavo; SCHREIBER, Anderson. *Fundamentos do direito civil*: obrigações. 2. ed. Rio de Janeiro: Forense, 2021, v. 2, p. 35-38. Refere-se, nesse sentido, à superutilização ou à banalização da boa-fé objetiva, capazes de reduzir a efetividade do princípio, v. SCHREIBER, Anderson. *A proibição de comportamento contraditório*: tutela da confiança e *venire contra factum proprium*. 3. ed. Rio de Janeiro: Renovar, 2012. p. 122-125.

50. TERRA, Aline de Miranda Valverde. Autonomia contratual: da estrutura à função. *Revista Jurídica Eletrônica da Universidade Federal do Piauí*. v. 2, n. 2, jul./dez. 2015, p. 91.

51. MARTINS-COSTA, Judith. Critérios para aplicação do princípio da boa-fé objetiva (com ênfase nas relações empresariais). In: MARTINS-COSTA, Judith; FRADERA, Véra Jacob de (Org.). *Estudos de direito privado e processual civil*: em homenagem a Clóvis do Couto e Silva. São Paulo: Ed. RT, 2014, p. 194-206.

Nesse sentido, independentemente de qual seja a relação jurídica subjacente, a doutrina atribui à boa-fé objetiva, para fins didáticos e de modo a dar contornos dogmáticos à figura, tríplice função: (i) princípio interpretativo, (ii) critério limitador do exercício de posições jurídicas e (iii) fonte de deveres jurídicos anexos.[52] Tais funções foram estatuídas, respectivamente, nos artigos 113, 187 e 422 do Código Civil.

A boa-fé como critério hermenêutico impõe ao intérprete que, ao analisar determinado negócio jurídico ou instrumento celebrado entre pretensos contratantes, confira a seus termos o sentido mais consentâneo com a finalidade comum almejada pelas partes.[53] Em outras palavras, exige-se a consideração da finalidade da relação jurídica analisada, condicionando sua interpretação às circunstâncias do caso concreto, já que são elas que revelarão o que as partes buscavam quando firmaram o pacto.[54]

Nessa esteira, a boa-fé objetiva determina que a interpretação dos atos de autonomia privada privilegie o sentido mais conforme à lealdade e à honestidade entre as partes, vedando qualquer interpretação maliciosa, vocacionada a prejudicar uma das partes.[55] Em outros termos, a boa-fé objetiva exige que os sujeitos

---

52. Por todos: "Essa mesma tríplice função existe para a cláusula geral de boa-fé no campo contratual, porque justamente a ideia é ajudar na interpretação do contrato, *adjuvandi*, suprir algumas das falhas do contrato, isto é, acrescentar o que nele não está incluído, *supplendi*, e eventualmente corrigir alguma coisa que não é de direito no sentido de justo, *corrigendi*" (AZEVEDO, Antonio Junqueira de. Insuficiências, deficiências e desatualização do projeto no código civil (atualmente, código aprovado) na questão da boa-fé objetiva nos contratos. *Estudos e Pareceres de Direito Privado*. São Paulo: Saraiva, 2004, p. 153). Como ensina Teresa Negreiros, "[n]a prática, estas funções complementam-se, sendo por vezes difícil definir, num caso concreto, sobre que 'tipo' a boa-fé está sendo invocada; qual, enfim, a função específica que o princípio está desempenhando naquela hipótese em particular" (NEGREIROS, Teresa. *Teoria do contrato*: novos paradigmas. 2. ed. Rio de Janeiro: Renovar, 2006, p. 140). Nesse sentido, entende-se, inclusive, que "as três funções apontadas acima poderiam ser reduzidas a apenas duas: (i) a função interpretativa dos contratos e (ii) a função criadora de deveres anexos" (TEPEDINO, Gustavo; SCHREIBER, Anderson. O princípio da boa-fé objetiva no Código Civil e no Código de Defesa do Consumidor. In: TEPEDINO, Gustavo (Coord.). *Obrigações*: Estudos na perspectiva civil-constitucional. Rio de Janeiro: Renovar, 2005, p. 37). Ademais, ao longo do tempo, foram desenvolvidas, em âmbito doutrinário e jurisprudencial, figuras parcelares (como *venire contra factum proprium, supressio, tu quoque, duty to mitigate the loss* e adimplemento substancial), que amparam a densificação normativa do princípio, facilitando o processo argumentativo de fundamentação de decisões baseadas na boa-fé, v. KONDER, Carlos Nelson. Princípios contratuais e exigência de fundamentação das decisões: boa-fé e função social do contrato à luz do CPC/2015. *Revista Opinião Jurídica*. Fortaleza: Unichristus, jul.-dez. 2016, ano 14, n. 19, p. 42.
53. TEPEDINO, Gustavo. Novos princípios contratuais e a teoria da confiança: a exegese da cláusula *to the best knowledge of the sellers*. *Temas de direito civil*. Rio de Janeiro: Renovar, 2006, t. 2, p. 252.
54. NEGREIROS, Teresa. *Fundamentos para uma interpretação constitucional do princípio da boa-fé*. Rio de Janeiro: Renovar, 1998, p. 233.
55. SCHREIBER, Anderson. *A proibição de comportamento contraditório*: tutela da confiança e *venire contra factum proprium*. 3. ed. Rio de Janeiro: Renovar, 2012, p. 86-87.

busquem o escopo econômico comum do negócio, depreendido da vontade por eles declarada, vedando que se escondam por detrás da literalidade do pactuado.[56]

Em sua função limitativa ao exercício de direitos, a boa-fé proíbe a adoção de comportamentos contrários à confiança e à lealdade que devem estar presentes nas relações obrigacionais. Consiste, desse modo, em critério para diferenciação entre o exercício regular e o exercício irregular ou abusivo de direitos.[57] De fato, trata-se da "aplicação da boa-fé em seu sentido negativo ou proibitivo; vedando comportamentos que, embora legal ou contratualmente assegurados, não se conformem com os *standards* impostos pela cláusula geral".[58] Dessa forma, comportamentos formalmente lícitos podem se revelar não merecedores de tutela do ordenamento jurídico, caso não estejam em conformidade com a boa-fé.[59]

Além disso, a boa-fé objetiva é fonte de deveres anexos, decorrentes da necessidade da atuação proba, leal e honesta das partes em uma relação obrigacional.[60] Trata-se de deveres de lealdade, honestidade e de informação que, vinculando ambas as partes,[61] indicam como deve ser realizada a prestação à luz do exame de cada relação obrigacional *in concreto* e das legítimas expectativas das partes, sendo exigíveis independentemente de previsão legal ou contratual.[62] São deveres cogentes cuja observância deve se dar em todas as fases da relação obrigacional, incidindo, portanto, também nos períodos anterior e posterior à celebração e execução do contrato.[63]

---

56. BANDEIRA, Paula Greco. As cláusulas de *hardship* e o dever da boa-fé objetiva na renegociação dos contratos. *Pensar – Revista de Ciências Jurídicas*, v. 21, 2016, p. 1045.

57. TEPEDINO, Gustavo. Novos princípios contratuais e a teoria da confiança: a exegese da cláusula *to the best knowledge of the sellers*. *Temas de direito civil*. Rio de Janeiro: Renovar, 2006, t. 2, p. 252.

58. SCHREIBER, Anderson. *A proibição de comportamento contraditório*: tutela da confiança e *venire contra factum proprium*. 3. ed. Rio de Janeiro: Renovar, 2012. p. 89.

59. TEPEDINO, Gustavo; BARBOZA, Heloisa Helena; MORAES, Maria Celina Bodin de. *Código civil interpretado conforme a constituição da república*. 2. ed. Rio de Janeiro: Renovar, 2012, v. II, p. 20.

60. Jorge Cesa Ferreira da Silva conceitua os deveres anexos como "todos aqueles deveres decorrentes do fato jurígeno obrigacional, cujo escopo não seja, *diretamente*, a realização ou substituição da prestação" (SILVA, Jorge Cesa Ferreira da. *A boa-fé e a violação positiva do contrato*. Rio de Janeiro: Renovar, 2002, p. 75).

61. "(...) cumpre acentuar ainda que os deveres acessórios de conduta tanto recaem sobre o devedor, como afetam o credor, a quem incumbe evitar que a prestação se torne *desnecessariamente* mais onerosa para o obrigado e proporcionar ao devedor a cooperação de que ele razoavelmente necessite, em face da relação obrigacional, para realizar a prestação devida" (VARELA, João de Matos Antunes. *Das obrigações em geral*. 10. ed. Coimbra: Almedina, 2005, v. 1, p. 127).

62. MARTINS-COSTA, Judith. *A boa-fé no direito privado*: critérios para a sua aplicação. São Paulo: Marcial Pons, 2015, p. 222-223; SCHREIBER, Anderson. *A proibição de comportamento contraditório*: tutela da confiança e *venire contra factum proprium*. 3. ed. Rio de Janeiro: Renovar, 2012, p. 88. A classificação entre deveres de lealdade, honestidade e informação é adotada por MENEZES CORDEIRO, António. *Da boa-fé no direito civil*. Coimbra: Almedina, 2001, p. 605 e ss.

63. AZEVEDO, Antonio Junqueira de. Insuficiências, deficiências e desatualização do projeto no código civil (atualmente, código aprovado) na questão da boa-fé objetiva nos contratos. *Estudos e Pareceres*

Com efeito, somente a situação concreta pode fornecer ao intérprete os elementos para a incidência de tais deveres, na medida em que "necessitam de concreção de seu conteúdo, em cada relação, considerados o ambiente social e as dimensões do tempo e do espaço de sua observância ou aplicação".[64] Assim, é possível que duas relações similares, que tenham o mesmo objeto, ensejem "o nascimento de deveres laterais bastante diversos, conforme forem diferentes as especificidades das partes ou o peso da confiança gerada pelas circunstâncias concretas".[65]

Dessa forma, como se demonstrará no item 1.3, a atuação conforme a boa-fé objetiva (honesta, leal e reta) deve ser adotada pelas partes antes mesmo da formação propriamente dita do contrato; e, nesta medida, já durante a fase das negociações, as legítimas expectativas dos envolvidos são merecedoras de tutela pelo ordenamento jurídico, haja vista a confiança derivada pela proximidade do contato social, bem como os investimentos de tempo e os recursos desembolsados nessa etapa.[66]

Desse modo, conforme conclui Judith Martins-Costa, para que se possa compreender o espaço e características das tratativas, em sua relação com as eficácias geradas pela boa-fé objetiva, é necessário considerar que "a fase negociatória serve para negociar (tratar), não ainda para contratar". Nessa esteira, deve-se tomar em conta que vigoram, em igual intensidade, "a liberdade de negociação que supõe, obviamente, poder de iniciá-la e de encerrá-la" e "o princípio da boa-fé em sua tríplice função: hermenêutica, corretora de condutas e geradora de deveres, neste caso, de proteção (deveres laterais) vedando comportamentos oportunistas, disfuncionais às tratativas e os quais se aderem à esfera jurídica do outro figurante".[67]

1.2 COMPLEXIDADE DAS TRATATIVAS E FIGURAS ENVOLVIDAS

O contrato se aperfeiçoa com a manifestação de vontade de dois ou mais sujeitos em relação a objeto comum, dirigindo-se a determinada finalidade. De acordo com o ordenamento jurídico brasileiro, toda vontade, para produzir efeitos jurídicos, precisa ser manifestada de alguma forma, seja por gestos, por

---

de Direito Privado. São Paulo: Saraiva, 2004, p. 150-151.

64. LÔBO, Paulo. Boa-fé entre o princípio jurídico e o dever geral de conduta obrigacional. *Revista Jurídica Luso Brasileira – RJLC*, n. 3, 2017, p. 986.

65. SILVA, Jorge Cesa Ferreira da. *A boa-fé e a violação positiva do contrato.* Rio de Janeiro: Renovar, 2002, p. 103-104.

66. O ponto será retomado no item 1.3, ao se abordar os fundamentos da responsabilidade pela ruptura das negociações preliminares.

67. MARTINS-COSTA, Judith. *A boa-fé no direito privado*: critérios para a sua aplicação. São Paulo: Marcial Pons, 2015, p. 402.

palavras (orais ou escritas), pelo cumprimento de determinado ritual ou, ainda, em hipóteses excepcionais, pelo silêncio.[68]

A identificação do momento em que se considera formado o contrato não constitui procedimento hermenêutico simples, diferente do que pressuposto pelo Código Civil brasileiro. Pela legislação, a fase de formação do contrato haveria de ser simplificada e resolver-se na negociação dos elementos categoriais do negócio jurídico. Diz-se, assim, que o legislador teria adotado "modelo dogmático uninuclear e estático do processo de desenvolvimento da relação jurídica, no qual todo o fenômeno nomogênico estaria concentrado na manifestação volitiva que daria ensejo ao negócio jurídico".[69]

De acordo com o Código Civil, o consenso negocial seria resultante apenas de dois momentos: a proposta e a aceitação.[70] A proposta consiste no ato pelo qual a declaração de vontade de um sujeito alcança o outro polo da relação jurídica.[71] Trata-se, propriamente, de negócio jurídico, já que sua "eficácia decorre da força jurígena da própria manifestação do proponente, independentemente da manifestação de quem a recebe, cuja anuência será indispensável para o aperfeiçoamento do contrato".[72] Sua função, então, é de "suscitar a composição do negócio jurídico bilateral".[73]

Nos termos do artigo 427 do Código Civil, a proposta efetuada é, em regra, vinculante, exceto quando "o contrário não resultar dos termos dela, da natureza do negócio ou circunstâncias do caso", o que significa que o legislador garante

---

68. PEREIRA, Regis Fichtner. *A responsabilidade civil pré-contratual*: teoria geral e responsabilidade pela ruptura das negociações contratuais. Rio de Janeiro: Renovar, 2001, p. 43-44.

69. MARTINS, Raphael Manhães. A normatização das relações pré-contratuais. *Revista dos Tribunais*. São Paulo: Ed. RT, v. 996, p. 263, out. 2018.

70. "O conceito de contrato envolve o da existência de um acordo de vontades. Tal acordo depende necessariamente de dois movimentos indispensáveis à viabilidade de sua conclusão, a saber: 1º) a oferta, primeiro movimento, por assim dizer, de fecundação; 2º) a aceitação, segundo movimento de gestação, que, ao se reunir ao da oferta, produz nascimento do contrato. o grande problema, no estudo desses elementos, assenta primeiramente na sua força obrigatória e depois quanto ao momento exato em que ambos se fundem para produzir o nascimento do contrato" (LOPES, Miguel Maria de Serpa. *Curso de direito civil*: fonte das obrigações, contratos. Rio de Janeiro: Freitas Bastos, 1954, v. 3, p. 75-76). A noção de que a generalidade dos contratos se forma a partir da simples apresentação de proposta e da subsequente aceitação não passa, como sintetizado por Carlos Ferreira de Almeida, de uma "ficção", sendo "tempo de a superar, integrando na teoria da formação do contrato toda a variedade que facilmente se descortina na prática dos negócios e que a própria lei afinal a reconhece" (FERREIRA, Carlos Almeida de. *Contratos*: conceito, fontes, formação. 6. ed. Almedina: Lisboa, 2018, v. 2, p. 114).

71. MARTINS-COSTA, Judith. As cartas de intenção no processo formativo da contratação internacional: os graus de eficácia dos contratos e a responsabilidade pré-negocial. *Revista da Faculdade de Direito da UFRGS*, Porto Alegre, n. 10, p. 39-55, jul. 1994, p. 41.

72. TEPEDINO, Gustavo; KONDER, Carlos Nelson; BANDEIRA, Paula Greco. *Fundamentos do direito civil*: contratos. 2. ed. Rio de Janeiro: Forense, 2021, v. 3, p. 93.

73. PONTES DE MIRANDA, Francisco Cavalcanti. *Tratado de direito privado*. 3. ed. São Paulo: Ed. RT, 1984, t. XXXVIII, p. 27.

ampla margem ao intérprete e às partes no que toca à atribuição de caráter vinculante, ou não, à proposta. A proposta deve ser séria e "conter as linhas estruturais do negócio em vista", para que o contrato possa considerar-se perfeito.[74] No caso de descumprimento da proposta, desde que firme, o proponente tem direito não apenas à indenização das perdas e danos sofridos, mas também à execução específica do teor do contrato prometido.[75]

Ato contínuo à proposta, tem-se a aceitação, que consiste no ato pelo qual o oblato exerce direito potestativo deflagrado pela proposta e que marca a conclusão do contrato, gerando o consentimento necessário. De acordo com Caio Mário da Silva Pereira, não há requisito especial para a aceitação, que pode ser expressa, se o aceitante declarar sua anuência; tácita, se uma atitude inequívoca autoriza a se concluir pela integração da vontade na declaração contida na proposta; ou presumida, quando a conduta do aceitante, nos termos da lei, induz à anuência.[76]

A aceitação deve ser oportuna e simples, de modo a ser recebida pelo proponente dentro do prazo de eficácia da proposta.[77] Além disso, a aceitação necessita igualar em seu conteúdo a proposta, na medida em que, nos termos do artigo 431 do Código Civil, se o aceitante realizar adições, restrições ou modificações em seus termos, o ato será considerado como nova proposta. Nessa hipótese, os papéis se inverterão, tornando-se o oblato em proponente.

Esse é o esquema de formação do contrato previsto pelo Código Civil. Entretanto, muitas vezes, a formação do pacto escapa à essa moldura, sendo antecedida, na prática, por uma fase de tratativas, ou negociações preliminares, que pode ter maior ou menor duração e englobar mais ou menos atos, a depender da complexidade dos interesses em jogo.[78] Esse fenômeno tem se intensificado nas últimas décadas, sobretudo em função de fatos inerentes à globalização, com a sofisticação dos bens e serviços disponibilizados e com os impactos dos incrementos tecnológicos na circulação de riquezas.[79]

---

74. PEREIRA, Caio Mário da Silva. *Instituições de direito civil*. 17. ed. Rio de Janeiro: Forense, 2013, v. III, p. 38.
75. TEPEDINO, Gustavo; KONDER, Carlos Nelson; BANDEIRA, Paula Greco. *Fundamentos do direito civil*: contratos. 2. ed. Rio de Janeiro: Forense, 2021, v. 3, p. 93.
76. PEREIRA, Caio Mário da Silva. *Instituições de direito civil*. 17. ed. Rio de Janeiro: Forense, 2013, v. III, p. 40.
77. TEPEDINO, Gustavo; KONDER, Carlos Nelson; BANDEIRA, Paula Greco. *Fundamentos do direito civil*: contratos. 2. ed. Rio de Janeiro: Forense, 2021, v. 3, p. 95.
78. PONTES DE MIRANDA, Francisco Cavalcanti. *Tratado de direito privado*. 3. ed. São Paulo: Ed. RT, 1984, t. XXXVIII, p. 321.
79. Quanto ao ponto, confira-se: COSTA, Mário Julio de Almeida. *Direito das obrigações*. 10. ed. Coimbra: Almedina, 2006, p. 300.

Nessa linha, o processo de formação do contrato não traduz fenômeno jurídico estático, passível de ser analisado de maneira fixa. Ao revés, a conclusão de uma avença contratual, na prática comercial, costuma ser marcada por uma sucessão de atividades que se apresentam conectadas entre si.[80] Nesse diapasão, atualmente, há razoável consenso no sentido de que a formação do contrato consiste em processo dinâmico que, pela bilateralidade que lhe é inerente, se protrai no tempo, e cuja duração variará a depender de uma série de circunstâncias.[81]

Normalmente, esse processo inicia-se por meio de estímulo externo ao sujeito, consubstanciado em uma oferta, que desperta no agente o desejo de obter aquele bem ou serviço que lhe foi oferecido. Esse início das tratativas pode se dar, por exemplo, por prospecções, anúncios públicos, ou pelo oferecimento, por via dos mais variados meios de expressão, de notícias e informações sobre o bem ou serviço a ser comercializado.[82]

Após o recebimento da oferta, o receptor passa por um processo decisório interno, a fim de deliberar se irá ou não aceitar a oferta e concretizar o contrato, sopesando todas as vantagens e desvantagens que a celebração do negócio irá lhe proporcionar. Nesse momento, para que possa decidir sobre a celebração ou não do contrato, é fundamental que o agente obtenha as informações necessárias e adequadas sobre todas as circunstâncias que cercam a avença. Como registra Régis Fichtner, essas informações são essenciais no processo de formação da vontade, na medida em que será com base nelas que o contraente criará a representação

---

80. PEREIRA, Fabio Queiroz. *O ressarcimento do dano pré-contratual*: interesse negativo e interesse positivo. São Paulo: Almedina, 2017, p. 97.

81. TEPEDINO, Gustavo; KONDER, Carlos Nelson; BANDEIRA, Paula Greco. *Fundamentos do direito civil*: contratos. 2. ed. Rio de Janeiro: Forense, 2021, v. 3, SILVA, Clóvis do Couto e. *A obrigação como processo*. Rio de Janeiro: FGV Editora, 2006, p. 89-90. Acerca do processo de formação do contrato, confira-se as lições em Enzo Roppo: "Numa perspectiva realista, o juízo sobre se um contrato se formou ou não constitui o resultado de uma qualificação de determinados comportamentos humanos, operada por normas jurídicas. Por outras palavras, a formação do contrato consiste num processo, isto é, numa sequência de actos e comportamentos humanos coordenados entre si, segundo um modelo não já 'natural' e 'necessário', mas sim pré-fixado de modo complemente convencional pelo direito (pelos vários direitos). Se essa determinada sequência de actos e comportamentos humanos corresponde ao esquema estabelecido pelo ordenamento jurídico (e de modo diverso pelos diversos ordenamentos jurídicos), pode dizer-se que esse determinado contrato se formou, ou concluiu, ou 'ganhou existência'" (ROPPO, Enzo. *O contrato*. Coimbra: Almedina, 2009, p. 105). Não sem razão, a doutrina registra que a fase de formação dos contratos é um "capítulo privilegiado muito complexo e nada uniforme da Teoria das Obrigações, suscitando intricados problemas de ordem teórica e de ordem prática", sendo que essa complexidade advém da "multiplicidade de formas que podem revestir a fase formativa, bem como da variabilidade do modo pelo qual se podem desenvolver as tratativas negociais" (MARTINS-COSTA, Judith. *A boa-fé no direito privado*: critérios para a sua aplicação. São Paulo: Marcial Pons, 2015, p. 388).

82. MARTINS-COSTA, Judith. *A boa-fé no direito privado*: critérios para a sua aplicação. São Paulo: Marcial Pons, 2015, p. 389.

interna da realidade do negócio em gestação, que será, por seu turno, a base da decisão de concretizar ou não o contrato.[83]

Há contratos em que o processo de formação é bastante rápido, de modo que o agente sequer se dá conta de sua existência. É o caso, por exemplo, de um sujeito que, caminhando pela rua, ingressa em um estabelecimento comercial e adquire uma garrafa de água, em poucos minutos. Em negócios dessa natureza, as questões a serem deliberadas pelo agente são simples, não sendo necessário um longo procedimento decisório.

Por seu turno, existem outros negócios que, em função de sua complexidade, implicam processos decisórios mais demorados e heterogêneos, devendo o agente, para deliberar acerca de sua realização, sopesar uma série de fatores e informações. Por exemplo, o negócio jurídico de compra e venda de um imóvel necessariamente envolve um processo decisório mais complexo do que aquele de aquisição de uma garrafa de água. Antes de realizar a compra do imóvel, o pretenso comprador deve analisar variados fatores, como a localização, o tamanho e o estado do bem, se possui condições financeiras para realizar a aquisição, dentre muitos outros. Por seu lado, o suposto vendedor também precisa realizar um processo de deliberação, normalmente sobre o preço e condições de pagamento oferecidas pelo pretenso comprador, para identificar se possui interesse em concluir o negócio com aquele sujeito específico.[84]

Ainda mais complexo é o processo decisório envolvendo a aquisição de certa sociedade ou participação societária por determinada pessoa física ou jurídica, exemplificativamente. Nesses casos, a fase negociatória costuma perdurar bastante tempo e envolver uma série de atos concomitantes e contínuos. Em hipóteses como essas, as informações prestadas pelas partes assumem elevada importância, já que, afinal, na fase inicial de operações desse tipo, os candidatos a contratantes não possuem pleno conhecimento da situação financeira, contábil, estratégica e jurídica um do outro, da sociedade ou de seus sócios, tampouco da melhor estrutura jurídica a ser adotada para o negócio. Dessa forma, é necessário que, antes da efetiva concretização do negócio, os contraentes "façam a análise de uma grande variedade de matérias durante as negociações, para que possam chegar a uma conclusão sobre os contornos do negócio e, até mesmo, sobre o seu efetivo interesse em realizá-lo".[85]

---

83. O exemplo é de PEREIRA, Regis Fichtner. *A responsabilidade civil pré-contratual*: teoria geral e responsabilidade pela ruptura das negociações contratuais. Rio de Janeiro: Renovar, 2001, p. 46.
84. PEREIRA, Regis Fichtner. *A responsabilidade civil pré-contratual*: teoria geral e responsabilidade pela ruptura das negociações contratuais. Rio de Janeiro: Renovar, 2001, p. 44-45.
85. MIZOGUTI, Samanta Mitiko. *Fusões e aquisições*: efeitos jurídicos das negociações. São Paulo: Almedina, 2022, p. 35.

Nessa esteira, alguns contratos podem se formar progressivamente – inclusive, de acordo com parcela doutrinária, sem manifestação de vontade válida, como os contratos sem negócio jurídico, como se abordará no item 3.2 abaixo –, diante da sua complexidade e da necessidade de tratativas diversas. Aduz-se, nesse sentido, que o consentimento contratual pode ser construído gradualmente, assim como delimitado, etapa por etapa, o conteúdo do contrato que está a ser delineado, de modo que o ajuste final só é alcançado "depois de uma laboriosa fase vestibular, em que os interessados, de transigência em transigência, mediante sucessivas declarações, vão atingindo o acordo final, ou seja, o consentimento".[86]

Como se percebe, essa heterogeneidade inerente à fase de formação do contrato coloca em xeque a disciplina formalista do Código Civil brasileiro, que se omite acerca da fase das tratativas, a qual é muito comum na prática negocial, sobretudo no âmbito de projetos mais complexos.[87]

A fase das tratativas, na prática, assume especial relevância na medida em que é nela que os contraentes trocam as informações fundamentais para a deliberação sobre realizar, ou não, determinado negócio jurídico e sobre o conteúdo que a ele devem imprimir.[88] É nesta fase, como registra Régis Fichtner, que "cada parte irá efetivar a representação da realidade que envolve o negócio jurídico projetado". Diante disso, tudo o que ocorre nesse período é relevante para a deliberação dos agentes quanto ao eventual negócio.[89]

---

86. LEÃES, Luiz Gastão de Paes de Barros. Protocolo de intenções sem força obrigatória. *Pareceres*. São Paulo: Singular, 2004, v. I, p. 405. "Nesta atmosfera de superação do modelo estático tradicional consubstanciado no binômio proposta-aceitação, introduz-se nova disciplina, complementar àquela prevista no Código Civil, mediante o reconhecimento do fenômeno da formação progressiva dos contratos. Esta nova figura aparece potencializada, mormente, nas negociações que precedem a celebração de contratos de conteúdo complexo, não raro revestidos de alto risco e, muitas vezes, envolvidos por grandes investimentos" (REIS JÚNIOR, Antonio dos. O problema da execução do contrato preliminar: esboço de sistematização em perspectiva civil-constitucional. *Civilistica.com*. Rio de Janeiro, a. 6, n. 1, 2017. Disponível em: http://civilistica.com/o-problema-da-execucao-do-contrato-preliminar/. Acesso em: 05 jan. 2023). O tema da formação progressiva do contrato será tratado com mais detalhes mais adiante, no item 3.2.
87. MARTINS, Raphael Manhães. A normatização das relações pré-contratuais. *Revista dos Tribunais*. São Paulo: Ed. RT, v. 996, p. 260, out. 2018.
88. É importante registrar que uma série de autores dividirem o processo de formação dos contratos em subfases internas. Carlyle Popp, por exemplo, registra que existem duas fases no âmbito das tratativas, quais sejam, a negociatória, que é representada por todos os atos anteriores à proposta e se divide em três estágios conforme seu avanço, e a decisória, que se inicia com a policitação, sendo que, quando as tratativas se iniciam pela proposta, a fase negociatória é absorvida pela decisória (cf. POPP, Carlyle. *Responsabilidade civil pré-negocial*: o rompimento das tratativas. Curitiba: Juruá, 2001, p. 231). Sem descurar da inegável utilidade de subdivisões para facilidade da compreensão, fato é que, como apontado por António Menezes Cordeiro, "todo processo de negociação é um *continuum*", de modo que deve ser analisado como um todo, v. MENEZES CORDEIRO, António. *Tratado de direito civil*. 4. ed. Coimbra: Almedina, 2014, v. II, p. 293.
89. FICHTNER PEREIRA, Regis. *A responsabilidade civil pré-contratual*: teoria geral e responsabilidade pela ruptura das negociações contratuais. Rio de Janeiro: Renovar, 2001, p. 46.

Dessa forma, apesar de, nessa fase preliminar, inexistir relação negocial propriamente dita com relação ao negócio final almejado, as tratativas não são destituídas de relevância jurídica. Ao revés, nesse momento, já há tutela do direito, especialmente a partir da boa-fé objetiva que impõe deveres de correção nos comportamentos dos negociadores e de respeito às legítimas expectativas, conforme será desenvolvido no item 1.3 adiante.

Nesse âmbito, enquanto as partes conversam, trocam informações e negociam orientadas a examinar as possibilidades e conveniências de realizar um futuro contrato, uma série de figuras pode emergir. Com efeito, é comum que as negociações preliminares sigam com idas e vindas, rodadas de reuniões negociatórias, trocas de e-mails e com a confecção de documentos, como minutas, cartas de intenção, memorandos de entendimentos, dentre outros.[90]

Tais instrumentos atendem a uma diversificação de propósitos, a depender de seu conteúdo. Servem, por exemplo, para comunicar intenções e passar informações, disciplinar as fases do processo de negociação, estabelecer os pontos em relação aos quais as partes estão de acordo, e, até mesmo, firmar o próprio contrato, em caráter preliminar.[91]

Nessa esteira, é comum, até para evitar discussões inúteis sobre itens a respeito dos quais as partes já chagaram a acordo, que se elabore cartas, atas de reunião ou qualquer outra forma, pelos quais se registram tais pontos que já foram objeto de concordância pelas partes e, concluído o acordo quanto aos elementos essenciais do contrato, já não seriam mais objeto de discussão entre os contraentes.[92] Além disso, tais documentações servem como meio de transmitir informações, instituir regras e consequências das negociações, definir divisão de custos na etapa pré-contratual, estabelecer obrigações de confidencialidade ou de exclusividade durante as comunicações, entre outras.[93]

Como se percebe, esses documentos visam a disciplinar matérias que sejam relevantes para o avanço das tratativas, trazendo maior segurança às partes para o prosseguimento das tratativas. De fato, "além de regular questões de *interesse imediato* das partes (pense-se, por exemplo, em um acordo de confidencialidade firmado para proteger o acesso a informações confidenciais trocadas durante as

---

90. POPP, Carlyle. *Responsabilidade civil pré-negocial*: o rompimento das tratativas. Curitiba: Juruá, 2001, p. 241.
91. MARTINS-COSTA, Judith. *A boa-fé no direito privado*: critérios para a sua aplicação. São Paulo: Marcial Pons, 2015, p. 390.
92. FERNANDES, Wanderley. O processo de formação do contrato. In: FERNANDES, Wanderley (Coord.). *Fundamentos e princípios dos contratos empresariais*. 2. ed. São Paulo: Saraiva, 2012, p. 241.
93. GRECCO, Renato. *O momento da formação do contrato*: Das negociações preliminares ao vínculo contratual. São Paulo: Almedina, 2019, p. 76.

negociações)", a celebração de tais instrumentos "demonstra maior seriedade e intenção na contratação definitiva vez que reflete uma concordância gradativa das partes em torno da contratação".[94]

Dentre tais documentos que são elaborados durante as negociações, destacam-se, em razão de sua ampla aplicação prática, a minuta, a carta de intenção e o memorando de entendimentos.[95] A minuta, também denominada de "puntuazione", constitui um projeto de contrato, que é discutido e formulado pelas partes, de forma que todos os pontos acordados até determinando momento são refletidos, sendo elaborada antes de o contrato ser concluído e, nela, há vontade de "desenhar o contrato".[96]

Basicamente, a doutrina identifica dois efeitos práticos decorrentes da minuta: por um lado, ela registra os pontos negociados pelas partes, por outro, ela elucida os pontos ainda em aberto na negociação, já que eles não são referidos na minuta ou o são, mas como sujeitos a alterações. A minuta, contudo, não provoca, em regra, vinculação contratual, já que é resultado da ausência de intenção negocial das partes que a celebram, servindo, porém, como prova das negociações (inclusive, do estágio em que se encontravam) e, ainda, como elemento de interpretação do eventual negócio jurídico celebrado.[97]

Mais sofisticada no mundo negocial do que a minuta, tem-se a chamada carta de intenção, difundida por influência do sistema da *common law*.[98] De acordo com a doutrina, as cartas de intenção não formam categoria homogê-

---

94. GRECO, Renato. *O momento de formação do contrato*: das negociações preliminares ao vínculo contratual. São Paulo: Almedina, 2019, p. 77.

95. É relevante destacar que esses documentos preparatórios "não se submeteram ainda a um grande rigor de denominação, havendo uma absoluta falta de consenso acerca de como denominar a prática contratual, sendo comum, por um lado, encontrar o emprego de denominações diversas para tratar de um fenômeno contratual, e, por outro lado, encontrar um mesmo termo servido de referente para fenômenos distintos. Entretanto, tais declarações negociais são empregadas menos em face de um tipo preestabelecido, e mais tendo por objetivo alcançar alguma finalidade econômico-material relativa à operação tratada" (MARTINS, Raphael Manhães. A normatização das relações pré-contratuais. *Revista dos Tribunais*. São Paulo: Ed. RT, v. 996, p. 299, out. 2018). Dessa forma, como se mencionará no item 3.3, é necessário que se interprete a nomenclatura conferida a cada documento com cautela, já que não é a forma que determina se o documento é ou não vinculante, e seu conteúdo, ou seja, o que nele constar materialmente.

96. CHAVES, Antônio. *Responsabilidade pré-contratual*. 2. ed. Rio de Janeiro: Forense, 1997, p. 75.

97. "À luz dessas noções elementares, não existe ainda contrato se, nas tratativas, limita-se o ajuste a ser documentado, para facilitar, numa simples minuta" (GOMES, Orlando. Acordo preparatório e contrato preliminar. In: GOMES, Orlando. *Novas questões de direito civil*. São Paulo: Saraiva, 1979, p. 2). Também nesse sentido: CHAVES, Antonio. *Responsabilidade pré-contratual*. Rio de Janeiro: Forense, 1997, p. 74-75. Quanto ao tema, confira-se ainda: FAORO, Guilherme de Mello Franco. *A pós-eficácia hermenêutica dos documentos pré-contratuais não vinculantes*. Dissertação de Mestrado. Rio de Janeiro: Universidade do Estado do Rio de Janeiro, 2019.

98. COSTA, Mariana Fontes da. *Ruptura das negociações pré-contratuais e cartas de intenção*. Coimbra: Coimbra Editora, 2011, p. 78-79.

nea, denotando uma ampla gama de acepções e podendo ser concebidas como meio de comunicação de informações, ou como meio para disciplinar as fases do processo de negociação, ou como memorando acerca de pontos já fixados entre as partes, ou, ainda, como o próprio contrato já concluído, considerado erroneamente como carta de intenção.[99]

A função principal da carta de intenção consiste em fixar os pontos sobre os quais os contraentes já entraram em acordo, evitando-se a vinculação direta e imediata a um arranjo de interesses ainda não definitivo, já que as partes, nessa fase, ainda não dispõem de todos os dados necessários "ao alcance da *determinabilidade integral* do conteúdo do contrato".[100]

Via de regra, as cartas de intenção não geram obrigação de concluir o contrato (tal como existe no contrato preliminar, conforme se estudará na sequência), tanto que, habitualmente, se fazem acompanhar da expressão "sujeito a confirmação". Em função disso, diz-se que não há proposta no sentido jurídico, já que inexiste, em seu suporte fático, a vontade de produzir efeito de vinculação. De toda forma, a qualificação jurídica adequada do documento somente pode ser aferida após exame detalhado de seus termos, os quais podem indicar, inclusive, que já se configura propriamente um contrato.[101]

Outro documento comumente utilizado nas negociações preliminares é o chamado memorando de entendimentos. Fruto da experiência norte-americana, tal instrumento também funciona como forma de sedimentar as negociações em curso. O memorando de entendimento consiste em figura polimorfa, que pode servir para declarar a intenção de vir a contratar, ou fixar os parâmetros do preço de aquisição, ou pactuar o direito de potencial comprador à realização de auditoria ou, ainda, para estabelecer os demais lineamentos do contrato a ser firmado.[102]

Em princípio, como leciona Judith Martins-Costa, todos esses atos negociatórios constituem meras tratativas, ou seja, são atos "destituídos de vinculação *contratual,* como fonte negocial de direitos e deveres de prestação, embora alguns possam vir a ter eficácias na criação de deveres pré-contratual de proteção

---

99. MARTINS-COSTA, Judith. As cartas de intenção no processo formativo da contratação internacional: os graus de eficácia dos contratos e a responsabilidade pré-negocial. *Revista da Faculdade de Direito da UFRGS,* Porto Alegre, n. 10, p. 39-55, jul. 1994, p. 42.
100. MARTINS-COSTA, Judith. As cartas de intenção no processo formativo da contratação internacional: os graus de eficácia dos contratos e a responsabilidade pré-negocial. *Revista da Faculdade de Direito da UFRGS,* Porto Alegre, n. 10, p. 39-55, jul. 1994, p. 43.
101. MARTINS-COSTA, Judith. As cartas de intenção no processo formativo da contratação internacional: os graus de eficácia dos contratos e a responsabilidade pré-negocial. *Revista da Faculdade de Direito da UFRGS,* Porto Alegre, n. 10, p. 39-55, jul. 1994, p. 44.
102. MARTINS-COSTA, Judith. *A boa-fé no direito privado*: critérios para a sua aplicação. São Paulo: Marcial Pons, 2015, p. 388.

1 • NEGOCIAÇÕES PRELIMINARES E A RESPONSABILIDADE POR SUA RUPTURA INJUSTIFICADA **23**

e também no plano hermenêutico, para melhor aclarar o que foi declarado no contrato definitivo, caso venha a ser".[103]

É possível, ainda, nessa fase, que as partes celebrem instrumentos que consistam em verdadeiros contratos, aptos a criar obrigações independentes daquelas buscadas pelo contrato almejado (como, por exemplo, obrigações de confidencialidade e exclusividade), porém firmados em razão da negociação do contrato dito principal, ou relativos à parcela do conteúdo do contrato futuro, já definitivamente estabelecida de maneira irrevogável, no caso de fechamento do negócio.[104]

Nesse diapasão, é possível que, na fase das tratativas, cujo desenrolo dá-se progressivamente, formem-se verdadeiros negócios jurídicos, como aqueles cuja finalidade reside em permitir a conclusão do contrato definitivo.[105] Trata-se do chamado contrato preliminar, definido como "aquele por via do qual ambas as partes ou uma delas se compromete a celebrar mais tarde outro contrato, que será contrato principal".[106]

---

103. MARTINS-COSTA, Judith. *A boa-fé no direito privado*: critérios para a sua aplicação. São Paulo: Marcial Pons, 2015, p. 389. Na mesma linha: "É evidente que tais documentos ainda não têm caráter contratual, pois, salvo se definidos os elementos essenciais do futuro contrato –, seu caráter obrigatório somente exsurgirá depois de estabelecido o consenso quanto aos elementos essenciais típicos do contrato ou aqueles que as partes, ou as condições específicas do negócio, tornem essenciais naquela operação econômica" (FERNANDES, Wanderley. O processo de formação do contrato. In: FERNANDES, Wanderley (Coord.). *Fundamentos e princípios dos contratos empresariais*. 2. ed. São Paulo: Saraiva, 2012, p. 241). O ponto será aprofundado no item 3.3, em que se abordará a possibilidade de os instrumentos pré-contratuais servirem como elemento para averiguar a formação de contrato sem negócio jurídico.

104. "Daqui se extrai a distinção fundamental entre o contrato preliminar e os acordos formulados na constância das negociações preliminares –enquanto nestas as declarações das partes não têm o condão de vinculá-las entre si, senão apenas em razão dos ditames da boa-fé objetiva, o contrato preliminar tem por função precípua, em última análise, obrigar as partes, ou uma delas, a celebrar o contrato definitivo, estabelecendo vínculo obrigacional contratual entre as partes" (REIS JÚNIOR, Antonio dos. O problema da execução do contrato preliminar: esboço de sistematização em perspectiva civil-constitucional. *Civilistica.com*. Rio de Janeiro, a. 6, n. 1, 2017. Disponível em: http://civilistica. com/o-problema-da-execucao-do-contrato-preliminar. Acesso em: 05 jan. 2023).

105. Como registra Antonio dos Reis Junior, "o contrato preliminar é instrumento intermediário entre as negociações preliminares –espaço livre, amplo e aberto de não vinculação voluntária entre as partes – e o contrato definitivo; é negócio jurídico que rompe as barreiras das negociações preliminares, vinculando os contratantes, ou um deles, à formulação de um novo contrato, por razões de diversas ordens" (REIS JÚNIOR, Antonio dos. O problema da execução do contrato preliminar: esboço de sistematização em perspectiva civil-constitucional. *Civilistica.com*. Rio de Janeiro, a. 6, n. 1, 2017. Disponível em: http://civilistica.com/o-problema-da-execucao-do-contrato-preliminar/. Acesso em: 05 jan. 2023).

106. PEREIRA, Caio Mário da Silva. *Instituições de direito civil*. 17. ed. Rio de Janeiro: Forense, 2013, v. III, p. 71. É relevante mencionar que o contrato preliminar se distingue da chamada "opção", que também consiste em contrato, mas cujo objeto é a "outorga a uma das partes do poder de concluir um outro contrato". Dessa forma, a opção "tem os mesmos efeitos da proposta irrevogável, diferenciando-se pela sua origem bilateral" (ZANETTI, Cristiano de Sousa. *Responsabilidade pela ruptura das negociações*. São Paulo: Juarez de Oliveira, 2005, p. 31).

Com efeito, o contrato preliminar permite que as partes conciliem a certeza do vínculo contratual com a necessidade de adiamento de sua concretização, viabilizando a realização de medidas preparatórias, tais como a obtenção de documentos e a efetuação de diligências preventivas. Sua contribuição prática mais relevante encontra-se na "segurança conferida às partes em processos de negociação especialmente complexos, que demandam prolongamento de medidas e investimentos voltados à alocação e mitigação de riscos antes da assinatura do instrumento definitivo".[107]

A considerável utilização do contrato preliminar levou à sua positivação pelo legislador brasileiro no Código Civil de 2002, que disciplinou o instituto nos seus artigos 462 a 466.[108] De acordo com o artigo 462 do Código Civil, o preliminar deve conter todos os requisitos essenciais ao contrato a ser celebrado, exceto quanto à forma, o que significa que a tal instrumento não é exigida qualquer formalidade, ainda que esta condicione a validade do contrato que as partes se obrigam a celebrar no futuro.[109] Isso amplia a utilidade do contrato preliminar, já que permite aos agentes "ganhar o tempo necessário ao preenchimento das exigências formais do contrato definitivo".[110]

Existe, porém, intenso debate acerca de quais seriam os elementos essenciais que devem estar definidos no contrato preliminar. Tal questão ganhou especial atenção em função do julgamento do chamado "Caso Disco", pelo Supremo Tribunal Federal, na década de 1970.[111] A controvérsia girava em torno de contrato intitulado de "contrato preliminar para a compra e venda de ações", pelo qual os acionistas majoritários da Distribuidora de Comestíveis Disco S.A. se

---

107. TEPEDINO, Gustavo; KONDER, Carlos Nelson. Qualificação e disciplina do contrato preliminar no Código Civil Brasileiro. In: BARBOSA, Henrique; SILVA, Jorge Cesa Ferreira da (Coord.). *A evolução do direito empresarial e obrigacional*: 18 anos do Código Civil. São Paulo: Quartier Latin, 2021, v. 2, p. 27.

108. Como registra a doutrina, além das demandas colocadas pela realidade prática das operações negociais, a positivação do contrato preliminar também se deve ao "processo pelo qual paulatinamente se passou a admitir e ampliar o espaço da execução forçada nas obrigações de fazer, com referência expressa aos antecedentes da promessa de compra e venda de imóvel e da legislação processual" (TEPEDINO, Gustavo; KONDER, Carlos Nelson. Qualificação e disciplina do contrato preliminar no Código Civil Brasileiro. In: BARBOSA, Henrique; SILVA, Jorge Cesa Ferreira da (Coord.). *A evolução do direito empresarial e obrigacional*: 18 anos do Código Civil. São Paulo: Quartier Latin, 2021, v. 2, p. 31).

109. BIANCHINI, Luiza Lourenço. *Contrato preliminar*: conteúdo mínimo e execução. Porto Alegre: Arquipélago Editorial, 2017, p. 151-152. Nesse sentido, aduz-se que, quanto à forma, o contrato preliminar traz uma exceção ao "princípio da equiparação", segundo o qual "o contrato preliminar dev[e] ser regido pela mesma disciplina aplicável ao definitivo, ao qual, como dito, aquele tende" (BIANCHINI, Luiza Lourenço. *Contrato preliminar*: conteúdo mínimo e execução. Porto Alegre: Arquipélago Editorial, 2017, p. 140).

110. PRATA, Ana. *O contrato-promessa e seu regime civil*. Coimbra: Almedina, 2001, p. 478-479.

111. STF, Recurso Extraordinário 88.176/RJ, 2ª Turma, Rel. Min. Moreira Alves, j. 11/09/1979. Quanto ao caso, confira-se, dentre outros: BIANCHINI, Luiza Lourenço. *Contrato preliminar*: conteúdo mínimo e execução. Porto Alegre: Arquipélago Editorial, 2017, p. 159-161; FERNANDES, Wanderley. Formação de contrato preliminar suscetível de adjudicação compulsória. *Revista de direito mercantil, industrial, econômico e financeiro*, v. 80, p. 76-132, out./dez. 1990.

comprometiam a vender a integralidade de suas ações para a Supermercados Pão de Açúcar S.A. pelo valor de Cr$ 40.000.000,00. Apesar de o preço e as demais condições do negócio terem sido pactuadas, alguns pontos foram deixados em aberto para posterior negociação.[112]

Em função da recusa dos acionistas da Distribuidora de Comestíveis Disco S.A. em celebrar o contrato definitivo de compra e venda de ações, instaurou-se disputa entre as partes. A Distribuidora de Comestíveis Disco S.A. ajuizou ação consignatória para devolução do valor transferido a título de sinal, sustentando que não haveria obrigação de venda de ações, já que as partes não teriam chegado um consenso sobre os pontos deixados em aberto. Por sua vez, a Supermercados Pão de Açúcar S.A ajuizou ação conexa, visando a adjudicação compulsória das ações comprometidas, sob a alegação de que o instrumento firmado se tratava de contrato preliminar e, assim, obrigatório para as partes.

Por maioria de votos, e sob relatoria do Ministro Moreira Alves, o Supremo Tribunal Federal decidiu que o "contrato preliminar para a compra e venda de ações" não poderia ser qualificado como preliminar, na medida em que não conteria todos os elementos do contrato definitivo – o que seria necessário para que fosse tido como contrato preliminar. Entendeu-se, nesse sentido, que se tratava de uma simples minuta, que não teria o condão de vincular as partes à celebração de um negócio definitivo.[113]

A decisão foi objeto de intensas críticas pela doutrina, sobretudo por ter realizado uma "abordagem estrutural e subsuntiva" do instrumento contratual em discussão. Apesar disso, é incontroverso o julgado "exerceu papel determinante na interpretação dada aos contratos preliminares no período subsequente".[114]

---

112. Em especial, como destacam Gustavo Tepedino e Carlos Konder, "o instrumento continha elementos que, à época, geraram resistência quanto à sua exigibilidade, tais como a condicionalidade na redação das cláusulas ('se a compra e venda das referidas ações vier a ser aperfeiçoada, o pagamento será...'), as previsões de acordos futuros sobre fiança e aluguéis de imóveis de proprietários, a referência geral a que o contrato definitivo seria futuramente aperfeiçoado, e, especialmente, a cláusula que determinava que o preço final das ações deveria resultar da apuração da efetiva situação líquida da sociedade, levando em conta o valor de seu sistema operacional e do seu estoque" (TEPEDINO, Gustavo; KONDER, Carlos Nelson. Qualificação e disciplina do contrato preliminar no Código Civil Brasileiro. In: BARBOSA, Henrique; SILVA, Jorge Cesa Ferreira da (Coord.). *A evolução do direito empresarial e obrigacional*: 18 anos do Código Civil. São Paulo: Quartier Latin, 2021, v. 2, p. 29).

113. A decisão não foi unânime: em voto vencido, o Ministro Leitão de Abreu consignou seu entendimento de que aquele contrato deveria ser qualificado como preliminar, sob o fundamento de que os pontos deixados em aberto pelas partes, apesar de indeterminados, seriam determináveis. Entretanto, para o Ministro Leitão de Abreu a consequência da violação do contrato não poderia ser a adjudicação compulsória, mas apenas a indenização por perdas e danos, já que não caberia ao Poder Judiciário completar os pontos deixados em aberto pelas partes.

114. TEPEDINO, Gustavo; KONDER, Carlos Nelson. Qualificação e disciplina do contrato preliminar no Código Civil Brasileiro. In: BARBOSA, Henrique; SILVA, Jorge Cesa Ferreira da (Coord.). *A evolução do direito empresarial e obrigacional*: 18 anos do Código Civil. São Paulo: Quartier Latin, 2021, v. 2, p. 30.

De fato, a partir do julgamento do caso Disco, passou-se a entender que seria necessário que todos os elementos substanciais do contrato definitivo estivessem presentes para que se fosse caracterizado o contrato preliminar.[115]

Entretanto, como registram Gustavo Tepedino e Carlos Konder, tal entendimento restritivo acarretaria a "inutilidade prática" do contrato preliminar, já que sua aplicação se limitaria apenas aos casos em que "o contrato, integralmente avançado, aguardasse tão somente a presença do tabelião para a lavratura da escritura pública". Nessa esteira, sobretudo diante de relações complexas – que transbordam os tipos contratuais predispostos pelo ordenamento jurídico e demandam regulamentos de interesses mais sofisticados, reivindicando negociações mais extensas –, instrumentos preparados durante as tratativas jamais se configurariam como contrato preliminar, já que seria inviável que os negócios preparatórios regulassem todos os aspectos necessários àquelas relações.[116]

Passou-se a propagar na doutrina o entendimento de que o contrato preliminar não precisa, necessariamente, conter todos os elementos do contrato definitivo, mas que ele deve apenas individualizar, minimamente, o negócio prometido. Dessa forma, seria possível deixar para determinar, no contrato definitivo, alguns pontos que se encontravam apenas determináveis quando da celebração do contrato preliminar ou pontos que fossem de menor importância.

Nesse sentido, segundo Luiza Lourenço Bianchini, apesar de o contrato preliminar ter que individuar o negócio prometido, ele não necessita exaurir todos os seus elementos. Isso porque a complexidade de determinados negócios torna necessária a previsão de instrumento jurídico que permita às partes a certeza quanto ao fechamento do negócio, ao mesmo tempo em que deixa aberto espaço para posterior complementação do ajuste. Caso se exigisse que o contrato preliminar tivesse que antecipar todos os aspectos do negócio prometido, isso impediria que ele cumprisse essa importante função, "empobrecendo-o e diminuindo sua utilidade prática".[117]

---

115. Orlando Gomes, por exemplo, destaca que o "contrato preliminar já deve conter os elementos essenciais o contrato definitivo bem como os que podem influir na vontade e intenção de chegar a este" (GOMES, Orlando. Acordo preparatório e contrato preliminar. In: GOMES, Orlando. *Novas questões de direito civil*. São Paulo: Saraiva, 1979, p. 5). Na mesma linha, J.X. Carvalho Santos aduz que o contrato preliminar "deve conter exatamente as cláusulas do contrato futuro" (SANTOS, J. M. de Carvalho. *Código civil brasileiro interpretado*. 5. ed. Rio de Janeiro: Freitas Bastos, 1960, v. VI, p. 45).

116. TEPEDINO, Gustavo; KONDER, Carlos Nelson. Qualificação e disciplina do contrato preliminar no Código Civil Brasileiro. In: BARBOSA, Henrique; SILVA, Jorge Cesa Ferreira da (Coord.). *A evolução do direito empresarial e obrigacional*: 18 anos do Código Civil. São Paulo: Quartier Latin, 2021, v. 2, p. 31-32.

117. BIANCHINI, Luiza Lourenço. *Contrato preliminar*: conteúdo mínimo e execução. Porto Alegre: Arquipélago Editorial, 2017, p. 172. Sobre o tema, Fábio Konder Comparato registra, a partir de uma análise funcional do contrato preliminar – segundo a qual, sua função é "tornar obrigatória a contra-

Assim, de acordo com a autora, o contrato preliminar deve conter todos os meios para identificar o negócio prometido, ou seja, "a causa concreta deste, consubstanciada na síntese dos efeitos essenciais que as partes pretendem, mediante ele, produzir". O preliminar, dessa forma, deve evidenciar o entrosamento das prestações principais que estarão previstas no ajuste posterior, evidenciando os efeitos essenciais que serão produzidos. Não é necessário, contudo, que se especifique efeitos secundários, que não interferem na causa concreta, os quais poderão ser definidos posteriormente pelos interessados, ou mesmo suplantados por disciplina legal ou pelos demais meios de integração do negócio jurídico.[118]

Diante disso, quando não for possível identificar o contrato prometido, em sua configuração básica, não haverá contrato preliminar, já que a futura celebração do negócio não será obrigatória para os envolvidos. De fato, como registra a doutrina, na maior parte dos casos haverá uma simples obrigação de negociar, cujo descumprimento acarretará, eventualmente, em obrigação de indenizar, não havendo, contudo, dever de concluir o contrato.[119]

Como se percebe, o contrato preliminar é dotado de eficácia contratual e constitui "fonte de relação jurídica obrigacional complexa geradora de direitos e obrigações primários, secundários e laterais, correspondentes a interesses de prestação, ao contrário das meras tratativas – que albergam relação jurídica fundada na confiança a emanar apenas direitos e deveres laterais".[120] O preliminar é, assim, verdadeiro contrato, celebrado no curso das tratativas.

Em função disso, aliás, admite-se que, no caso de descumprimento do preliminar, a vítima pleiteie sua execução específica, com a condenação da contraparte à celebração do contrato visado. Com efeito, nos termos do artigo 464 do Código Civil, uma vez esgotado o prazo conferido à outra parte para firmar o contrato prometido, o juiz poderá, a pedido da vítima, suprir a vontade da parte inadimplente, conferindo caráter definitivo ao contrato preliminar.[121]

---

tação, quando as partes não querem ou não podem contratar definitivamente desde logo" –, que seria "perfeitamente inútil" a celebração de tal instrumento quando as partes tenham precisão sobre todos os elementos do contrato definitivo. Segundo o autor, nessa hipótese, "ou se faz, desde já, o contrato definitivo, ou não se faz contrato algum". Com efeito, para Comparato, é justamente a falta de precisão sobre todos os elementos do contrato definitivo que justifica a existência do contrato preliminar, v. COMPARATO, Fábio Konder. Reflexões sobre as promessas de cessão de controle societário. *Novos ensaios e pareceres de direito empresarial.* Rio de Janeiro: Forense, 1981, p. 233-234.

118. BIANCHINI, Luiza Lourenço. *Contrato preliminar*: conteúdo mínimo e execução. Porto Alegre: Arquipélago Editorial, 2017, p. 173.

119. BIANCHINI, Luiza Lourenço. *Contrato preliminar*: conteúdo mínimo e execução. Porto Alegre: Arquipélago Editorial, 2017, p. 173.

120. MARTINS-COSTA, Judith. *A boa-fé no direito privado*: critérios para a sua aplicação. São Paulo: Marcial Pons, 2015, p. 391.

121. É relevante mencionar que, para alguns autores, nem todos os contratos preliminares seriam suscetíveis de execução específica. Para Fábio Konder Comparato, por exemplo, somente poderia ser objeto de

Além do contrato preliminar, é possível que, durante as tratativas, nasçam outros "verdadeiros contratos intermediários". É o caso do exemplo fornecido por Wanderley Fernandes, de pretensos contratantes celebrarem um acordo de exclusividade para determinado negócio ainda incerto. Suponha-se que uma empresa, ao receber uma carta-convite para a apresentação de uma proposta para o fornecimento de certos bens, firme um acordo de exclusividade com um relevante detentor de tecnologia. Esse acordo, apesar de não se constituir em contrato típico nos moldes do Código Civil, cria direitos e obrigações, estabelecendo normas de comportamento que podem ser exigidas reciprocamente, ostentando, então, efeito obrigacional e patrimonial relevante.[122]

Observa-se, todavia, que a "vinculabilidade ou não desses variados instrumentos – e a sua força vinculativa, se inócua, se obrigacional em sentido amplo, ou especificamente contratual – decorre do que neles estará materialmente consignado, não do título que eventualmente encabeçar o documento".[123] Em outras palavras, e como será desenvolvido no item 3.3, embora o título do documento possa ser indicativo da intenção das partes, o primordial é verificar o conteúdo e eventuais obrigações estabelecidas no pacto celebrado, a fim de averiguar sua

---

execução específica o preliminar que contivesse todos os elementos do contrato definitivo. Se esse não fosse o caso, somente se admitiria, diante do inadimplemento do preliminar, que se resolvesse em perdas e danos, v. COMPARATO, Fábio Konder. Reflexões sobre as promessas de cessão de controle societário. *Novos ensaios e pareceres de direito empresarial*. Rio de Janeiro: Forense, 1981, p. 244. Atualmente, porém, essa construção – decorrente de conhecida resistência histórica à possibilidade de execução específica, já que a execução forçada de obrigação de contratar resultaria em invasão à liberdade de contratar – encontra-se superada diante da prevalência da execução específica como "forma de atendimento à função da relação obrigacional". Com efeito, o Direito Civil contemporâneo "busca garantir que a prestação, desde que ainda útil ao credor, seja executada especificamente, em favor da efetividade da relação obrigacional", tutelando-se "mais do que a posição do credor, o interesse jurídico subjacente ao vínculo obrigacional" (TEPEDINO, Gustavo; KONDER, Carlos Nelson. Qualificação e disciplina do contrato preliminar no Código Civil Brasileiro. In: BARBOSA, Henrique; SILVA, Jorge Cesa Ferreira da (Coord.). *A evolução do direito empresarial e obrigacional*: 18 anos do Código Civil. São Paulo: Quartier Latin, 2021, v. 2, p. 33). Nessa perspectiva, salvo quanto às ressalvas estabelecidas pela legislação, deve-se reconhecer a possibilidade de exigir-se a celebração do contrato definitivo, diante do inadimplemento do preliminar. Quanto ao tema, confira-se: BIANCHINI, Luiza Lourenço. *Contrato preliminar*: conteúdo mínimo e execução. Porto Alegre: Arquipélago Editorial, 2017, p. 191-206.

122. FERNANDES, Wanderley. O processo de formação do contrato. In: FERNANDES, Wanderley (Coord.). *Fundamentos e princípios dos contratos empresariais*. 2. ed. São Paulo: Saraiva, 2012, p. 244.

123. "Cabe a ressalva: mais importante do que o título dado ao acordo de vontades, importa para a sua exata qualificação jurídica o exame de sua substância conteudística. Há acordos que, embora denominados «memorandos de entendimento» (ou nomes semelhantes) constituem verdadeiros contratos preliminares, dotados, por isso mesmo, de eficácia vinculativa contratual, assim como há documentos apodados como «contratos preliminares» que constituem, a rigor, outras espécies de declaração negocial. Dito de outro modo: a vinculabilidade ou não, desses instrumentos – e a sua força, se obrigacional em sentido amplo, ou especificamente contratual –, decorre do que nele estará materialmente consignado, não do título que eventualmente encabeça o documento" (MARTINS-COSTA, Judith. *A boa-fé no direito privado*: critérios para sua aplicação. 2. ed. São Paulo: Saraiva Jur, 2018, p. 431).

natureza e finalidade É apenas com o exame casuístico dos termos e condições estabelecidos no documento específico que se permitirá identificar sua correta qualificação jurídica e, assim, os efeitos almejados pelas partes.

Sob esta ordem de ideias, observa-se que as negociações preliminares podem resultar, formalmente, na constituição do contrato, a partir da formulação de uma proposta, com os elementos essenciais ao futuro contrato, e da subsequente aceitação, nos moldes do mencionado sistema binário previsto no Código Civil. Ou, diversamente, é possível que das tratativas se forme o contrato, sem que sequer seja possível delimitar qual dos contraentes seria o proponente e qual seria o oblato. Em ambas as hipóteses descritas, há a formação do contrato, sobre o qual passam a incidir regras específicas.

Contudo, pode se vislumbrar uma terceira hipótese, consubstanciada na ausência de formação do contrato. De fato, afigura-se possível que, após os contatos iniciais, os contraentes optem, conjuntamente, por não firmar negócio definitivo. Também é comum que um dos envolvidos decida, unilateralmente, romper as negociações preliminares – o que poderia levar à incidência da responsabilidade pré-contratual, desde que preenchidos os requisitos que serão estudados no item 1.3 a seguir.

1.3 FUNDAMENTOS, PRESSUPOSTOS E NATUREZA JURÍDICA DA RESPONSABILIDADE PELA RUPTURA DAS NEGOCIAÇÕES

O desenvolvimento da teoria da responsabilidade pré-contratual – ou *culpa in contrahendo* – tem berço em obra publicada em 1861 por Rudolf von Jhering, na qual o autor atentava para a necessidade de tutelar a parte lesada pela atuação culposa da contraparte na formação de um contrato nulo.[124] Naquela época, prevalecia, no âmbito da interpretação dos negócios jurídicos, a teoria da vontade, segundo a qual qualquer divergência entre a vontade interna e a declaração deveria ser resolvida com prevalência da primeira.

Jhering baseou sua teoria, essencialmente, na noção de equidade, vez que, para o autor, seria afrontoso aos princípios de justiça que se deixasse sem qualquer tipo de reparação o destinatário de uma declaração de vontade viciada. Em função da nulidade do negócio, Jhering questionava se não seria justo que se obrigasse a parte que emitiu a declaração em erro a indenizar os danos sofridos

---

124. JHERING, Rudof von. *Culpa in Contrahendo ou indemnização pelos contratos nulos ou não chegados a perfeição*. Coimbra: Almedina, 2008. O desenvolvimento da *culpa in contrahendo* será retomado no capítulo 2, quando se abordará a origem das noções de interesse contratual positivo e de interesse contratual negativo, as quais encontram-se intrinsicamente ligadas à noção de *culpa in contrahendo*.

pela contraparte, que havia confiado na validade do negócio e, por conta disso, realizara despesas.[125]

Tratava-se a *culpa in contrahendo*, então, da responsabilidade pela constituição de um contrato inválido, seja porque celebrado por sujeito incapaz, seja por ter objeto inidôneo, seja por ocorrência de algum vício de vontade.[126] Seus pressupostos seriam a culpa, a própria celebração do contrato inválido e a realização de despesas em função da confiança depositada na validade do negócio jurídico.[127]

Atualmente, porém, a construção da *culpa in contrahendo* de Jhering constitui apenas uma das hipóteses de responsabilidade pré-contratual, sobretudo no Direito brasileiro. O Código Civil pátrio não trata, de forma expressa, da responsabilidade pré-contratual, assim como não estabelece a incidência da boa-fé objetiva na fase das tratativas, limitando-se o seu artigo 422 a determinar a observação da boa-fé na execução e conclusão do contrato. Diante da bastante criticada omissão legislativa, doutrina e jurisprudência se encarregaram de construir os contornos dessa incidência.[128]

Nessa esteira, a doutrina elenca, basicamente, quatro hipóteses abarcadas por essa responsabilidade: (i) quando tenha havido a ruptura injustificada das negociações contratuais; (ii) quando, durante o desenrolar das negociações, um dos contraentes venha a causar danos à pessoa ou aos bens do outro contraente; (iii) quando firmado contrato nulo ou anulável e um dos contraentes conhecia ou deveria conhecer a existência do vício no negócio jurídico; e (iv) quando, mesmo instaurada a relação jurídica contratual, das negociações preparatórias tenham surgido danos a serem indenizados.[129]

---

125. FRITZ, Karina Nunes. A culpa in contrahendo no direito alemão: um contributo para reflexões em torno da responsabilidade pré-contratual. *Revista de Direito Civil Contemporâneo – RDDC*, São Paulo, v. 15, p. 164, abr./jun. 2018.

126. PEREIRA, Regis Fichtner. *A responsabilidade civil pré-contratual*: teoria geral e responsabilidade pela ruptura das negociações contratuais. Rio de Janeiro: Renovar, 2001, p. 119.

127. FRITZ, Karina Nunes. A culpa in contrahendo no direito alemão: um contributo para reflexões em torno da responsabilidade pré-contratual. *Revista de Direito Civil Contemporâneo – RDDC*, São Paulo, v. 15, p. 164, abr./jun. 2018.

128. Cf., p. ex: AZEVEDO, Antonio Junqueira de. Insuficiências, deficiências e desatualização do projeto no código civil (atualmente, código aprovado) na questão da boa-fé objetiva nos contratos. *Estudos e Pareceres de Direito Privado*. São Paulo: Saraiva, 2004. A esse respeito, cumpre mencionar o Enunciado n. 25 do Conselho da Justiça Federal: "O art. 422 do Código Civil não inviabiliza a aplicação pelo julgador do princípio da boa-fé nas fases pré-contratual e pós-contratual".

129. PEREIRA, Regis Fichtner. *A responsabilidade civil pré-contratual*: teoria geral e responsabilidade pela ruptura das negociações contratuais. Rio de Janeiro: Renovar, 2001, p. 102-103. Na mesma linha, confira-se MARTINS-COSTA, Judith. *A boa-fé no direito privado*: critérios para a sua aplicação. São Paulo: Marcial Pons, 2015, p. 418. Em função do escopo do presente trabalho, o estudo apenas abarcará o estudo da responsabilidade pré-contratual em decorrência da ruptura das negociações preliminares, não sendo analisadas as demais hipóteses de responsabilidade pré-contratual.

Contemporaneamente, o *punctum saliens* da responsabilidade pré-contratual centra-se na proteção contra a ruptura injustificada das tratativas, hipótese que reúne o maior número de decisões judiciais.[130] O tema localiza-se na *zona gris* – entre os dois polos dos contatos sociais – o da proximidade máxima, caracterizado pelo contrato, e o da distância máxima, decorrente do encontro fortuito e aleatório –, evidenciando a necessidade de os contornos da autonomia privada serem moldados pela boa-fé.[131]

Nesse diapasão, a categoria dos contatos sociais, amplamente desenvolvida por Clóvis do Couto e Silva,[132] revela a existência de interações mais distantes e mais próximas, fornecendo um modelo de ordenação das várias fontes da relação obrigacional em torno de uma única fonte obrigacional (o contato social), a qual abrangeria os contratos, os delitos e as várias outras figuras geradoras de vínculos obrigacionais.[133]

---

130. Nas palavras do autor: "Como já se depreende da designação *culpa in* contrahendo, fundamento do dever de indenizar, na origem, era a culpa, sendo pressuposto, ainda, a celebração do contrato. Nota-se, nessa perspectiva, que a construção da *culpa in contrahendo* não comporta a complexidade das hipóteses abarcadas atualmente no contexto da responsabilidade pré-contratual, cujo *punctum saliens* passou a ser (não já a responsabilidade por erro culposo que gera a invalidade do contrato, mas) a proteção contra a ruptura injustificada das tratativas" (TEPEDINO, Gustavo. Formação progressiva dos contratos e responsabilidade pré-contratual: notas para uma sistematização. In: BENETTI, Giovana et. al. (Org.). *Direito, cultura, método*: leituras da obra de Judith Martins-Costa. Rio de Janeiro: Editora GZ, 2019, p. 588). Ainda, conforme Judith Martins-Costa, no âmbito da responsabilidade pré-contratual, é a responsabilidade pela ruptura das negociações "que concentra o maior número de decisões judiciais" (MARTINS-COSTA, Judith. *A boa-fé no direito privado*: critérios para a sua aplicação. São Paulo: Marcial Pons, 2015, p. 418).
131. A denominação *"zona gris"* é utilizada em função da ausência de nitidez que comumente acompanha a fase das tratativas, seja do ponto de vista fático, seja do ponto de vista jurídico, cf. MARTINS-COSTA, Judith. Um aspecto da obrigação de indenizar: notas para uma sistematização dos deveres pré-negociais de proteção no Direito Civil brasileiro. *Revista dos Tribunais*, São Paulo, v. 97, n. 867, p. 11-51, jan. 2008, p. 13. "Na ampla fase de preparação do contrato incidem, de um lado, o princípio da liberdade contratual, desdobramento da autonomia privada, assegurando às partes o poder de celebrar ou não o contrato e, de outro, o princípio da boa-fé objetiva, regra ética de conduta a impor aos envolvidos o dever de agir corretamente, com lealdade e honestidade para com o outro, considerando não apenas seus interesses pessoais, mas ainda os interesses da contraparte" (FRITZ, Karina Nunes. A responsabilidade pré-contratual por ruptura injustificada das negociações. *Civilistica.com*. a. 1. n. 2. 2012. Disponível em: http://civilistica.com/wp-content/uploads1/2015/02/Fritz-civilistica.com-a.1.n.2.2012-4.pdf. Acesso em: 5 jul. 2022).
132. Sobre o tema, confira SILVA, Clóvis do Couto e. *Princípios fundamentais da responsabilidade civil em direito brasileiro e comparado*. Porto Alegre: Sérgio Antonio Fabris, 2022.
133. MARTINS-COSTA, Judith. *A boa-fé no direito privado*: critérios para a sua aplicação. São Paulo: Marcial Pons, 2015, p. 414. Dessa forma, segundo a autora, "a categoria dos contatos sociais é capaz de acomodar, em uma mesma "estrutura de sistematização", uma série fenômenos, como os fatos jurídicos derivados da autonomia privada e da confiança legítima, notadamente os negócios jurídicos contratuais; os fatos que tem a confiança como seu elemento de propulsão, como os acordos de cavalheiros e outros atos não negocialmente vinculativos, alocados na fase que antecede a conclusão de um contrato; os variados atos unilaterais que promovem deslocamentos patrimoniais, fundamentados no princípio da conservação estática dos patrimônios; os atos existenciais, correspondentes, *lato sensu*, à noção

Em outros termos, como observa Judith Martins-Costa, nas relações em sociedade, os sujeitos constantemente entram em contato entre si. Entretanto, tais contatos não são uniformes, mas "nuançados, graduados, pluriformes, sendo mensuráveis em graus de proximidade e de distância". As gradações vão desde o contato mais próximo (i.e., o contrato) até o mais distante (i.e., o mero fato de viver em sociedade), sendo que entre eles existem variados graus intermediários de contato social juridicamente valorizados.[134]

Nesse diapasão, conforme leciona Karina Nunes Fritz, a partir do momento em que as partes iniciam comunicação com o objetivo de ingressar em relação contratual, elas deixam o campo geral do *contato social*, onde vige o dever universal de não causar danos, e adentram a esfera do *contato negocial*. Neste âmbito, as partes assumem uma série de deveres específicos, inexigíveis diante de todos, mas que são demandáveis perante sujeitos determinados (em princípio, os potenciais contratantes), os quais não são satisfeitos através de meras abstenções (não causar danos), mas que demandam condutas ativas da parte.[135]

Como aponta Judith Martins-Costa, tal concepção se vincula à visualização da relação obrigacional como processo.[136] Com efeito, nos dias de hoje, reconhece-se que a boa-fé objetiva acaba por impactar a própria noção de obrigação. Classicamente, sob influência da Pandectística oitocentista, a obrigação era tida apenas como a relação jurídica entre dois ou mais sujeitos, orientada na direção de um objeto, a prestação.[137] A relação obrigacional, portanto, era definida como o "vínculo eminentemente bipolar, que liga uma parte, a credora, titular do direito subjetivo (crédito), a outra, parte devedora, titular do dever jurídico (dívida)".[138]

---

de *contracts for necessaries*, direcionados pelos princípios da necessidade e vulnerabilidade; os atos produtores de risco e os delitos em sentido próprio" (MARTINS-COSTA, Judith. *A boa-fé no direito privado*: critérios para a sua aplicação. São Paulo: Marcial Pons, 2015, p. 418).

134. MARTINS-COSTA, Judith. *A boa-fé no direito privado*: critérios para a sua aplicação. São Paulo: Marcial Pons, 2015, p. 419.

135. FRITZ, Karina Nunes. A culpa in contrahendo no direito alemão: um contributo para reflexões em torno da responsabilidade pré-contratual. *Revista de Direito Civil Contemporâneo – RDDC*, São Paulo, vol. 15, abr./jun. 2018, p. 165.

136. "Como é intuitivo, tal concepção se vincula à visualização da relação obrigacional como um processo, um suceder de fases ou planos polarizado pelo adimplemento , um vínculo dinâmico, portanto, que não se esgota na mera soma de suas obrigações principais – o crédito e o débito – mas que se expande inclusive às fases prévias à avença e pós-extintiva, em razão, particularmente, da incidência do princípio da boa-fé objetiva em tanto que matriz de deveres de conduta que atingem ambos os partícipes da relação" (MARTINS-COSTA, Judith. As cartas de intenção no processo formativo da contratação internacional: os graus de eficácia dos contratos e a responsabilidade pré-negocial. *Revista da Faculdade de Direito da UFRGS*, Porto Alegre, n. 10, p. 39-55, jul. 1994, p. 42).

137. SILVA, Jorge Cesa Ferreira da. *A boa-fé e a violação positiva do contrato*. Rio de Janeiro: Renovar, 2002, p. 56-57.

138. MARTINS-COSTA, Judith. *A boa-fé no direito privado*: critérios para a sua aplicação. São Paulo: Marcial Pons, 2015, p. 199-200.

1 • NEGOCIAÇÕES PRELIMINARES E A RESPONSABILIDADE POR SUA RUPTURA INJUSTIFICADA

Embora esta não fosse uma noção equivocada – uma vez que em toda relação obrigacional existe um vínculo conectando o credor ao devedor, bem como o direito subjetivo de crédito e o dever jurídico de dívida –, era um conceito de obrigação demasiadamente simples e restritivo, insuficiente para dar conta da complexidade do fenômeno obrigacional, já que ignorava todos os outros deveres, direitos, situações, sujeições e ônus derivados do vínculo jurídico obrigacional.[139]

A incompletude da relação obrigacional simples se dá pelo fato de não se fazer referência ao chamado "aspecto interno da obrigação", isto é, por dispensar o exame do complexo dinâmico de deveres, poderes, faculdades e ônus determinados seja pelo ordenamento jurídico, seja pela autonomia das vontades, ou, seja até mesmo decorrentes da conduta das partes durante o desenvolvimento de certa relação obrigacional.[140]

Nesse cenário, sob influência da boa-fé objetiva no âmbito obrigacional, principalmente, de sua sistematização funcional, impôs-se a constatação da complexidade da relação obrigacional, que, além dos deveres de prestação, abrange "diversas outras situações jurídicas subjetivas, dentre as quais os deveres laterais decorrentes da boa-fé objetiva",[141] estando sempre orientada na direção dos valores e princípios constitucionais.[142]

Além disso, a obrigação, antes encarada como estática, passa a ser vista como um fenômeno dinâmico, tendo em vista que "nasce, modifica-se e desenvolve-se em direito ao fim que a justifica".[143] De fato, é inegável que a relação obrigacional se compõe a partir de uma série de momentos e de atos interligados e sucessivos direcionados ao adimplemento (finalidade da obrigação), e que, ao longo dessa travessia, vão surgindo para ambas as partes uma série de direitos, deveres, po-

---

139. MARTINS-COSTA, Judith. *A boa-fé no direito privado*: critérios para a sua aplicação. São Paulo: Marcial Pons, 2015, p. 200.

140. MARTINS-COSTA, Judith. *A boa-fé no direito privado*: critérios para a sua aplicação. São Paulo: Marcial Pons, 2015, p. 200.

141. TERRA, Aline de Miranda Valverde. A questionável utilidade da violação positiva do contrato no direito brasileiro. *Revista de Direito do Consumidor*, v. 101, p. 181-205, out. 2015, p. 192.

142. Sobre a necessidade de observância aos ditames constitucionais, ensina Pietro Perlingieri: "A diversificação dos interesses deduzidos na relação obrigacional, com a evidenciação daquelas não patrimoniais destinadas a caracterizar a concreta ordem, postula, por um lado, a reconstrução do crédito e do débito como situações subjetivas complexas nos conteúdos – identificadas variadamente em poderes, obrigações, faculdades, ônus –, e, por outro, a apresentação de uma noção de obrigação sensível aos valores e aos princípios fundamentais e, portanto, orientada a atuar-se em função constitucional" (PERLINGIERI, Pietro. *Perfis do direito civil*: introdução ao direito civil constitucional. 3. ed. Rio de Janeiro: Renovar, 2002, p. 211).

143. TERRA, Aline de Miranda Valverde. A questionável utilidade da violação positiva do contrato no direito brasileiro. *Revista de Direito do Consumidor*, v. 101, p. 181-205, out. 2015, p. 193. Também nesse sentido: NORONHA, Fernando. *O direito dos contratos e seus princípios fundamentais*: autonomia privada, boa-fé, justiça contratual. São Paulo: Saraiva, 1994, p. 157-158.

deres, ônus etc. relacionados à própria obrigação e que, inclusive, remanescem mesmo após a extinção do vínculo.[144]

Nesse sentido, diante de sua dinamicidade, a relação obrigacional passa a ser vista e se desenvolve como um processo, no qual as diversas etapas, em sua complexidade, não podem ser capturadas isoladamente, visando todas a um fim determinado: o adimplemento. Dessa forma, a expressão "obrigação como processo" designa que a relação obrigacional envolve um "conjunto de atos interligados que se dirigem ao adimplemento, finalidade precípua da própria existência do vínculo, sendo a ele inerente".[145]

Ademais, também a partir da incidência da boa-fé objetiva, a relação obrigacional se transforma em um processo de cooperação, por meio do qual as partes contribuem mutuamente e em harmonia para a consecução da finalidade comum, de forma leal e honesta, deixando, dessa forma, credor e devedor de ocupar "posições antagônicas, dialéticas e polissémicas", para se tornarem sujeitos em colaboração.[146]

Enfim, a boa-fé objetiva levou ao reconhecimento de que a obrigação consiste em relação de cooperação orbitada por diversas situações jurídicas

---

144. "A expressão [obrigação dinâmica] traduz a ideia de a relação de obrigação no transcorrer de sua existência, e de seu percurso em direção ao adimplemento poder gerar outros direitos e deveres que não os expressados na relação de subsunção entre a situação fática e a hipótese legal; ou, ainda, poderes e deveres não indicados nos título (contrato), ou, ainda, poderes formativos geradores, modificativos ou extintivos, e os correlatos estados de sujeição não vislumbrados na relação original; pode, por igual, importar na criação de ônus jurídicos e deveres laterais ('deveres de proteção') correspondentes a interesses de proteção que convivem a *latere* do interesse à prestação. Sendo, porém, uma relação 'total', as transformações que a atingem no decorrer de seu *iter* finalisticamente orientado em direção ao adimplemento devem ser reconduzidos ao conceito de relação obrigacional, completando-o ou formando-o para que se torne *concretamente geral*, isto é, para que seja verdadeiramente dotada de uma unidade estrutural e funcional. (...) Como efeito da apreensão da totalidade concreta da relação obrigacional, percebe-se ser a mesma um *vínculo dinâmico* pois se movimenta em vista de uma finalidade, desenvolvendo-se em fases distintas, a do nascimento do vínculo, do seu desenvolvimento e adimplemento. Mesmo após a extinção do vínculo, e esgotado o *interesse à prestação*, podem, por vezes remanescer deveres correlativos a *interesses de proteção* ('deveres de proteção'), gerando, quando injustamente violados, a chamada indenização pela *culpa post factum finitum*" (MARTINS-COSTA, Judith. *A boa-fé no direito privado*: critérios para a sua aplicação. São Paulo: Marcial Pons, 2015, p. 213-214).
145. MARTINS-COSTA, Judith. *A boa-fé no direito privado*: critérios para a sua aplicação. São Paulo: Marcial Pons, 2015. p. 214-215. Nas palavras de Clóvis do Couto e Silva: "A obrigação vista como processo, compõe-se, em sentido largo, do conjunto de atividades necessárias à satisfação do interesse do credor. Dogmaticamente, contudo, é indispensável distinguir os planos em que se adimple a obrigação. Os atos praticados pelo devedor, bem assim os realizados pelo credor, repercutem no mundo jurídico, nele ingressam e são dispostos e classificados segundo uma ordem, atendendo-se aos conceitos elaborados pela teoria do direito. Esses atos, evidentemente, tendem a um fim. É precisamente a finalidade que determina a concepção da obrigação como processo" (SILVA, Clóvis do Couto e. *A obrigação como processo*. Rio de Janeiro: FGV Editora, 2006, p. 20-21). No mesmo sentido: LARENZ, Karl. *Derecho civil*: parte general. Madri: Revista del Derecho Privado, 1978, p. 39.
146. LARENZ, Karl. *Derecho civil*: parte general. Madri: Revista del Derecho Privado, 1978, p. 19.

1 • NEGOCIAÇÕES PRELIMINARES E A RESPONSABILIDADE POR SUA RUPTURA INJUSTIFICADA

subjetivas (direitos, deveres, ônus, faculdades etc.), que se desenvolve de forma complexa e dinâmica, orientada para a consecução do resultado útil buscado com o adimplemento, mas onde são respeitados – na integralidade da vida da relação obrigacional, ou seja, desde a fase das tratativas negociais até a fase pós--contratual – os legítimos interesses de ambos os polos.[147]

Com efeito, é justamente da noção de boa-fé objetiva e da noção contemporânea de relação obrigacional que a doutrina majoritária brasileira extrai o fundamento para a responsabilidade pela ruptura das negociações preliminares.[148]

De fato, com o desenvolvimento da noção de obrigação como processo dinâmico e complexo, difundida no Brasil especialmente por Clóvis do Couto e Silva,[149] e com a relevância assumida pelo princípio da boa-fé objetiva – notadamente, pelas três funções por ele desempenhadas no âmbito da relação obrigacional – passou-se a identificar que, na fase das negociações preliminares, há um contato qualificado pela proximidade entre os agentes em torno de um futuro contrato, gerando deveres de proteção aos legítimos interesses dos envolvidos e de respeito à confiança legitimamente criada. Identifica-se, assim, na fase das

---

147. SILVA, Clóvis do Couto e. *A obrigação como processo*. Rio de Janeiro: FGV Editora, 2006, p. 19. "Todas estas transformações desembocam na funcionalização da relação obrigacional. A perspectiva funcional significa reconhecer que a totalidade obrigacional existe em razão de um fim, que a polariza e a dinamiza: o adimplemento. Todos os direitos, subjetivos e potestativos, ônus e deveres, poderes e faculdades, toda a situação jurídica complexa têm existência temporária ordenada a atingir um fim objetivamente considerado, que deve concretizar-se em um conjunto de interesses merecedor de tutela" (KONDER, Carlos Nelson. Boa-fé objetiva, violação positiva do contrato e prescrição: repercussões práticas da contratualização dos deveres anexos no julgamento do Resp. 1.277. *Revista Trimestral de Direito Civil – RTDC*, v. 50. 2012, p. 222).
148. Como registra Régis Fichtner, "o fundamento da responsabilidade pela interrupção das negociações se encontra no dever que surge com o início das tratativas, de as partes adotarem comportamento conforme a boa-fé (...). O princípio da boa-fé objetiva é reconhecido como incidente nas relações pré-contratuais, em virtude da consideração, segundo a qual as partes que se encontram em tratativas para a constituição de um contrato mantêm entre si um contato mais próximo, com uma finalidade comum, qual seja, a de constituírem um contrato" (PEREIRA, Regis Fichtner. *A responsabilidade civil pré-contratual*: teoria geral e responsabilidade pela ruptura das negociações contratuais. Rio de Janeiro: Renovar, 2001, p. 298-299). É relevante mencionar que, nem sempre, a boa-fé objetiva foi o fundamento da responsabilidade pela ruptura das negociações. Como anota Fábio Queiroz Pereira, quando a teoria foi inaugurada por Gabriele Fagella, em 1906, o autor fundamentava a responsabilidade pela ruptura das negociações na "frustração de um acordo tácito pré-contratual", sem qualquer recurso à boa fé. Na sequência, em 1907, Raymond Saleilles apresentou o trabalho de Fagella e assentou o fundamento da responsabilidade pré-contratual na boa-fé e na equidade, v. PEREIRA, Fabio Queiroz. *O ressarcimento do dano pré-contratual*: interesse negativo e interesse positivo. São Paulo: Almedina, 2017, p. 251-252.
149. "A obrigação vista como processo, compõe-se, em sentido largo, do conjunto de atividades necessárias à satisfação do interesse do credor. Dogmaticamente, contudo, é indispensável distinguir os planos em que se adimple a obrigação. Os atos praticados pelo devedor, bem assim os realizados pelo credor, repercutem no mundo jurídico, nele ingressam e são dispostos e classificados segundo uma ordem, atendendo-se aos conceitos elaborados pela teoria do direito. Esses atos, evidentemente, tendem a um fim. É precisamente a finalidade que determina a concepção da obrigação como processo" (SILVA, Clóvis do Couto e. *A obrigação como processo*. Rio de Janeiro: FGV Editora, 2006, p. 20-21).

negociações a existência de uma relação jurídica obrigacional de fonte legal sem deveres primários de prestação, que projeta, porém, deveres de proteção.[150]

Conforme se mencionou, a boa-fé objetiva é fonte heterônoma de deveres de conduta que permeiam todo o desenvolvimento da relação contratual – antes, durante e após a constituição do contrato.[151] Nesse diapasão, reconhece-se a incidência de deveres de proteção na relação pré-contratual, os quais não se confundem com os deveres de prestação (principais, secundários ou acessórios),[152] oriundos da celebração de determinado contrato, e nem com os deveres, impostos a toda a sociedade indistintamente, derivados do postulado do *neminem laedere*.[153]

Em verdade, são deveres que, fundados na cláusula geral de boa-fé, possuem a função de reforçar o vínculo de confiança necessário para as tratativas, determinando-se que se informe corretamente, não se suscite falsas representações, não se se rompa abruptamente as negociações já avançadas sem justa causa, dentre outros.[154] Tais deveres, inclusive, possuem conteúdo incerto – mas cuja defini-

---

150. MARTINS-COSTA, Judith. Um aspecto da obrigação de indenizar: notas para uma sistematização dos deveres pré-negociais de proteção no Direito Civil brasileiro. *Revista dos Tribunais*, São Paulo, v. 97, n. 867, p. 11-51, jan. 2008, p. 16. Conforme leciona Pietro Perlingieri: "A obrigação não se identifica no direito ou nos direitos do credor; ela configura-se cada vez mais como uma relação de cooperação. Isto implica uma mudança radical de perspectiva de leitura da disciplina das obrigações: esta última não deve ser considerada o estatuto do credor; a cooperação, e um determinado modo de ser, substitui a subordinação e o credor se torna titular de obrigações genéricas ou específicas de cooperação ao adimplemento do devedor" (PERLINGIERI, Pietro. *Perfis do Direito Civil*: introdução ao direito civil constitucional. 3. ed. Rio de Janeiro: Renovar, 2002, p. 212). Quanto ao tema, confira-se: FRITZ, Karina Nunes. Relação obrigacional sem obrigação? Ensaio em homenagem ao Prof. Dr. Francisco Paes Landim. In: BRITO, Dante Ponte de; LIMA, Éfren Paulo Porfirio de Sá (Org.). *Novos paradigmas da ordem privada*: contratos de adesão eletrônicos. Teresina: EDUFPI, 2022.
151. NERY JÚNIOR, Nelson. Contratos no Código Civil: apontamentos gerais. In: FRANCIULLI NETTO, Domingos e al. (Coord.). *O novo Código Civil*: estudos em homenagem ao Prof. Miguel Reale. São Paulo: LTR, 2003, p. 452-453. Sobre o tema, ainda: AZEVEDO, Antonio Junqueira de. AZEVEDO, Antônio Junqueira de. Responsabilidade pré-contratual no Código de Defesa do Consumidor: estudo comparativo com a responsabilidade pré-contratual no direito comum. *Revista de Direito do Consumidor*. n 18. abr./jun., 1996, p. 4.
152. De maneira geral, os deveres de prestação são compreendidos como "aqueles que conformam o *prestare*, elemento estruturante de toda e qualquer relação obrigacional ('obrigação principal') estando consubstanciado num *dare, facere* ou num *non-facere*', podendo ser principais ou secundários: os principais constituem o núcleo da relação obrigacional, identificando o seu tipo contratual, enquanto que secundários estão ou numa 'relação de acessoriedade' relativamente aos deveres principais ou podem ser 'deveres com prestação autônoma, substitutivos ou complementares de uma outra obrigação'" (MARTINS-COSTA, Judith. *A boa-fé no direito privado*: critérios para a sua aplicação. São Paulo: Marcial Pons, 2015. p. 220).
153. PEREIRA, Regis Fichtner. *A responsabilidade civil pré-contratual*: teoria geral e responsabilidade pela ruptura das negociações contratuais. Rio de Janeiro: Renovar, 2001, p. 54-55.
154. MARTINS-COSTA, Judith. *A boa-fé no direito privado*: critérios para a sua aplicação. São Paulo: Marcial Pons, 2015, p. 410.

1 • NEGOCIAÇÕES PRELIMINARES E A RESPONSABILIDADE POR SUA RUPTURA INJUSTIFICADA

ção não pode ser atribuída ao bom senso do magistrado– e somente assumem contornos próprios a partir da identificação da relação jurídica *in concreto*.[155]

Nessa esteira, apenas a partir da análise da hipótese concreta será possível identificar se determinada ruptura das tratativas merece tutela, ou se violou a confiança legitimamente depositada pela contraparte na conclusão do contrato. Isso porque, em princípio, o rompimento das negociações se afigura admissível e decorre, inclusive, da liberdade de contratar. Entretanto, é possível que a conduta de uma das partes tenha incutido tamanha confiança na outra, a ponto de gerar legítimas expectativas acerca da conclusão do ajuste, o que, em consequência, levaria à violação da confiança despertada e à caracterização de uma situação de ruptura indevida.[156] Trata-se, então, "de identificar o equilíbrio entre a liberdade, fundamental na fase das tratativas, e a proteção da confiança das partes".[157]

---

155. MARTINS-COSTA, Judith. Um aspecto da obrigação de indenizar: notas para uma sistematização dos deveres pré-negociais de proteção no Direito Civil brasileiro. *Revista dos Tribunais*, São Paulo, v. 97, n. 867, p. 11-51, jan. 2008, p. 26. Essa indeterminabilidade em abstrato é nota da própria boa-fé objetiva, como ensina Karl Larenz: "Se trata, portanto, de um módulo que 'necessita de concreção', que unicamente nos indica a direção em que temos que buscar a resposta à questão de qual seja a conduta exigível em determinadas circunstâncias. Não nos dá uma regra apta para ser simplesmente 'aplicada' a cada caso particular e para ler nela a solução do caso quando concorram determinados pressupostos. Senão que em cada hipótese se exige um juízo valorativo do qual deriva o que o momento e o lugar exijam" (LARENZ, Karl. *Derecho de Obligaciones*. Madrid: Revista de Derecho Privado, 1958, t. I, p. 142-143 – tradução livre). Como registra Eva Moreira, qualquer tentativa de se determinar, em abstrato, o conteúdo dos deveres de proteção é em vão, já que eles não permitem uma compreensão estática, dependendo de uma depuração *in concreto* (v. SILVA, Eva Sónia Moreira da. *Da responsabilidade pré-contratual por violação dos deveres de informação*. Coimbra: Almedina, 2006, p. 40). Apesar da necessidade da identificação da relação jurídica concreta para a determinação dos deveres de proteção incidentes no caso, a doutrina costuma, para fins didáticos, agrupá-los. Para Régis Fichtner, por exemplo, há quatro eixos de deveres decorrentes da boa-fé que são fundamentais no comportamento das partes no período pré-contratual, assim como nas demais fases contratuais: o dever de informação, o dever de lealdade ou correção, os deveres de proteção e cuidado e o dever de segredo ou sigilo: v. PEREIRA, Regis Fichtner. *A responsabilidade civil pré-contratual*: teoria geral e responsabilidade pela ruptura das negociações contratuais. Rio de Janeiro: Renovar, 2001, p. 89-90.

156. Nas lições de Pietro Perlingieri: "Na fase preliminar à conclusão do contrato as posições das partes assumem importância diversa. A fase das tratativas cria entre os contratantes uma situação de expectativa que o contrato seja concluso. Nesta fase, as partes devem se comportar de acordo com o princípio de boa-fé (art. 1337 Cód. Civ.) e são obrigadas a responder pela não conclusão, sem justa causa, do contrato" (PERLINGIERI, Pietro. *O direito civil na legalidade constitucional*. Rio de Janeiro: Renovar, 2008, p. 692). Cabe mencionar que, segundo Judith Martins-Costa, o que a boa-fé objetiva visa a tutelar não é qualquer expectativa, mas sim a "confiança investida em virtude de razões que, racionalmente controláveis (ou comprováveis, ou adequadas ao *id quod plerumque accidit*), foram objeto de «investimento de confiança» pelo destinatário do ato ou comportamento ou omissão aptos a gerar essa confiança qualificada" (MARTINS-COSTA, Judith. *A boa-fé no direito privado*: critérios para a sua aplicação. São Paulo: Marcial Pons, 2015, p. 235-236).

157. TEPEDINO, Gustavo; TERRA, Aline de Miranda Valverde; GUEDES, Gisela Sampaio da Cruz. *Fundamentos do direito civil*: responsabilidade civil. 2. ed. Rio de Janeiro: Forense, 2021, v. 4, p. 19.

Nesse contexto, verificar se a ruptura frustrou a confiança legitimamente gerada na outra parte depende de um exame da hipótese concreta, valendo-se do recurso aos usos e costumes do setor e demais circunstâncias do caso,[158] bem como às funções da boa-fé objetiva e suas figuras parcelares,[159] a fim de se verificar o grau de comprometimento das partes e a densidade das negociações.[160]

Nesse particular, assume especial relevo a figura parcelar da boa-fé objetiva conhecida como *venire contra factum proprium*, a qual impede que uma pessoa contrarie sua conduta anterior, causando prejuízo àquele que confiou na atitude inicial. Sua função, assim, é tutelar a confiança legítima depositada por determinado sujeito no comportamento de outro, evitando que ela seja lesada pela abrupta alteração daquele comportamento.[161] Em seu aspecto positivo, o repúdio ao *venire contra factum proprium* consiste no dever, decorrente da boa-fé objetiva, de uma pessoa não praticar atos contraditórios, mantendo coerência na prática dos seus atos, especialmente nas relações jurídicas contratuais ou pré-contratuais.[162]

No âmbito das tratativas, reconhece-se que "a conduta daquele que leva a cabo longas negociações, incutindo a confiança na celebração do contrato, para

---

158. A respeito da relevância do exame das circunstâncias do caso no procedimento hermenêutico, confira-se: MARTINS-COSTA, Judith. O método da concreção e interpretação dos contratos: primeiras notas de uma leitura suscitada pelo Código Civil. In: NANNI, Giovanni Ettore (Coord.). *Temas relevantes do direito civil contemporâneo*: reflexões sobre os cinco anos do Código Civil. Estudos em homenagem ao Professor Renan Lotufo. São Paulo: Atlas, 2008.

159. Como leciona Carlos Nelson Konder, as figuras parcelares da boa-fé, como o *tu quoque*, a *supressio*, a o *venire contra factum proprium* e o *duty to mitigate loss* podem facilitar o processo argumentativo de fundamentação de decisões baseadas na boa-fé, identificando padrões de conduta já consolidados como abusivos por violação a tais figuras e, nessa medida, trazendo *topoi* idôneos para demonstrar a quebra de confiança antijurídica, como a falta de reciprocidade, de reiteração e a contradição: v. KONDER, Carlos Nelson. Princípios contratuais e exigência de fundamentação das decisões: boa-fé e função social do contrato à luz do CPC/2015. *Revista Opinião Jurídica*. Fortaleza: Unichristus, ano 14, n. 19, p. 42, jul./dez. 2016.

160. TEPEDINO, Gustavo. Formação progressiva dos contratos e responsabilidade pré-contratual: notas para uma sistematização. In: BENETTI, Giovana et. al. (Org.). *Direito, cultura, método*: leituras da obra de Judith Martins-Costa. Rio de Janeiro: Editora GZ, 2019, p. 595. Ainda: HAICAL, Gustavo. Os usos do tráfico como modelo jurídico e hermenêutico no código civil de 2002. *Revista de Direito Privado*. São Paulo: Ed. RT, v. 50, p. 7, 2012 [v. eletrônica]. Judith Martins-Costa, nessa linha, elenca cinco critérios para caracterização de uma situação de ruptura indevida das tratativas, consistentes (i) na forma como desenvolvia o relacionamento pré-contratual, (ii) na eventual habitualidade do procedimento (ou seja, como se dá a prática adotada pelas partes ou pelos usos do tráfico jurídico), (iii) na eventual pendência de condições para concretização do negócio, (iv) na existência de elementos outros que evidenciem a potencialidade do comportamento da parte a criar na outra a expectativa fundada de que o contrato seria concluído, bem como (v) na inexistência de justa causa para o rompimento, v. MARTINS-COSTA, Judith. *A boa-fé no direito privado*: critérios para a sua aplicação. São Paulo: Marcial Pons, 2015, p. 420.

161. Quanto ao tema, confira-se: SCHREIBER, Anderson. *A proibição de comportamento contraditório*: tutela da confiança e *venire contra factum proprium*. 4. ed. São Paulo: Atlas, 2016.

162. PEREIRA, Regis Fichtner. *A responsabilidade civil pré-contratual*: teoria geral e responsabilidade pela ruptura das negociações contratuais. Rio de Janeiro: Renovar, 2001, p. 299.

depois romper o processo, sem qualquer justificativa idônea para a frustração da outra parte" é passível de ser "caracterizada como abuso do direito, com fundamento, inclusive, em figura parcelar da boa-fé objetiva, a vedação ao comportamento contraditório".[163]

Dessa forma, a doutrina entende que a configuração da responsabilidade por ruptura injustificada das negociações requer a presença de certos pressupostos específicos: (i) a existência de negociações, (ii) a configuração de legítimas expectativas na formação do contrato e (iii) o próprio rompimento injustificado das tratativas.[164]

Com efeito, é premissa para a responsabilidade pré-contratual que as partes tenham iniciado comunicações, visando o estabelecimento de negócio jurídico específico entre elas. É necessário, assim, que existam contatos sociais entre os sujeitos, direcionados à celebração de contrato, não sendo indispensável que tais contatos se deem de forma escrita, valendo qualquer exteriorização do pensamento, desde que identificado o consentimento de ambas as partes quanto à negociação.[165]

Não se exige, assim, para o cumprimento do pressuposto da existência de negociações, que as partes pratiquem ato formal a participar na celebração do

---

163. TEPEDINO, Gustavo; KONDER, Carlos Nelson; BANDEIRA, Paula Greco. *Fundamentos do direito civil*: contratos. 2. ed. Rio de Janeiro: Forense, 2021, v. 3, p. 90-91. Ainda: "O repúdio ao *venire contra facum proprium*, uma das manifestações do princípio geral da boa-fé, se amolda à característica específica da responsabilidade de que se está tratando, que é a de responsabilizar alguém que por ter gerado, com o seu comportamento, uma confiança na parte contrária, de que ela manterá uma determinada linha de conduta, tendente ao estabelecimento do contrato. Posteriormente, a mesma pessoa, sem qualquer justificativa, adota um comportamento inteiramente incompatível com o anterior frustrando a confiança que a parte contrária deposito no estabelecimento do contrato, confiança essa sugerida, objetivamente, em função do comportamento que vinha sendo por ela adotado. A proibição do *venire contra factum proprium*, uma das manifestações do princípio da boa-fé, é, portanto, o fundamento mais próximo da responsabilidade pela ruptura das negociações preliminares" (PEREIRA, Regis Fichtner. *A responsabilidade civil pré-contratual*: teoria geral e responsabilidade pela ruptura das negociações contratuais. Rio de Janeiro: Renovar, 2001, p. 300). Ainda nesse sentido: ZANETTI, Cristiano de Sousa. *Responsabilidade pela ruptura das negociações*. São Paulo: Juarez de Oliveira, 2005, p. 169; SCHREIBER, Anderson. *A proibição de comportamento contraditório*: tutela da confiança e *venire contra factum proprium*. 3. ed. Rio de Janeiro: Renovar, 2012, p. 250; FRADERA, Vera Maria Jacob de. Dano pré-contratual: uma análise comparativa a partir de três sistemas jurídicos, o continental europeu, o latino-americano e o americano do norte. *Revista de Informação Legislativa*, Brasília, v. 34, n. 136, p. 169-179, out./dez. 1997; TOMASEVICIUS FILHO, Eduardo. *O princípio da boa-fé no direito civil*. São Paulo: Almedina, 2020, p. 421.

164. FRITZ, Karina Nunes. *A responsabilidade pré-contratual por ruptura injustificada das negociações*. Civilistica.com. a. 1. n. 2. 2012. Em sentido similar, PEREIRA, Regis Fichtner. *A responsabilidade civil pré-contratual*: teoria geral e responsabilidade pela ruptura das negociações contratuais. Rio de Janeiro: Renovar, 2001, p. 305 e ss.

165. FRITZ, Karina Nunes. A responsabilidade pré-contratual por ruptura injustificada das negociações. *Civilistica.com*. a. 1. n. 2. 2012, p. 20.

negócio. Conforme leciona Régis Fichtner, a "existência de negociações será atestada a partir do reconhecimento da vontade implícita de contratar", a qual "decorre dos atos praticados pelos contraentes".[166] Apesar disso, a existência de documentos preparatórios, como as minutas e as cartas de intenção, auxilia o intérprete no exame da presença de efetiva negociação, conforme se registrou.

O exame da efetiva existência ou não de verdadeiras tratativas, suficientes a criar para os contraentes deveres de lealdade, confiança e informação, somente poderá se manifestar no caso concreto por meio da verificação das conversações mantidas entre as partes, da troca de correspondências, do acerto provisório sobre aspectos preliminares do negócio, dentre outros elementos. Tal análise não deve se dar quantitativamente – por meio do exame, por exemplo, do número ou frequência de conversações ou atos praticados –, mas qualitativamente, através da averiguação dos atributos do contato havido entre os sujeitos.[167]

Não basta, porém, a mera existência de tratativas para a configuração dessa modalidade de responsabilidade pré-contratual: é necessário que exista confiança na celebração do eventual negócio. Por essa razão, entende-se que "o que se protege nessa fase não é o acordo em si, mas a confiança despertada pelas informações transmitidas".[168]

A confiança sob comento não se trata de um estado psicológico de crença ou convicção de uma das partes de que o negócio seria fechado, mas de "uma situação objetivamente apurável, de modo que qualquer um, naquela situação, poderia confiar que o contrato seria celebrado".[169] Em outras palavras, o intérprete não

---

166. PEREIRA, Regis Fichtner. *A responsabilidade civil pré-contratual*: teoria geral e responsabilidade pela ruptura das negociações contratuais. Rio de Janeiro: Renovar, 2001, p. 309-310. "Para que se produza a confiança, é evidentemente necessário que as negociações existam, que esteja em desenvolvimento uma atividade comum das partes, destinada à concretização do negócio. «É manifesto que nenhuma obrigação de indemnização surge se uma pessoa toma a iniciativa de proceder sozinha a estudos e despesas na elaboração de um projeto de contrato com a finalidade de submetê-la a outra que se recusa in limine, ainda que sem motivo, a entrar em negociações»" (MARTINS-COSTA, Judith. *A boa-fé no direito privado*: critérios para a sua aplicação. São Paulo: Marcial Pons, 2015, p. 419).

167. PEREIRA, Regis Fichtner. *A responsabilidade civil pré-contratual*: teoria geral e responsabilidade pela ruptura das negociações contratuais. Rio de Janeiro: Renovar, 2001, p. 308.

168. TOMASEVICIUS FILHO, Eduardo. *O princípio da boa-fé no direito civil*. São Paulo: Almedina, 2020, p. 441. Diz-se que a confiança consiste no "mais importante" elemento para reconhecimento da responsabilidade pré-contratual, cf. NEVES, José Roberto de Castro. *Teoria geral dos contratos*. Rio de Janeiro: GZ, 2021, p. 114.

169. FRITZ, Karina Nunes. *A responsabilidade pré-contratual por ruptura injustificada das negociações*. Civilistica.com. a. 1. n. 2. 2012, p. 23. Nessa linha, sustenta Régis Fichtner Pereira que "[n]ão se trata, portanto, de se verificar se o contraente subjetivamente confiou na celebração do contrato, mas sim de verificar se ele tinha fortes razões objetivas para confiar que o negócio jurídico que vinha sendo projetado iria se estabelecer" (PEREIRA, Regis Fichtner. *A responsabilidade civil pré-contratual*: teoria geral e responsabilidade pela ruptura das negociações contratuais. Rio de Janeiro: Renovar, 2001, p. 331).

deve averiguar se o pretenso contratante, subjetivamente, confiou que o negócio seria firmado, mas, sim, se qualquer cidadão prudente e cauteloso, em situação idêntica, também teria certeza (ou razoável confiança) na celebração do contrato.

Nessa esteira, deve-se apurar a existência ou não de confiança na celebração do negócio à luz das circunstâncias do caso, sendo indispensável uma apreciação casuística da situação particular. Deve-se identificar "o momento no qual a confiança se torna forte o suficiente para que a contraparte tenha certeza – ou, no mínimo, uma indicação muito segura – de que celebrará o negócio". Alguns elementos auxiliam o julgador nessa tarefa, como a duração e a fase em que se encontram as negociações, as qualidades e condutas dos contraentes, bem como a natureza e o objeto do negócio.[170]

De fato, o progresso das conversações contribui para a formação da confiança na celebração do negócio, pois à medida em que as partes vão acordando sobre os pontos do futuro contrato, mais forte se torna para elas a convicção de que as negociações serão encerradas com sucesso. Nesse diapasão, mostra-se relevante avaliar se os contraentes já haviam concordado com os elementos essenciais do negócio, como o objeto e o preço. Caso, por exemplo, não exista esse consenso, fica mais distante a compreensão de que o contrato estava em vias de ser firmado; por outro lado, se estivessem em aberto apenas temas marginais, seria "natural admitir que a parte possuía justa convicção de que o contrato seria firmado".[171]

Outro elemento relevante para a análise da criação de confiança legítima refere-se às qualidades das partes, isto é, suas condições pessoais. Conforme leciona Karina Nunes Fritz, quando existe, entre as partes, certo desnível estrutural, de modo que uma delas encontre-se em posição de superioridade em relação à outra, em tese, a confiança na celebração do contrato surge mais cedo para aquele em posição inferior, principalmente se não se trata de alguém acostumado a negociar ou que não esteja atuando em sua área profissional. De outro modo, se a situação envolver negociação entre agentes experientes, em igualdades de condições, exigem-se critérios mais rigorosos para configuração da confiança legítima no fechamento do contrato, já que sabem – ou devem saber – que, mesmo

---

170. COSTA, Mário Júlio de Almeida. *Responsabilidade civil pela ruptura das negociações preparatórias de um contrato*. Coimbra: Coimbra Editora, 1984, p. 57. No mesmo sentido: MARTINS, António Carvalho. *Responsabilidade pré-contratual*. Coimbra: Coimbra Editora, 2002, p. 79. Ainda: FRITZ, Karina Nunes. *A responsabilidade pré-contratual por ruptura injustificada das negociações*. Civilistica. com. a. 1. n. 2. 2012, p. 25.

171. NEVES, José Roberto de Castro. *Teoria geral dos contratos*. Rio de Janeiro: GZ, 2021, p. 115. Tais elementos auxiliam, ainda, conforme se mencionará no item 3.3., na identificação da existência de um dever de contratar, cuja origem, para aquele que defendem sua possibilidade jurídica, encontra-se justamente na densificação dessa confiança.

após entendimentos sobre pontos importantes do contrato planejado, as tratativas ainda podem fracassar.[172]

Ademais, revela-se útil analisar a existência, ou não, de relação prévia entre os envolvidos. Caso os contraentes se conheçam de longa data e realizem negócios entre si, com frequência, parece natural que exista entre eles alto grau de fidúcia, de modo que informação falsa eventualmente prestada terá efeito maior, em decorrência da credibilidade existente entre eles. Por seu turno, se os contraentes não se conhecem, ou se pouco se conhecem, em tese, a informação prestada por um ao outro será vista com mais reserva, por existir menor credibilidade, já que o grau de confiança entre eles possivelmente será menor.[173]

Além disso, no exame das condutas das partes, em função do princípio da boa-fé objetiva, é necessário que os sujeitos ajam de forma coerente, inclusive no que toca às informações prestadas durante as negociações. Deve-se, assim, em respeito ao dever de informar, comunicar à outra parte sobre eventual possibilidade de não celebrar o negócio, sobre a existência de eventuais negociações paralelas, sobre as informações relevantes para as negociações.[174]

Nesse sentido, deve-se analisar se as partes fizeram ressalvas de que as conversas que travavam tinham outros propósitos, que não a celebração de negócio, como a coleta de informação para fundamentar futura decisão negocial. Caso, porém, a parte der a impressão à outra de que o negócio seria concluído, a expectativa merece ser tutelada pelo ordenamento jurídico.[175]

O último requisito específico para a configuração da responsabilidade por ruptura das negociações é o de que o rompimento ocorra de forma injustificada e surpreendente. Em princípio, entende-se que as partes são livres para iniciar e terminar negociações sem apresentar qualquer motivo, até em função da necessidade de preservação de interesses próprios ou alheios. É o caso, por exemplo, de alguém que começa e finda negociações por encontrar, no meio do caminho, dificuldades financeiras que lhe impedem de assumir as obrigações, ou, ainda, de alguém que desiste das tratativas por descobrir aspectos pessoais da contraparte que abalam a confiança depositada e cuja divulgação poderia, inclusive, lhe causar prejuízos.[176]

---

172. FRITZ, Karina Nunes. *A responsabilidade pré-contratual por ruptura injustificada das negociações.* Civilistica.com. a. 1. n. 2. 2012, p. 24.
173. NEVES, José Roberto de Castro. *Teoria geral dos contratos.* Rio de Janeiro: GZ, 2021, p. 115.
174. TOMASEVICIUS FILHO, Eduardo. *O princípio da boa-fé no direito civil.* São Paulo: Almedina, 2020, p. 431-432.
175. NEVES, José Roberto de Castro. *Teoria geral dos contratos.* Rio de Janeiro: GZ, 2021, p. 114.
176. FRITZ, Karina Nunes. *A responsabilidade pré-contratual por ruptura injustificada das negociações.* Civilistica.com. a. 1. n. 2. 2012, p. 26. Conforme leciona Enzo Roppo: "O ponto de equilíbrio encontra-se na regra segundo a qual a ruptura das negociações gera responsabilidade apenas quando é

Por outro lado, o ordenamento jurídico impõe que se proteja os contraentes, para que não sejam envolvidos em negociações inúteis e dispendiosas. Em razão disso, vige o entendimento de que "a regra segundo a qual as partes são, em princípio, livres para romper as negociações sem apresentar qualquer motivo até o momento em que entre elas surge a certeza na celebração do contrato". Isso significa que, a partir do momento em que surge a confiança legítima na celebração do contrato, é necessário que se apresente motivo justificável para abandono das negociações, já que essa é a conduta exigida pela boa-fé objetiva e esperada nos tratos negociais.[177]

O caso mais comum refere-se à situação em que as pessoas negociam o acordo, estabelecem suas bases, e seguem um caminho natural que as permite, de forma razoável, acreditar, legitimamente, que o contrato será firmado. Entretanto, sem qualquer explicação ou justificativa plausível, uma das partes informa que não irá mais celebrar a avença. Há, ainda, os casos em que uma das partes prossegue em uma negociação sem o real interesse em celebrar o contrato, ou, até mesmo, sem condições legais ou comerciais de concluir o negócio.[178] Por seu turno, a existência de motivo justo torna a ruptura legítima e "livra a parte que encerrou as negociações de qualquer possibilidade de ser responsabilizada por prejuízos em que a parte contrária possa ter incorrido".[179]

A questão que se coloca é definir o que seria o motivo justo, apto a legitimar a ruptura das negociações. De acordo com Karina Nunes Fritz, motivo justo é aquele "em harmonia com a boa-fé objetiva e, em tese, apto a justificar o abandono das negociações, ainda quando a certeza de que o contrato seria concluído surgiu para uma das partes que, em função disso, realizou despesas buscando a concretização do negócio".[180]

---

injustificada e arbitrária, e não já quando é apoiada numa justa causa que a torne legítimo exercício de uma liberdade económica (como quando sobrevêm circunstâncias inesperadas que tornam o contrato não mais conveniente, ou a contraparte modifique inopinadamente a sua posição, pretendendo impor condições mais gravosas)" (ROPPO, Enzo. *O contrato*. Coimbra: Almedina, 2009, p. 107).

177. FRITZ, Karina Nunes. *A responsabilidade pré-contratual por ruptura injustificada das negociações*. Civilistica.com. a. 1. n. 2. 2012, p. 26.

178. PEREIRA, Regis Fichtner. *A responsabilidade civil pré-contratual*: teoria geral e responsabilidade pela ruptura das negociações contratuais. Rio de Janeiro: Renovar, 2001, p. 94. Ainda nessa linha: "Deve, a esta luz, ser tido como ilícito o rompimento de negociações, designadamente: nas hipóteses de recesso intencional, ou seja, nas situações em que uma das partes faça malograr intencionalmente negociações que normalmente conduziriam a um resultado positivo, v.g., impondo condições ou fazendo exigências destituídas de justificação económica ou de oportunidade que obriguem a outra parte a desistir do negócio" (VICENTE, Dário Manuel Lentz de Moura. *A Responsabilidade pré-Contratual no Código Civil Brasileiro de 2002*. Disponível em: https://revistacej.cjf.jus.br/revcej/article/view/604/784. Acesso em: 22 dez. 2022).

179. PEREIRA, Regis Fichtner. *A responsabilidade civil pré-contratual*: teoria geral e responsabilidade pela ruptura das negociações contratuais. Rio de Janeiro: Renovar, 2001, p. 321-322.

180. FRITZ, Karina Nunes. *A responsabilidade pré-contratual por ruptura injustificada das negociações*. Civilistica.com. a. 1. n. 2. 2012, p. 26.

A legitimidade do motivo, como aponta a doutrina, não deve ser buscada a partir de valoração subjetiva e particular do ponto de vista daquele que encerra as tratativas, em uma interpretação subjetivista da intenção do sujeito, mas sim a partir de elementos externos, objetivamente averiguáveis.[181]

Dessa forma, em se tratando de conceito jurídico indeterminado, a presença ou não do justo motivo somente pode ser avaliada no caso concreto, a partir de certos critérios objetivos relacionados ao motivo em si alegado, bem como à adequação do comportamento (daquele que rompe as tratativas) aos padrões de lealdade e honestidade exigidos pela boa-fé objetiva.[182]

Exemplificativamente, a investigação acerca do momento em que surgiu a razão pela qual houve a desistência do negócio auxilia o intérprete na identificação da presença de motivo justo. Assim, se as partes já se encontravam em estágio avançado de negociações e uma desiste do negócio por motivo já existente em momento anterior àquele em que surgiu maior comprometimento entre elas, afirma-se que há uma tendência em não se reputar tal motivo como justo, enquanto que, se um dos contraentes passa a considerar que o contrato não atende mais aos seus interesses em razão de elemento superveniente, considera-se, a princípio, que o motivo seria justo.[183]

Nessa linha, doutrina e jurisprudência dão exemplos do que pode ser considerado como justa causa para o abandono das negociações: a falta de acordo a respeito de pontos – essenciais ou secundários – do contrato planejado sobre os

---

181. COSTA, Mário Júlio de Almeida. *Responsabilidade civil pela ruptura das negociações preparatórias de um contrato*. Coimbra: Coimbra Editora, 1984, p. 62.

182. PEREIRA, Regis Fichtner. *A responsabilidade civil pré-contratual*: teoria geral e responsabilidade pela ruptura das negociações contratuais. Rio de Janeiro: Renovar, 2001, p. 322. A hipótese de recebimento de proposta mais vantajosa de terceiro no decorrer das negociações ilustra a necessidade de que se examine o motivo em conjunto com a conduta da parte, à luz da boa-fé. Com efeito, aduz-se que, se a parte não informa a contraparte acerca da negociação com terceiro, ou não expõe com clareza suas incertezas quanto às chances de conclusão do contrato, permitindo a criação de legítimas expectativas, não poderá ela se eximir de responsabilidade alegando o recebimento de oferta mais vantajosa, embora tal circunstância, em tese, configure motivo justo. Conforme ensina Karina Nunes Fritz, "isso se justifica na medida em que há no caso violação do dever de informação, pelo qual a parte precisa comunicar à outra que negocia paralelamente com terceiro, e do dever de agir com lealdade para não despertar – ou evitar que se desperte – na contraparte a certeza acerca do fechamento do negócio, expectativa com base na qual realizou gastos ou, eventualmente, deixou de concluir o mesmo contrato com outro parceiro comercial. O motivo apresentado, nessa situação, não pode ser interpretado isoladamente, o que conduziria à justificação do rompimento, mas deve ser analisado conjuntamente com a conduta assumida pelo agente, pois motivo legítimo é, sobretudo, aquele em harmonia com a boa-fé objetiva. A violação dos deveres de consideração decorrentes da boa-fé objetiva por uma das partes também é motivo legítimo para o rompimento das negociações, pois aqui há, em regra, a quebra da necessária confiança que deve existir entre os potenciais contratantes" (FRITZ, Karina Nunes. *A responsabilidade pré-contratual por ruptura injustificada das negociações*. Civilistica.com. a. 1. n. 2. 2012, p. 28).

183. PEREIRA, Regis Fichtner. *A responsabilidade civil pré-contratual*: teoria geral e responsabilidade pela ruptura das negociações contratuais. Rio de Janeiro: Renovar, 2001, p. 322-323.

quais as partes manifestaram a intenção de decidir; a modificação superveniente das circunstâncias da negociação – relacionadas a questões de natureza jurídica, técnica ou econômica –, que torne a continuação das tratativas ônus excessivo para uma ou ambas as partes; o recebimento de melhor proposta por terceiro, observada a conduta do agente conforme a boa-fé objetiva e, em especial, ao dever de informar à contraparte acerca das incertezas em relação à conclusão do contrato, para que não se crie falsas expectativas e se realize despesas desnecessariamente.[184]

Nessa linha, não é esperado das partes em negociação que sacrifiquem interesses próprios em prol de interesse da contraparte, havendo parcela doutrinária que defenda que "na dúvida entre o sacrifício de um interesse próprio e o sacrifício de um interesse alheio, a parte está autorizada a optar pela solução que melhor convenha a seus interesses", na medida em que "se parte do princípio de que as negociações contratuais criam apenas uma expectativa de constituição do contrato", sendo que a "parte que entra em negociações assume o risco de perda de tempo e de dinheiro".[185]

Enfim, caso se constate que a ruptura unilateral das tratativas foi, de fato, injustificada e violadora da legítima expectativa despertada, a gerar danos sobre a esfera jurídica da contraparte, restará configurada a responsabilidade civil pré-contratual.

As especificidades dessa relação jurídica pré-negocial e dos deveres sobre ela incidentes geram controvérsia na doutrina quanto à natureza da responsabilidade pré-contratual. Tradicionalmente, classifica-se a responsabilidade civil em contratual ou extracontratual à luz da teoria das fontes do direito, que estabelece que o comportamento humano deve se pautar tanto pela lei quanto por outras manifestações de vontade (não estatais). A partir dessa categorização clássica, o comportamento que contraria o disposto em norma jurídica pública ou negocial gera para o sujeito o dever de reparar os danos causados: se a violação for a deveres gerais impostos pelo Estado, dir-se-ia originar responsabilidade extracontratual, enquanto a infração à autorregulamentação geraria responsabilidade contratual.[186]

Contemporaneamente, porém, a doutrina entende que essa distinção merece ser mais bem examinada. Com efeito, atualmente, reconhece-se, conforme se mencionou no item 1.1, que ao lado da autonomia privada, a boa-fé objetiva

---

184. FRITZ, Karina Nunes. *A responsabilidade pré-contratual por ruptura injustificada das negociações.* Civilistica.com. a. 1. n. 2. 2012, p. 27-28.
185. PEREIRA, Regis Fichtner. *A responsabilidade civil pré-contratual:* teoria geral e responsabilidade pela ruptura das negociações contratuais. Rio de Janeiro: Renovar, 2001, p. 322-323.
186. CAVALIERI FILHO, Sergio. *Programa de responsabilidade civil.* 10. ed. São Paulo: Atlas, 2012, p. 17.

também é fonte heterônoma de direito, criando deveres que se impõem a todas as partes, a despeito de sua vontade, e que permeiam todo o desenvolvimento da relação contratual. Em função disso, registra-se que não se pode mais conceber que a responsabilidade contratual nasce necessariamente da violação a dever pre-existente específico estipulado por convenção entre as partes e a extracontratual surge de infração à lei. Isso porque, "[s]e assim fosse, a violação, pelo contratante, de deveres de conduta impostos pela boa-fé objetiva encerraria hipótese de responsabilidade extracontratual, o que não se sustenta".[187]

Diante disso, aduz-se que a distinção entre a responsabilidade contratual e a extracontratual deve tomar por base não mais a fonte do dever violado, mas a preexistência, ou não, de relação contratual válida entre as partes, bem como o fato de o dano resultar, ou não, do descumprimento de dever decorrente de tal víncu-lo, independentemente de este dever provir de fonte autônoma ou heterônoma.

Em outras palavras, "o traço característico da responsabilidade civil con-tratual reside, por conseguinte, na aproximação peculiar, prévia à ocorrência do dano, entre a vítima e o agente causador da lesão, consubstanciada na relação contratual em cujo bojo se dá a infração geradora do dever de indenizar".[188] Por essa razão, aliás, é possível que a violação à dever de conduta decorrente da boa-fé objetiva acarrete responsabilidade contratual ou extracontratual, a depender de se foram impostos no âmbito de relação estabelecida por negócio jurídico ou se gerados por contato social qualificado entre as partes.[189]

No que toca à natureza da responsabilidade pré-contratual, existem, basi-camente, três posições que se contrapõem: a primeira é a de que os danos cau-sados pela ruptura nas negociações ensejam responsabilidade extracontratual; a segunda é a de que a violação aos deveres de proteção pré-contratuais gera responsabilidade contratual; e a terceira é a de que a responsabilidade pré-con-tratual constitui uma terceira espécie de responsabilidade civil.

Caio Mário da Silva Pereira, por exemplo, entende que a responsabilidade pré-contratual teria natureza extracontratual.[190] De acordo com o autor, o fun-

---

187. TEPEDINO, Gustavo; TERRA, Aline de Miranda Valverde; GUEDES, Gisela Sampaio da Cruz. *Fundamentos do direito civil*: responsabilidade civil. 2. ed. Rio de Janeiro: Forense, 2021, v. 4, p. 12.
188. TEPEDINO, Gustavo; TERRA, Aline de Miranda Valverde; GUEDES, Gisela Sampaio da Cruz. *Fundamentos do direito civil*: responsabilidade civil. 2. ed. Rio de Janeiro: Forense, 2021, v. 4, p. 12.
189. TEPEDINO, Gustavo; TERRA, Aline de Miranda Valverde; GUEDES, Gisela Sampaio da Cruz. *Fundamentos do direito civil*: responsabilidade civil. 2. ed. Rio de Janeiro: Forense, 2021, v. 4, p. 13.
190. Também entendendo pela natureza extracontratual da responsabilidade pela ruptura das negociações, dentre outros: TEPEDINO, Gustavo; TERRA, Aline de Miranda Valverde; GUEDES, Gisela Sampaio da Cruz. *Fundamentos do direito civil*: responsabilidade civil. 2. ed. Rio de Janeiro: Forense, 2021, v. 4, p. 13; DINIZ, Maria Helena. *Curso de direito civil brasileiro*. São Paulo: Saraiva, 2014, v. 3, p. 61; CHAVES, Antonio. *Responsabilidade pré-contratual*. Rio de Janeiro: Forense, 1959, p. 161; ZANETTI, Cristiano

damento do dever de reparar nesses casos seria o ato ilícito genérico, na medida em que as tratativas não gerariam por si mesmas e em si mesmas obrigações para qualquer dos participantes, mas apenas deveres jurídicos decorrentes da boa-fé objetiva.[191]

Assim, para essa corrente doutrinária, o fundamento para a reparação de danos estaria no princípio geral do *neminem laedere*, já que não existiria vínculo contratual entre as partes a ensejar a recorrência ao sistema obrigacional voltado para os danos advindos do inadimplemento.[192]

Outros doutrinadores defendem que a responsabilidade pela ruptura das negociações tem natureza contratual. Essa corrente remete-se originariamente à obra de Rudolf von Jhering, que concebeu a *culpa in contrahendo* justamente para atrair ao instituto a proteção que o ordenamento jurídico vigente à época concedia as hipóteses de responsabilidade contratual.[193]

Nessa linha, para Fábio Queiroz Pereira, a concepção da relação obrigacional como processo fornece subsídios para se defender a natureza contratual da responsabilidade pré-contratual, de acordo com o ordenamento jurídico brasileiro. Isso porque, como existiria uma relação de interdependência entre as várias fases de formação e consecução de um contrato, "o mais adequado é apreciar todas as contingências ligadas ao negócio, sob a perspectiva de um único regime jurídico de responsabilidade civil".[194]

---

de Sousa. *Responsabilidade pela ruptura das negociações*. São Paulo: Juarez de Oliveira, 2005, p. 210; DONNINI, Rogério. *Culpa post factum finitum* e *culpa in contrahendo*: responsabilidade aquiliana ou contratual? *Revista Forense*, v. 395, p. 204-210, jan./fev. 2008; CAPPELARI, Récio Eduardo. *Responsabilidade pré-contratual*: aplicabilidade ao Direito brasileiro. Porto Alegre: Livraria do Advogado, 1995, p. 56; MARTINS-COSTA, Judith. *A boa-fé no direito privado*: critérios para a sua aplicação. São Paulo: Marcial Pons, 2015, p. 418.

191. PEREIRA, Caio Mário da Silva. *Responsabilidade Civil*. 12. ed. Rio de Janeiro: Forense, 2018, p. 102.

192. PEREIRA, Caio Mário da Silva. *Responsabilidade Civil*. 12. ed. Rio de Janeiro: Forense, 2018, p. 105.

193. PINTO, Paulo Mota. Nota introdutória. In: JHERING, Rudolf von. *Culpa in contrahendo* ou indemnização em contratos nulos ou não chegados à perfeição. Coimbra: Almedina, 2008, p. XII-XIV.

194. PEREIRA, Fábio Queiroz. *O ressarcimento do dano pré-contratual*: interesse negativo e interesse positivo. São Paulo: Almedina, 2017, p. 150. Entendem pela natureza contratual da responsabilidade por ruptura das negociações, também, por exemplo, POPP, Carlyle. *Responsabilidade civil pré-negocial*: o rompimento das tratativas. Curitiba: Juruá, 2001, p. 149-150; NAMACCHIO, Marcelo. *Responsabilidade civil contratual*. São Paulo: Saraiva, 2011; FERNANDES, Wanderley. O processo de formação do contrato. In: FERNANDES, Wanderley (Coord.). *Fundamentos e princípios dos contratos empresariais*. 2. ed. São Paulo: Saraiva, 2012, p. 275-276; GOMES, Luiz Roldão de Freitas. *Elementos de responsabilidade civil*. Rio de Janeiro: Renovar, 2000, p. 264-265; AZEVEDO, Antônio Junqueira de. Responsabilidade pré-contratual no Código de Defesa do Consumidor: estudo comparativo com a responsabilidade pré-contratual no direito comum. *Revista de Direito do Consumidor*. n 18. abr./jun., 1996. O Superior Tribunal de Justiça já decidiu nesse sentido: "Em relação ao direito pátrio, entende o referido autor que a responsabilidade é contratual, devido à previsão da boa-fé objetiva no art. 422 do Código Civil de 2002 (...). Esse dispositivo está previsto no Título V, 'dos Contratos em Geral', não no Título III, que trata dos "atos ilícitos", especificamente, dos ilícitos absolutos. Então, por opção legislativa, a res-

Por fim, certa parcela da doutrina sustenta que a responsabilidade pré-contratual constitui uma terceira espécie de responsabilidade civil, já que suas características não permitem que se amolde ao regime da responsabilidade contratual, nem, tampouco, ao da responsabilidade extracontratual.

Segundo Régis Fichtner, apesar de existir uma relação jurídica entre os contraentes, ela, por um lado, não faz surgir uma obrigação de prestação e, por outro, não surge – como sói acontecer na responsabilidade extracontratual – somente com o cometimento do dano, sendo a ele preexistente. Diante disso, não haveria fundamento para adoção de qualquer dos dois regimes, sendo necessária a concepção de um terceiro gênero, dotado de características próprias.[195]

Para esse "*tertium genus*", seria necessária a elaboração de um novo arcabouço legal, já que o recurso à regulamentação da responsabilidade contratual ou da aquiliana não seria suficiente para solução dos problemas advindos da formação do contrato. Entretanto, enquanto tal norma não é concebida, os problemas da responsabilidade pré-contratual deveriam ser solucionados, à falta de regramento específico, pelas normas de responsabilidade contratual mais adequadas a algumas situações, e pela normativa da responsabilidade aquiliana mais adequadas a outras situações, o que seria mais favorável do que a mera aderência, para todas as situações, a um mesmo tipo determinado de responsabilidade civil.[196]

Prevalece na doutrina e nos tribunais brasileiros o entendimento de que há certas diferenças consequenciais a depender da adoção do regime contratual ou do extracontratual para a responsabilidade civil. Basicamente, os seguintes aspectos seriam relevantes na distinção dos efeitos entre responsabilidade contratual e extracontratual: as opções da vítima, o ônus da prova da culpa, a solidariedade, a contagem de juros e atualização monetária, a competência, e os prazos prescricionais aplicáveis.[197]

---

ponsabilidade civil decorrente de ruptura de tratativas tem natureza contratual. Cabe acrescentar que não há diferença ontológica entre responsabilidade civil contratual e extracontratual. A diferença, no direito pátrio, situa-se exclusivamente no plano dos efeitos jurídicos, conforme tive a oportunidade de esclarecer na obra supracitada. De todo modo, tratando-se de responsabilidade contratual, aplica-se o entendimento desta Corte no sentido de que os juros de mora incidem a partir da citação" (STJ, REsp nº 1.367.955/SP, 3ª Turma, Rel. Min. Paulo de Tarso Sanseverino, DJe 24.03.2014).

195. PEREIRA, Regis Fichtner. *A responsabilidade civil pré-contratual*: teoria geral e responsabilidade pela ruptura das negociações contratuais. Rio de Janeiro: Renovar, 2001, p. 273-277. Também nesse sentido: NEVES, José Roberto de Castro. *Obrigações*. 5. ed. Rio de Janeiro: GZ, 2014, p. 319-320.

196. PEREIRA, Regis Fichtner. *A responsabilidade civil pré-contratual*: teoria geral e responsabilidade pela ruptura das negociações contratuais. Rio de Janeiro: Renovar, 2001, p. 273-277.

197. Escapa ao escopo do presente estudo o exame de cada uma das diferenças. Para uma análise detalhada, confira-se: KONDER, Carlos Nelson. Boa-fé objetiva, violação positiva do contrato e prescrição: repercussões práticas da contratualização dos deveres anexos no julgamento do REsp 1.277. *Revista Trimestral de Direito Civil – RTDC*, v. 50, 2012.

1 • NEGOCIAÇÕES PRELIMINARES E A RESPONSABILIDADE POR SUA RUPTURA INJUSTIFICADA

Apesar disso, a doutrina vem apontando que os regimes clássicos de responsabilidade civil cada vez mais vêm sofrendo aproximações, seja por conta da unicidade conceitual genérica da responsabilidade civil,[198] seja por conta dos efeitos semelhantes produzidos por ambas as espécies de responsabilidade (sujeição do agente ao dever de ressarcir os prejuízos causados), seja pela regra imposta pela legislação processual, de que a carga probatória deve ser distribuída dinamicamente.[199]

Aliás, a doutrina afirma com recorrência que "não há, no ordenamento jurídico brasileiro, como se noticia no direito comparado distinção [entre a responsabilidade contratual e a extracontratual] no tocante às regras para a quantificação da indenização", até porque "os artigos 403 (nexo de causalidade), 944 e 946 (extensão da indenização) se aplicam às duas formas de responsabilidade".[200]

Em função disso, parece plausível afirmar que, para fins de delimitação do *quantum* indenizatório, a qualificação da natureza da responsabilidade pela ruptura das tratativas, de igual modo, consiste em discussão secundária.[201]

Nesse contexto, durante o período pré-contratual, os contraentes investem tempo, trabalho e, em muitos casos, recursos financeiros, com vistas ao aperfei-

---

198. A esse respeito, leciona Carlos Edson do Rêgo Monteiro: "[N]o que tange à natureza dos institutos, dúvidas já não prevalecem sobre a identidade de *ratio* que preside a temática em apreço, daí poder-se afirmar a unidade essencial da responsabilidade civil. De fato, tanto num caso como no outro, o que se verifica é sempre um dano a clamar por reparação" (MONTEIRO FILHO, Carlos Edison do Rêgo. *Responsabilidade contratual e extracontratual*: contrastes e convergências no direito civil contemporâneo. Rio de Janeiro: Processo, 2016, p. 80).

199. TEPEDINO, Gustavo; TERRA, Aline de Miranda Valverde; GUEDES, Gisela Sampaio da Cruz. *Fundamentos do direito civil*: responsabilidade civil. 2. ed. Rio de Janeiro: Forense, 2021, v. 4, p. 11-18.

200. KONDER, Carlos Nelson. Boa-fé objetiva, violação positiva do contrato e prescrição: repercussões práticas da contratualização dos deveres anexos no julgamento do REsp 1.277. *Revista Trimestral de Direito Civil - RTDC*, v. 50, 2012, p. 229. Nesse sentido, leciona Judith Martins-Costa: "A questão de saber se a responsabilidade pré-contratual – ou pré-negocial – obedece ao regime da responsabilidade extracontratual ou da contratual é tormentosa nos diferentes sistemas. No Brasil, contudo, trata-se, em grande medida, de um falso problema, seja porque no âmbito do CDC verifica-se a unificação dos regimes jurídicos, seja porque no regime geral, do Código Civil, é tradicionalmente forte uma aproximação entre ambos os regimes, embora não chegue a haver unificação" (MARTINS-COSTA, Judith. *A boa-fé no direito privado*: critérios para a sua aplicação. São Paulo: Marcial Pons, 2015, 408, nota-de-rodapé n. 134).

201. Como leciona Luiz Edison Fachin: "Nada obstante, a definição da natureza jurídica da responsabilidade civil decorrente da ruptura das negociações preliminares não afasta, qualquer que seja a conclusão, quer seja aquiliana, quer contratual, a obrigação de indenizar a parte lesada, como reconhecem os tribunais pátrios e a opinião autorizada da doutrina nacional (...) Sem embargo das diferenças, quer se trate de responsabilidade contratual, quer de extracontratual, não há como negar a possibilidade de impor o dever de indenizar. E a moderna tendência 'vai no sentido de parificar o regime dos dois tipos de responsabilidade' (ALMEIDA COSTA, Responsabilidade civil..., 1984, p. 86). Adicione-se que, na distribuição da justiça, não seria demasiado elementar, quiçá, memorar que 'da mihi factum, dabo tibi jus'. À idêntica conclusão conduzem ambas as hipóteses" (FACHIN, Luiz Edson. O *aggiornamento* do Direito Civil brasileiro e a confiança negocial. *Sciencia Juris*, v. 2/3, p. 15-34, Londrina, 1998/1999).

çoamento da relação contratual. Comumente, ademais, deixam de estabelecer relações contratuais com outros integrantes do mercado e, consequentemente, de alocar aqueles recursos em outros negócios. Tais investimentos constituem álea inerente a essa fase e, nessa medida, devem, em princípio, ser arcados por quem optou por negociar. Entretanto, caso caracterizada a ruptura abusiva, com a violação dos deveres de proteção, doutrina e jurisprudência entendem pela necessidade de ressarcimento da vítima.

Nesse sentido, questiona-se se o lesado deve ser indenizado pelos valores despendidos durante as tratativas e pelas oportunidades perdidas em função da ruptura ou pelos danos correspondentes ao conteúdo econômico do contrato que não se concluiu. Vale dizer, se o ressarcimento dos danos causados pela ruptura das negociações deve se dar pelo "interesse contratual negativo" ou pelo "interesse contratual positivo".[202]

Para responde a esse questionamento, faz-se necessário analisar os mencionados conceitos, especialmente desvelando suas funções, seu desenvolvimento e evolução na tradição jurídica nacional e estrangeira, bem como suas composições e modos de aplicação.

---

202. A doutrina costuma recorrer a uma miríade de nomenclaturas para referir-se a esse par de conceitos, como: dano positivo e dano negativo; interesse na confiança e interesse na expectativa; dano de confiança e dano de descumprimento; interesse no cumprimento e interesse na confiança. A despeito dos diferentes nomes, confere-se unidade de sentido comum às variadas nomenclaturas, de modo que se trata, unicamente, de uma questão de semântica, v. STEINER, Renata C. *Reparação de danos*: interesse positivo e interesse negativo. São Paulo: Quartier Latin, 2018, p. 32 e PINTO, Paulo Mota. *Interesse contratual negativo e interesse contratual positivo*. Coimbra: Coimbra Editora, 2008, v. II, p. 853-863. Em função da maior adesão pela doutrina brasileira das expressões interesse contratual positivo (ou, apenas, interesse positivo) e interesse contatual negativo (ou, apenas, interesse negativo), far-se-á uso, neste trabalho, delas.

2
INTERESSE CONTRATUAL NEGATIVO E INTERESSE CONTRATUAL POSITIVO

2.1 FUNÇÃO, ORIGEM E DESENVOLVIMENTO DOS CONCEITOS

O desenvolvimento dos conceitos de interesse contratual positivo e interesse contratual negativo é recorrentemente atribuído pela doutrina a Rudolf von Jhering, em seu estudo sobre a *culpa in contrahendo*, realizado na metade do século XIX.[1] Como se registrou no item 1.3, a exposição de Jhering resultou de sua preocupação com a ausência de proteção ao destinatário de uma declaração de vontade viciada, de acordo com o ordenamento jurídico alemão, à época. Aduz-se, assim, que os conceitos surgiram de um receio do autor "com as soluções da prática – com a vida –, e não com o conceito".[2]

A obra de Jhering foi impulsionada por experiência por ele vivenciada. Em certa feita, pretendeu-se encomendar a quantidade de um quarto de caixa de charuto, entretanto, na formulação do pedido o pretendente apontou que seriam quatro caixas. Em função desse apontamento, o vendedor encaminhou quatro caixas, tendo o comprador rejeitado a entrega, sob o argumento de que desejava montante bastante inferior.[3] Naquela época, de acordo com a legislação alemã,

---

1. A obra de Rudolf von Jhering, datada de 1861, foi traduzida do alemão para língua portuguesa por Paulo Mota Pinto recentemente: JHERING, Rudolf von. *Culpa in contrahendo ou indemnização em contratos nulos ou não chegados à perfeição*. Coimbra: Almedina, 2008. Em verdade, a atribuição dos conceitos é conferida a Rudolf von Jhering em função de ter o autor aprofundado a sistematização e desenvolvimento do interesse contratual positivo e daquele negativo, ou seja, por ter promovido a "primeira teorização" desses interesses. Entretanto, como relata Paulo Mota Pinto, certa referência ao conteúdo dos conceitos fora feita, antes, por Friedrich Carl von Savigny, que teria plantado uma "semente" quanto à temática. Em seguida aos estudos de Friedrich von Savigny, registra a doutrina que coube à Friedrich Mommsen – conhecido por sua produção acerca da teoria da diferença – "recolher a semente atirada por Savigny e fazê-la frutificar", tendo o mencionado autor se utilizado das designações no âmbito da impossibilidade das prestações. A respeito da evolução do interesse contratual positivo e interesse contratual negativo na pandectística alemã do século XIX, v. PINTO, Paulo Mota. *Interesse contratual negativo e interesse contratual positivo*. Coimbra: Coimbra Editora, 2008, v. I, p. 150 e ss.

2. JHERING, Rudolf von. *Culpa in contrahendo ou indemnização em contratos nulos ou não chegados à perfeição*. Coimbra: Almedina, 2008, p. VIII.

3. "Peço a um amigo que vai de viagem a Bremen que me encomende no meu fornecedor ¼ de caixa de charutos, mas ele engana-se e encomenda 4 caixas. O remetente tem de suportar os custos do transporte

essa situação encaixava-se nos quadrantes do "erro", que privilegiava a vontade interna em eventual embate com a declaração expressa, e assim, o vendedor (declaratário) restava desprotegido.[4] Para Jhering, "a injustiça e o desconsolo na prática de um tal resultado é evidente; a parte culposa fica livre, a inocente é vítima da culpa alheia!"[5]

Para o autor alemão, seria contrário ao "sentimento de justiça" a concepção de solução que deixasse de conferir ao declaratário alguma indenização em função da invalidação do negócio. Nesse sentido, haveria, em teoria, duas maneiras de se conceber o interesse do lesado: "segundo uma delas, como o interesse na *manutenção* do contrato, ou seja, no *cumprimento* – aqui o comprador receberia num equivalente em dinheiro tudo aquilo que teria tido em caso de validade do contrato" e, na outra, "como um interesse na *não conclusão* do contrato – aqui receberia o que teria tido se a realidade exterior da conclusão do contrato não tivesse de todo verificado".[6]

Em outros termos, o interesse do credor poderia corresponder à manutenção e cumprimento do contrato, caso em que deveria receber o equivalente às vantagens que teria auferido caso o contrato fosse válido e cumprido, ou à não conclusão do contrato, situação em que o lesado deveria receber as vantagens que teria auferido se não houvesse confiado na celebração de um contrato válido.

Por "razões de síntese", Jhering designou o primeiro daqueles interesses de *interesse contratual positivo* e o segundo de *interesse contratual negativo*.[7] Enquanto o fundamento do interesse contratual positivo estaria na validade do negócio jurídico, o do interesse contratual negativo encontrar-se-ia na sua invalidade. Nas palavras do autor, "só na medida em que o contrato é válido

---

duplamente ou pode exigir o seu ressarcimento ao núncio ou a mim?" (JHERING, Rudolf von. *Culpa in contrahendo ou indemnização em contratos nulos ou não chegados à perfeição*. Coimbra: Almedina, 2008, p. 3).

4. Vigorava, naquele período histórico, a chamada teoria da vontade, pela qual "o conteúdo do contrato era determinado exclusivamente pela perquirição da vontade interna do agente". Essa teoria, posteriormente, veio a ser superada por outros procedimentos hermenêuticos, tais como a teoria da declaração e aquela da confiança, v. TEPEDINO, Gustavo; KONDER, Carlos Nelson; BANDEIRA, Paula Greco. *Fundamentos do direito civil*: contratos. 2. ed. Rio de Janeiro: Forense, 2021, v. 3, p. 22.

5. JHERING, Rudolf von. *Culpa in contrahendo ou indemnização em contratos nulos ou não chegados à perfeição*. Coimbra: Almedina, 2008, p. 2.

6. JHERING, Rudolf von. *Culpa in contrahendo ou indemnização em contratos nulos ou não chegados à perfeição*. Coimbra: Almedina, 2008, p. 12-13.

7. Como anota Renata Steiner, Jhering utilizou as mencionadas expressões como uma "razão de síntese", a indicar que elas sintetizam um conteúdo que lhes é anterior e deve ser descortinado, v. STEINER, Renata C. *Reparação de danos*: interesse positivo e interesse negativo. São Paulo: Quartier Latin, 2018, p. 34.

pode o comprador exigir sua execução, ou, o que é o mesmo, o seu interesse no cumprimento".[8]

Na hipótese por ele tratada, como o contrato seria inválido à luz do Direito Romano, ao lesado caberia ser ressarcido, não se tomando em comparação com o que obteria com o cumprimento do contrato, mas pelos custos inúteis e lucros que restaram obstados em razão da confiança depositada na conclusão válida daquele negócio. O ressarcimento nessa situação se daria, portanto, pelo interesse negativo.

A verdadeira inovação de Rudolf von Jhering consiste na fundamentação dessa responsabilidade, já que inexistia naquele ordenamento jurídico um enquadramento da responsabilidade civil na fase de formação do contrato. Nessa esteira, buscando desvinculá-la das restrições do sistema de proteção aquiliana do Direito Romano (que impediria a obtenção do resultado de reparação por ele buscado), Jhering reconduziu a *culpa in contrahendo* aos quadrantes da responsabilidade contratual, aplicando-lhe os mesmos princípios, daí decorrendo, inclusive, o entendimento de parcela doutrinária brasileira, até hoje, de que a responsabilidade pela ruptura das negociações teria natureza contratual, como se mencionou no item 1.3.[9]

Assim, a propositura de criação do "par conceitual" (interesse contratual positivo e interesse contratual negativo) teve por objetivo demonstrar que a reparação do dano contratual não poderia mais ter um direcionamento único, na medida em que, a depender de se causada pelo descumprimento do contrato, ou, por sua invalidade (ou não conclusão), os interesses reparados deveriam ser distintos.[10]

Os conceitos, então, possuem como função definir o dano patrimonial indenizável, qualificando e quantificando a situação hipotética sem o dano.[11]

---

8. JHERING, Rudolf von. *Culpa in contrahendo ou indemnização em contratos nulos ou não chegados à perfeição*. Coimbra: Almedina, 2008, p. 13.

9. Nas palavras de Jhering, "quem contrata, sai deste modo do círculo de deveres puramente negativo do tráfico extracontratual e entra no positivo da esfera contratual, sai do campo da mera *culpa in faciendo* para o da *culpa in non faciendo*, da *diligentia* positiva, e a primeira e mais geral obrigação que assim assume é a seguinte: aplicar a *diligentia* logo no próprio contratar. Não são apenas as relações contratuais *formadas*, mas antes logo as que estão *em formação* que têm de estar sob a protecção das regras sobre a *culpa*, se não se quiser que o tráfico contratual seja neste aspecto obstaculizado de forma significativa, que cada contraente seja exposto ao perigo de se tornar vítima da negligência alheia" (JHERING, Rudolf von. *Culpa in contrahendo ou indemnização em contratos nulos ou não chegados à perfeição*. Coimbra: Almedina, 2008, p. 32).

10. STEINER, Renata C. *Reparação de danos*: interesse positivo e interesse negativo. São Paulo: Quartier Latin, 2018, p. 94-95.

11. STEINER, Renata C. *Reparação de danos*: interesse positivo e interesse negativo. São Paulo: Quartier Latin, 2018, p. 199.

Como anota Deborah Pereira Pinto dos Santos, "[o] interesse funciona como o *ponto de conexão*, permitindo que se criem balizas para a adequada ponderação de valores relevantes à definição da reparação patrimonial do credor".[12]

A palavra "interesse", tal como utilizada por Jhering a partir dos estudos de Friedrich Mommsen, designa uma fórmula comparatista entre situações. De fato, no contexto do século XIX, o termo "interesse" (no âmbito da reparação de danos), extraído da expressão *in ter est* (ou, "aquilo que está entre"), era utilizado no âmbito da teoria da diferença, formulada por Mommsen, como sinônimo de dano indenizável. Para o mencionado jurista, o conceito de dano indenizável deveria ser obtido a partir da comparação entre uma situação real (na qual a vítima se encontraria após o evento lesivo) e uma situação hipotética (para a qual ele deve ser reconduzido, como resultado da reparação dos danos sofridos). Foi a partir dessa noção que Jhering identificou os conceitos de interesse contratual negativo e interesse contratual positivo.[13]

Tal como Mommsen, Jhering, para a elaboração do par conceitual, pressupôs a comparação entre duas situações jurídicas, que poderiam ser positivas ou negativas com relação ao contrato – daí as designações interesse *contratual* positivo e interesse *contratual* negativo.

Conforme leciona Paulo Mota Pinto, o conceito de interesse consiste na relação entre o lesado e a situação em que estaria se não fosse o evento lesivo, caracterizado fundamentalmente (i) pela circunstância positiva do cumprimento, (ii) pelo fato negativo da não conclusão do contrato ou (iii) pela circunstância negativa da falta de suscitação e depósito de confiança.[14]

Em outras palavras, o interesse corresponde à relação entre a vítima e uma situação patrimonial que haveria de se verificar na ausência de evento lesivo, sendo que tal situação hipotética variará conforme se busque conduzir a vítima ao estado em que estaria se o contrato houvesse sido regularmente cumprido (interesse positivo) ou à situação em que estaria caso jamais tivesse depositado confiança e se comprometido com a celebração do contrato (interesse negativo).[15]

---

12. SANTOS, Deborah Pereira Pinto dos. *Indenização e resolução contratual*. São Paulo: Almedina, 2022, p. 191.
13. PINTO, Paulo Mota. *Interesse contratual negativo e interesse contratual positivo*. Coimbra: Coimbra Editora, 2008, v. I, p. 838.
14. PINTO, Paulo Mota. *Interesse contratual negativo e interesse contratual positivo*. Coimbra: Coimbra Editora, 2008, v. I, p. 842.
15. SILVA, Rodrigo da Guia. Interesse contratual positivo e interesse contratual negativo: influxos da distinção no âmbito da resolução do contrato por inadimplemento. *Revista IBERC*, Minas Gerais, v. 3, n. 1, p. 1-37, jan./abr. 2020, p. 17. A esse respeito, leciona Hans Albercht Fischer: "Quem pede a indemnização do interêsse contratual positivo não desiste do negócio jurídico válido, pois reclama, pelo contrário, a sua execução, ainda que em vez do cumprimento effectivo, que se tornou impossível

Dessarte, nas palavras de Renata Steiner, se pode definir o interesse contratual positivo como a "situação hipotética patrimonial na qual o lesado estaria se o contrato houvesse sido integral e adequadamente cumprido". A indenização nesses termos, portanto, pressupõe a recolocação do lesado em um estado *ad quem* com relação ao contrato. O interesse contratual negativo, por seu turno, pode ser concebido como a "situação hipotética de recondução do lesado, representada pela situação patrimonial em que ele estaria se nem sequer houvesse cogitado do contrato, ou seja, se não houvesse iniciado contatos negociais". A reparação, sob esse prisma, corresponderá à reconstrução de uma situação hipotética *a quo* em relação ao contrato.[16]

A teoria de Jhering foi muito discutida na doutrina subsequente, tendo-lhe sido dirigidas significativas críticas, baseadas, sobretudo, nos argumentos de que a solução por ele proposta não teria embasamento nas fontes romanas e teria partido de um resultado. Apesar disso (e talvez paradoxalmente, como registra Paulo Mota Pinto), a proposição do jurista recebeu "progressiva e inexorável aceitação como princípio geral" e acabou por ter "influência duradoura e quase universal" mesmo entre seus críticos.[17]

Com efeito, no âmbito da *common law*, por exemplo, Lon Fuller e William Perdue Jr., quase um século depois, renovaram as discussões relativas aos interesses indenizáveis, mas no contexto da inexecução do contrato – e não mais com foco na sua validade ou invalidade.[18] De acordo com os juristas, diante de uma situação de inadimplemento contratual, três objetivos principais indenizatórios

---

ou perdeu todo o interêsse para êle, exija outro objecto, subsidiário da prestação principal: o pedido tem a sua base no contrato ou negócio jurídico válido e perfeito. Por interêsse contratual negativo entende-se, ao invés, aquêle que se deixa invocar, para efeitos de indemnização, a quem confiou na validade dum negócio que no fim de contas vem a ser nulo, quer em consequência de vício original quer por causas posteriores" (FISCHER, Hans Albrecht. *A reparação dos danos no direito civil*. São Paulo: Saraiva, 1938, p. 104-105). Ainda: "Para mais, a distinção entre interesse negativo e interesse positivo depende da *caracterização do termo hipotético de comparação* relevante para o apuramento do dano e, concretamente, de esse termo hipotético ser obtido *fundamentalmente* pela *adição* de um elemento (interesse positivo) ou pela *abstração* de algo que aconteceu (interesse negativo)" (NANNI, Giovanni Ettore. *Inadimplemento absoluto e resolução contratual*: requisitos e efeitos. São Paulo: Thomson Reuters Brasil, 2021, p. 665).

16. STEINER, Renata C. *Reparação de danos*: interesse positivo e interesse negativo. São Paulo: Quartier Latin, 2018, p. 199 e p. 234. No mesmo sentido: MARTINS-COSTA, Judith. O árbitro e o cálculo do montante da indenização. In: CARMONA, Carlos Alberto; LEMES, Selma Ferreira; MARTINS, Pedro Batista. *20 anos da lei de arbitragem*: homenagem a Petrônio R. Muniz. São Paulo: Atlas, 2017, p. 622.

17. PINTO, Paulo Mota. *Interesse contratual negativo e interesse contratual positivo*. Coimbra: Coimbra Editora, 2008, v. I, p. 179-180.

18. FULLER, L.L; PERDUE JR., William R. The reliance interest in contract damages. *Yale Law Journal*, v. 46, 1936, p. 52-96. Como registra a doutrina, o mencionado texto é um dos mais influentes artigos do direito contratual do *commom law*, podendo-se a ele se reservar espaço tão relevante como aquele ocupado pelo de Jhering no Direito alemão, cf. STEINER, Renata C. *Reparação de danos*: interesse positivo e interesse negativo. São Paulo: Quartier Latin, 2018, p. 125.

poderiam ser perseguidos pela vítima, referidos como *restitution interest, reliance interest* e *expectation interest.*[19]

Pelo *restitution interest* ou "interesse na restituição", caso a parte que tenha confiado na promessa feita pela outra tenha lhe transferido algum valor, terá direito, no caso de descumprimento, de exigir a devolução do valor. Já pelo *reliance interest* ou "interesse na confiança", se a parte, confiando na promessa realizada pela outra, despende recursos ou renuncia a outras oportunidades, terá direito a exigir, em caso de inadimplemento, indenização que a coloque na situação em que estaria se a promessa não tivesse sido feita, ou seja, colocar-se-ia o lesado na mesma situação em que estaria antes do contrato. Por fim, pelo *expectation interest* ou "interesse na expectativa", buscar-se-á colocar o lesado na mesma situação em que estaria se o contrato tivesse sido cumprido, sem insistir na confiança no que fora prometido, recebendo o equivalente em dinheiro que seria esperado com a execução das obrigações estabelecidas no contrato.[20]

Como se percebe, há certa identidade entre o *reliance interest* e o interesse contratual negativo de Jhering e entre o *expectation interest* e o interesse contratual positivo. Entretanto, a aproximação conceitual é apenas parcial, como anota Renata Steiner, para quem as premissas adotadas por Fuller e Perdue são distintas daquelas tomadas por Jhering: "para os primeiros, o fundamento do interesse na confiança não estaria fora do contrato, mas, antes, seria a consequência natural do descumprimento deste".[21]

Apesar de as proposições terem sido relevantemente influenciadas pela doutrina norte-americana de responsabilidade civil contratual, "deve reconhecer-se, porém, que as propostas de Fuller e Perdue não tiveram na prática sucesso e são hoje em geral rejeitadas", conforme registra Paulo Mota Pinto.[22] Todavia, a teoria reconhece – ainda que por razões diversas, em função de ter sido concebida no âmbito da *common law* – a "ruptura de uma vinculação necessária entre interesse positivo e descumprimento e interesse negativo e tutela da confiança".[23]

---

19. FULLER, L.L; PERDUE JR., William R. The reliance interest in contract damages. *Yale Law Journal*, v. 46, p. 52-96, 1936.
20. FULLER, L.L; PERDUE JR., William R. The reliance interest in contract damages. *Yale Law Journal*, v. 46, p. 52-54, 1936.
21. STEINER, Renata C. *Reparação de danos*: interesse positivo e interesse negativo. São Paulo: Quartier Latin, 2018, p. 126.
22. PINTO, Paulo Mota. *Interesse contratual negativo e interesse contratual positivo*. Coimbra: Coimbra Editora, 2008, v. I, p. 305-306.
23. STEINER, Renata C. *Reparação de danos*: interesse positivo e interesse negativo. São Paulo: Quartier Latin, 2018, p. 129. Em sentido similar, registra Deborah Pereira Pinto dos Santos que o proposto por Fuller e Perdue demonstra que "o par conceitual – interesse positivo e interesse negativo – poderá ser aplicado a amplitude de situações maior do que aquela que fora inicialmente imaginada pelo festejado autor alemão, de forma a incluir a identificação e a quantificação dos danos patrimoniais ao longo de

Com efeito, os estudos de Jhering a esse respeito impulsionaram, também nos sistemas romano-germânicos, desenvolvimentos notáveis na disciplina do Direito das Obrigações, em especial no alcance da responsabilidade na fase formativa do contrato e do dever de indenizar, que acabara sendo acompanhada por igualmente notável desenvolvimento das noções de interesse contratual positivo e interesse contratual negativo.[24]

Nessa esteira, aduz-se que os conceitos de interesse contratual positivo e interesse contratual negativo passaram por algumas etapas de desenvolvimento em diversos ordenamentos jurídicos (como é o caso do brasileiro), as quais se confundem com as próprias transformações havidas com a evolução do Direito das Obrigações, buscando conferir soluções às hipóteses lesivas nele abrangidas.[25]

A primeira fase reside, justamente, na concepção originária de Rudolf von Jhering, em que se buscava a distinção entre os conceitos a partir da dicotomia entre contratos válidos e contratos inválidos (ou não chegados à perfeição). Enquanto a violação daqueles apenas outorgaria direito à indenização pelo interesse contratual positivo, a desses somente permitiria a indenização pelo interesse contratual negativo.

Com o desenvolvimento dos estudos acerca da responsabilidade pré-contratual, a partir da identificação de sua caracterização pela violação à boa-fé objetiva na fase das negociações preliminares e, assim, com o alargamento das suas hipóteses de incidência – conforme exposto no item 1.3 –, passou-se por uma segunda fase de desenvolvimento do *par conceitual*.

Nessa nova fase, o conceito de interesse negativo passa a vincular-se à responsabilidade pré-contratual, abrangendo, não só as hipóteses de contratos inválidos ou não chegados à perfeição, como a todas aquelas em que, durante a fase das tratativas, identifica-se a violação à confiança tida por uma das partes.[26] Essa circunstância, inclusive, fez com que diversos autores passassem a se referir ao interesse negativo como "interesse na confiança".[27] O interesse contratual

---

todo o *iter negocial*" (SANTOS, Deborah Pereira Pinto dos. *Indenização e resolução contratual*. São Paulo: Almedina, 2022, p. 26).

24. STEINER, Renata C. *Reparação de danos*: interesse positivo e interesse negativo. São Paulo: Quartier Latin, 2018, p. 87.

25. STEINER, Renata C. *Reparação de danos*: interesse positivo e interesse negativo. São Paulo: Quartier Latin, 2018, p. 87.

26. PEREIRA, Fábio Queiroz. *O ressarcimento do dano pré-contratual*: interesse negativo e interesse positivo. São Paulo: Almedina, 2017, p. 191. Conforme registra Giovanni Ettore Nanni, foi a partir de Windscheid que o interesse contratual negativo é explicitamente associado à ideia de proteção da confiança e ao interesse ou dano da confiança, cf. NANNI, Giovanni Ettore. *Inadimplemento absoluto e resolução contratual*: requisitos e efeitos. São Paulo: Thomson Reuters Brasil, 2021, p. 665.

27. "A identificação do interesse negativo ao interesse na confiança é bastante comum em diversos ordenamentos, refletindo-se também com frequência na doutrina brasileira que se dedica ao estudo dos

positivo, designado alternativamente, nessa fase, de "interesse no cumprimento", permaneceria vinculado à existência de uma relação jurídica obrigacional e ao descumprimento da prestação.[28]

Contemporaneamente, alude-se que o par conceitual passa por uma terceira fase de seu desenvolvimento. Nas duas fases que precederam, havia nítido predomínio da vinculação dos conceitos a hipóteses lesivas específicas, estabelecendo-se verdadeiros dogmas. A partir de uma identificação, *a priori*, da origem do dano, vislumbrava-se a necessidade de indenização pelo interesse negativo, nos casos de contratos inválidos ou de responsabilidade pré-contratual, e a de reparação pelo interesse positivo, quando da existência de contratos válidos.

Atualmente, porém, em função da complexidade de situações lesivas que se verificam, seja na formação do contrato, seja em sua execução, e dos interesses que merecem ser tutelados, entende-se que a adoção de definições aprioristicas para distinção do interesse contratual positivo e do interesse contratual negativo não se coaduna com a pluralidade inerente ao Direito das Obrigações.[29]

Nesse sentido, aduz-se que "sendo seus conteúdos plurais, seria no mínimo contestável a possibilidade de definição unitária do sentido da indenização devida". Entende-se, desse modo, que embora não seja incorreta a identificação do interesse contratual negativo pela violação da confiança pré-contratual e a do positivo ao descumprimento contratual, essa vinculação deve ser enxergada de forma relativa, sob pena de violar as regras de reparação de danos de determinados ordenamentos jurídicos.[30]

---

conceitos. Como se viu, essa ligação assume significado específico a partir do reconhecimento da existência de uma relação obrigacional anterior à formação do contrato, preenchida pelos princípios da boa-fé e da confiança" (STEINER, Renata C. *Reparação de danos*: interesse positivo e interesse negativo. São Paulo: Quartier Latin, 2018, p. 119-120). Ainda nesse sentido: PINTO, Paulo Mota. *Interesse contratual negativo e interesse contratual positivo*. Coimbra: Coimbra Editora, 2008, v. I, p. 192.

28. STEINER, Renata C. *Reparação de danos*: interesse positivo e interesse negativo. São Paulo: Quartier Latin, 2018, p. 117.

29. STEINER, Renata C. *Reparação de danos*: interesse positivo e interesse negativo. São Paulo: Quartier Latin, 2018, p. 118. Ainda a esse respeito: "Essas novas proposições, que ampliaram as ponderações de indenização baseadas na fórmula dos interesses, apesar de concretizarem um avanço teórico, acabaram por inserir o interesse negativo em uma nova redoma, reduzindo o seu âmbito de aplicação aos problemas da fase de formação do contrato. Tradicionalmente, ainda hoje, acredita-se que em matéria de responsabilidade pré-contratual o ressarcimento deva estar contido nos limites do interesse negativo. No entanto, a referida interligação começa a ser quebrada, pois se verificou, por um lado, que alguns autores começaram a ponderar a possibilidade de resolver problemas pré-contratuais também tendo por base o interesse positivo e, por outro, observou-se o surgimento de construções jurídicas defendendo a ponderação do interesse negativo também em situações marcadas pelo inadimplemento contratual" (PEREIRA, Fábio Queiroz. *O ressarcimento do dano pré-contratual*: interesse negativo e interesse positivo. São Paulo: Almedina, 2017, p. 193).

30. STEINER, Renata C. *Reparação de danos*: interesse positivo e interesse negativo. São Paulo: Quartier Latin, 2018, p. 118. Não se adentrará, por ultrapassar o escopo do presente estudo, nas divergên-

Alude-se, dessa maneira, à verdadeira autonomização dos conceitos de interesse contratual positivo e interesse contratual negativo, em função da grande ampliação na utilização do *par conceitual*. Nessa esteira, as noções passam a ser tomadas "como baliza para variadas contingências contratuais ou pré-contratuais que demandam a ponderação de valores indenizatórios", o que se revela "consonante com a atual compreensão dos interesses como situações jurídicas que se devem tomar como parâmetro para a fixação de um adequado *quantum* apto a restabelecê-las".[31]

O ordenamento jurídico brasileiro não traz, de forma explícita, seja uma conceituação do interesse contratual positivo e do interesse contratual negativo,

---

cias doutrinárias quanto à identificação do interesse reparável nas hipóteses de descumprimento contratual, sobretudo na resolução do contrato por inadimplemento, apenas cabendo pontuar que existe verdadeiro dissenso na doutrina brasileira a esse respeito. Quanto ao ponto, remete-se, dentre muitos outros, a STEINER, Renata C. *Reparação de danos*: interesse positivo e interesse negativo. São Paulo: Quartier Latin, 2018; SILVA, Rodrigo da Guia. Interesse contratual positivo e interesse contratual negativo: influxos da distinção no âmbito da resolução do contrato por inadimplemento. *Revista IBERC*, Minas Gerais, v. 3, n. 1, p. 1-37, jan./abr. 2020; TERRA, Aline de Miranda Valverde; GUEDES, Gisela Sampaio da Cruz. Resolução por inadimplemento: o retorno ao status quo ante e a coerente indenização pelo interesse negativo. *Civilistica.com*. Rio de Janeiro, a. 9, n. 1, p. 16, 2020. Disponível em: https://civilistica.emnuvens.com.br/redc/article/view/507/381; KONDER, Carlos Nelson; SCHILLER, Cristiano O. S. B. Cláusula penal e indenização à luz da dicotomia entre interesse positivo e negativo: o exemplo do contrato de permuta no local In: GAMA, Guilherme Calmon; NEVES, Thiago (Coord.). *20 anos do Código Civil*: relações privadas no início do século XXI. Indaiatuba, SP: Foco, 2022, p. 141-156; NANNI, Giovanni Ettore. *Inadimplemento absoluto e resolução contratual*: requisitos e efeitos. São Paulo: Thomson Reuters Brasil, 2021; GUERRA, Alexandre Dartanhan de Mello. Interesse contratual positivo e negativo: reflexões sobre o inadimplemento do contrato e indenização do interesse contratual positivo. *Revista IBERC*, Minas Gerais, v. 2, n. 2, p. 1-23, mar./jun. 2019; AGUIAR JÚNIOR, Ruy Rosado. *Extinção dos contratos por incumprimento do devedor*. Rio de Janeiro: AIDE, 2003; MARTINS-COSTA, Judith. Responsabilidade civil contratual. Lucros cessantes. Interesse positivo e interesse negativo. Distinção entre lucros cessantes e lucros hipotéticos. Dever de mitigar o próprio dano. Dano moral e pessoa jurídica. In: LOTUFO, Renan; NANNI, Giovanni Ettore (Coord.). *Temas relevantes do direito civil contemporâneo*: reflexões sobre os 10 anos do Código Civil. São Paulo: Atlas, 2012; ASSIS, Araken de. Dano positivo e dano negativo na resolução do contrato. *Revista da Associação dos Juízes do Rio Grande do Sul (Ajuris)*. n. 60, mar. 1994; SZTAJNBOK, Felipe. A indenização pelo interesse positivo como forma de tutela do interesse do credor nas hipóteses de inadimplemento culposo da obrigação. *Civilística.com*, Rio de Janeiro, a. 3, n. 2, jul./dez 2014. Disponível em: http://civilistica.com/a-indenização-pelo-interessepositivo-comoforma-de-tutela--do-interesse-do-credor-nas-hipoteses-de-inadimplemento-culposo-da-obrigação/; GUIMARÃES, Paulo Jorge Scartezzini. Responsabilidade civil e interesse contratual positivo e negativo (em caso de descumprimento contratual). In: GUERRA, Alexandre Dartanhan de Mello; BENACCHIO, Marcelo (Coord.). *Responsabilidade civil*. São Paulo: Escola Paulista da Magistratura, 2015, p. 129-158; SANTOS, Deborah Pereira Pinto dos. *Indenização e resolução contratual*. São Paulo: Almedina, 2022. No capítulo 3 abaixo, se tratará sobre a indenização devida nos casos de ruptura injustificada das tratativas, buscando-se demonstrar a verdadeira impossibilidade de se conceber soluções *a priori* nessa temática, em função da complexidade característica dessa fase do *iter negocial* e da necessidade de se tutelar a vítima, reparando-a de forma a melhor satisfazer seus interesses concretos.

31. PEREIRA, Fábio Queiroz. *O ressarcimento do dano pré-contratual*: interesse negativo e interesse positivo. São Paulo: Almedina, 2017, p. 200.

seja, sequer, uma menção à "interesse" com o sentido de dano ou de parâmetro para a delimitação da indenização. Igualmente, não traz, expressamente, um direcionamento da reparação para as hipóteses de responsabilidade pré-contratual.[32] Essas circunstâncias, porém, não impediram seu estudo e acolhimento pela doutrina nacional.

Embora o Código Civil não contenha regra textual que aponte para um pensamento comparativo para a definição do alcance da indenização, é possível obtê-lo, como elucidou Renata Steiner, a partir da função reparatória da responsabilidade civil. Com efeito, no Direito Civil brasileiro, se atribui à responsabilidade civil a função precípua de reparar integralmente o dano sofrido pela vítima, recompondo os interesses lesados, como forma de apagar as consequências danosas, na forma estabelecida pelos artigos 402 e 944 do Código Civil. Assim, na medida em que a recomposição dos interesses violados é o objetivo buscado pela reparação do dano material, o lesado deverá ser conduzido à situação em que estaria não fosse a ocorrência do evento lesivo.[33]

Embora, como dito, a generalidade das legislações não traga o par conceitual de forma expressa, a doutrina brasileira que já se dedicou aos conceitos não encontra resistência à sua aplicabilidade, vez que tal expressão é usada na jurisprudência e na doutrina e "pode resultar do desenvolvimento e aplicação das próprias regras gerais sobre a indemnização previstas na lei civil". E, de fato, na jurisprudência do Superior Tribunal de Justiça não raro encontram-se menções aos interesses contratuais positivo e negativo.[34]

---

32. "Pautando-se no ordenamento italiano, é possível identificar que não existem dispositivo no Código Civil que tratem especificamente do regime jurídico a ser aplicado às hipóteses de rompimento das tratativas. Também o Código Civil brasileiro de 2002 não possui em seu corpo uma norma específica que aponte as consequências jurídicas para o mesmo problema. Nesse contexto, as soluções apresentadas por doutrina e jurisprudência têm a sua origem em percursos argumentativos que, por sua vez, estão baseados em matizes principiológicos e cláusulas gerais encontrados no correlato ordenamento jurídico. logo, normalmente, os problemas são solucionados tendo por base a confiança que se apresenta como uma manifestação da boa-fé e de seus correlatos deveres acessórios, que obrigam um adequado comportamento das partes envolvidas no processo de formação do contrato" (PEREIRA, Fabio Queiroz. *O ressarcimento do dano pré-contratual*: interesse negativo e interesse positivo. São Paulo: Almedina, 2017, p. 257).
33. STEINER, Renata C. *Reparação de danos*: interesse positivo e interesse negativo. São Paulo: Quartier Latin, 2018, p. 147-180.
34. Como registra Paulo Mota Pinto, "é certo que, como já notámos, a lei civil não emprega tais expressões, adoptadas por Jhering por mera 'razão de síntese'. Não se trata, pois, de noções *legais*". E arremata o autor, "e não conhecemos, aliás, nenhuma legislação que o faça" (PINTO, Paulo Mota. *Interesse contratual negativo e interesse contratual positivo*. Coimbra: Coimbra Editora, 2008, v. II, p. 863). Em termos similares: "As expressões 'interesse negativo' e 'interesse positivo' não são mencionadas em nenhum dos 2.046 artigos do Código Civil brasileiro – como na generalidade das outras legislações civis. Não se trata, portanto, de noções legais. Mas o fato de o legislador não ter feito menção a tais expressões não esvazia a sua importância, tão pouco as torna irrelevantes – talvez explique, mas não justifica, o porquê do tema não ter sido, até hoje, enfrentado de forma profunda pela doutrina nacio-

2 • INTERESSE CONTRATUAL NEGATIVO E INTERESSE CONTRATUAL POSITIVO

Em vista da inexistência de norma específica definindo e distinguindo os conceitos de interesse contratual positivo e de interesse contratual negativo, coube à doutrina e jurisprudência desenvolverem o conteúdo por detrás deles, isto é, daquilo que os compõe à luz das regras gerais de responsabilidade civil previstas nos respectivos ordenamentos jurídicos.

2.2 COMPOSIÇÃO DOS DANOS MATERIAIS NOS INTERESSES NEGATIVO E POSITIVO

Conforme se mencionou no item 2.1 acima, interesse contratual positivo e interesse contratual negativo consistem em fórmulas sintéticas que buscam definir em que situação a vítima deve ser colocada após a ocorrência de determinado dano: se naquela em que estaria se o contrato fosse integralmente cumprido, ou se naquela que se encontraria caso sequer tivesse ingressado em tratativas para a celebração daquele negócio jurídico. Deve-se, então, estudar quais rubricas devem ser ressarcidas para que se permita colocar a vítima em cada uma dessas situações, isto é, "qual a medida e qual a composição do montante da indenização devida".[35]

Como registra a doutrina, o Código Civil não detalhou a normativa incidente sobre o ressarcimento de danos, mas a estabeleceu mediante cláusulas gerais, deixando ao intérprete a prerrogativa de moldar o assunto em cada caso concreto, de acordo com as diretrizes legais vagamente estabelecidas.[36]

Tradicionalmente, a fixação dos limites do dano patrimonial ressarcível se dá pela aplicação da teoria da diferença elaborada por Friederich Mommsen, segundo a qual o dano consistiria no resultado da diferença entre a situação da vítima antes do evento danoso e aquela verificada após a sua ocorrência.[37] Conforme leciona Deborah Pereira Pinto dos Santos, "[p]ela teoria da diferença, o patrimônio, como unidade de valor, corresponde, no regime de reparação de danos, à ideia de interesse", de modo que o *"quantum* do dano é determinado

---

nal" (SZTAJNBOK, Felipe. A indenização pelo interesse positivo como forma de tutela do interesse do credor nas hipóteses de inadimplemento culposo da obrigação: análises a partir do AgRg no REsp 1.202.506/RJ e do AgRg no AgRg no AI 1.137.044/RJ. *Civilistica.com*, a. 3, n. 2, 2014, p. 4).

35. SANTOS, Deborah Pereira Pinto dos. *Indenização e resolução contratual*. São Paulo: Almedina, 2022, p. 223.

36. SANTOS, Deborah Pereira Pinto dos. *Indenização e resolução contratual*. São Paulo: Almedina, 2022, p. 225.

37. Segundo Judith Martins-Costa, "[p]ela Teoria da Diferença, o dano é o que resulta da diferença entre a situação do bem antes do evento danoso e aquela que se verifica após a sua ocorrência. O dano é, assim, a supressão ou a diminuição de uma situação favorável. Se não há essa diferença, não há o que recompor, como explica a doutrina e acolhe expressamente a jurisprudência brasileira" (MARTINS--COSTA, Judith. *Comentários ao novo Código Civil*. In: TEIXEIRA, Sálvio de Figueiredo (Coord.). Rio de Janeiro: Forense, 2003, v. V, t. II, p. 105).

pelo cálculo da diferença resultante entre a situação real do patrimônio do lesado após o evento danoso e o estado imaginário que ele apresentaria nesse mesmo momento se tal evento não tivesse ocorrido".[38]

Apesar de sua relevância, a teoria da diferença "não deixou de estar sob fogo crítico praticamente desde o dia seguinte àquele em que foi apresentada por Mommsen como definição do dano patrimonial".[39] Aduz-se, nesse diapasão, que a fórmula da diferença mostra-se incompleta perante a diversidade de interesses que são tutelados pelo ordenamento jurídico, já que supõe uma noção naturalista de dano, que serve apenas para verificar sua existência.[40] A teoria da diferença, assim, não serviria seja para a identificação da extensão do dano – sobretudo no que toca aos lucros cessantes e à perda de uma chance –, seja para explicar os danos extrapatrimoniais.[41]

As críticas à teoria da diferença, contudo, não afastam sua importância prática para a mensuração das perdas e danos, desde que sua incidência esteja limitada aos danos patrimoniais, excepcionando-se casos específicos, conforme registra a doutrina. Com efeito, como anota a doutrina, "[n]ão obstante a origem da teoria esteja associada ao dano naturalístico, a utilidade do método comparativo persiste para a definição da *medida da diferença patrimonial*", de modo que "o *quantum* da indenização deverá recompor a situação que existiria, após o evento danoso, para a parte prejudicada não fosse o dano patrimonial causado por ele".[42]

Nessa esteira, aduz-se que, no cálculo para quantificação do dano patrimonial, utiliza-se o chamado método da diferença, já não mais tido como explicação do que seja o dano, como tradicionalmente postulado pela teoria da diferença, mas enxergado como critério para a apuração das consequências do dano no

---

38. SANTOS, Deborah Pereira Pinto dos. *Indenização e resolução contratual*. São Paulo: Almedina, 2022, p. 229.

39. PINTO, Paulo Mota. *Interesse contratual negativo e interesse contratual positivo*. Coimbra: Coimbra Editora, 2008, v. I, p. 555.

40. MARTINS-COSTA, Judith. *Comentários ao novo Código Civil*. In: TEIXEIRA, Sálvio de Figueiredo (Coord.). Rio de Janeiro: Forense, 2003, v. V, t. II, p. 106. Por essas razões, inclusive, embora a teoria da diferença não seja equivocada, foi acrescida recentemente pela noção normativa do dano, pela qual o dano é a lesão a interesse jurídico, conhecida como teoria do interesse. Segundo tal teoria dano é a lesão a qualquer interesse jurídico digno de tutela, passando a ser, então, dimensionado segundo o legítimo interesse daquele que sofreu a repercussão no bem jurídico lesado – interesse este estabelecido nos limites da imputação, cf. TEPEDINO, Gustavo; TERRA, Aline de Miranda Valverde; GUEDES, Gisela Sampaio da Cruz. *Fundamentos do direito civil*: responsabilidade civil. 2. ed. Rio de Janeiro: Forense, 2021, v. 4, p. 65.

41. SCHREIBER, Anderson. *Novos paradigmas da responsabilidade civil*: da erosão dos filtros da reparação à diluição dos danos. 2. ed. São Paulo: Atlas, 2009, p. 100-101.

42. SANTOS, Deborah Pereira Pinto dos. *Indenização e resolução contratual*. São Paulo: Almedina, 2022, p. 230-232.

plano indenizatório,[43] segundo o qual "quantifica-se o prejuízo fazendo um cálculo que leva em conta o estado atual do patrimônio a sua situação se o dano não tivesse ocorrido".[44]

Dessa forma, na fixação das perdas e danos indenizáveis deve-se levar em conta a integralidade do prejuízo sofrido pela vítima. Com efeito, prevalece, no ordenamento jurídico brasileiro, o princípio da reparação integral do dano, pelo qual a indenização consiste, nas palavras de Carlos Edison do Rêgo Monteiro Filho, "em expediente pelo qual a vítima procura reaver o patrimônio que efetivamente perdeu ou deixou de lucrar, na exata medida da extensão do dano sofrido". Se por um lado, o valor da indenização que não cobre a integralidade do dano viola o direito de propriedade, por outro, a quantia que ultrapassa a totalidade do dano configura enriquecimento sem causa.[45]

Nesse sentido, conforme leciona Paulo de Tarso Sanseverino, o princípio da reparação integral possui função compensatória, de modo que a indenização deve apresentar relação de equivalência com os danos sofridos pela vítima, bem como função indenitária, de maneira a que a extensão dos danos sofridos consista em limite máximo à reparação. E a repercussão do dano no patrimônio da vítima não só identifica a própria existência do dano, como também representa sua medida.[46]

Destarte, as noções de interesse contratual positivo e interesse contratual negativo não podem alterar ou limitar o alcance da indenização. Sua utilização, desse modo, não pode violar o princípio da reparação integral do dano. Ao revés, os conceitos devem buscar otimizar sua aplicação, permitindo resultados menos discrepantes para situações que demandariam soluções semelhantes.[47]

Nessa direção, tanto a indenização pelo interesse contratual positivo, quanto a indenização pelo interesse contratual negativo, englobam as duas facetas do

---

43. MARTINS-COSTA, Judith. O árbitro e o cálculo do montante da indenização. In: CARMONA, Carlos Alberto; LEMES, Selma Ferreira; MARTINS, Pedro Batista. *20 anos da lei de arbitragem*: homenagem a Petrônio R. Muniz. São Paulo: Atlas, 2017, p. 618.

44. SILVA, Clóvis do Couto e. O conceito de dano no direito brasileiro e comparado. In: FRADERA, Vera (Org.) *O direito privado brasileiro na visão de Clóvis do Couto e Silva*. Porto Alegre: Livraria do Advogado, 1997, p. 219.

45. MONTEIRO FILHO, Carlos Edison do. Limites ao princípio da reparação integral no direito brasileiro. *Civilistica.com*, Rio de Janeiro, a. 7, n. 1, 2018, p. 3. Disponível em: http://civilistica.com/wpcontent/uploads/2018/05/Monteiro-Filho-civilistica.com-a.7.n.1.2018.pdf. Acesso em 14 mai. 2022.

46. SANSEVERINO, Paulo de Tarso. *Princípio da reparação integral*. São Paulo: Saraiva, 2011, p. 58-59.

47. Nessa esteira, como já lecionava Hans Albercht Fischer, "o interêsse contratual, positivo ou negativo, deverá ser determinado e avaliado em cada caso concreto segundo as normas que anteriormente apontámos. Valem aqui os princípios gerais do regime jurídico dos danos. Os prejuízos indenizáveis a título de interêsse negativo podem-se traduzir, como os demais, numa diminuição patrimonial positiva – as quantias dispendidas, por exemplo –, ou na frustração dum lucro provável, como o que, v. gr., poderia ter resultado da celebração doutro contrato" (FISCHER, Hans Albrecht. *A reparação dos danos no direito civil*. São Paulo: Saraiva, 1938, p. 106).

dano patrimonial previstas pelo ordenamento jurídico brasileiro, consistentes nos danos emergentes e nos lucros cessantes.[48]

De acordo com Gisela Sampaio, a distinção entre os danos emergentes e os lucros cessantes se dá por critério funcional, pois, apesar de ambas estarem ligadas funcionalmente à reparação do dano, a função do dano emergente é diferente da dos lucros cessantes: "enquanto o dano emergente existe para que, na reparação, se leve em conta toda a diminuição do patrimônio da vítima, o lucro cessante atua para que se considere também o seu não aumento, porque, no fundamento, pelo menos para efeito de reparação do dano, a diminuição equivale e é tão grave quanto o não aumento".[49]

De fato, os danos emergentes consistem na diminuição efetiva do patrimônio da vítima, ou seja, naquilo que efetivamente se perdeu em virtude da lesão injusta a um direito ou interesse tutelado pelo ordenamento.[50] Correspondem não apenas à diminuição do ativo, como, também, ao aumento do passivo.[51]

Além do que efetivamente a vítima perdeu, os danos materiais abrangem também o aumento patrimonial que ela deixou de haver (os lucros cessantes), caso contrário "não se reporia o ofendido na situação em que se acharia se não houvesse produzido o fato danoso". Contudo, na determinação quantitativa dos lucros cessantes, "tem-se de abstrair de tudo que seria apenas possível" e se considerar todo o lucro frustrado "que seria de esperar-se, tomando-se por base o curso normal das coisas e as circunstâncias especiais, determináveis no caso concreto".[52]

A reparação dos lucros cessantes suscita uma série de dúvidas que não se encontram tão presentes na indenização dos danos emergentes.[53] As dificuldades

---

48. A doutrina é unânime quanto a isso, v., dentre muitos outros, no Brasil, NANNI, Giovanni Ettore. *Inadimplemento absoluto e resolução contratual*: requisitos e efeitos. São Paulo: Thomson Reuters Brasil, 2021, p. 668 e GUEDES, Gisela Sampaio da Cruz. *Lucros cessantes*: do bom-senso ao postulado normativo da razoabilidade. São Paulo: Ed. RT, 2011, p. 141-142; e, em Portugal, VARELA, João de Matos Antunes. *Das obrigações em geral*. 5. ed. Coimbra: Almedina, 1992, v. 2, p. 109 e COSTA, Mário Júlio de Almeida. *Direito das obrigações*. 10. ed. Coimbra: Almedina, 2006, p. 939. Há, contudo, quem entenda que interesse negativo equivale a dano emergente e que interesse positivo equivale a lucro cessante, como RIZZARDO, Arnaldo. *Direito das Obrigações*. 7. ed. Rio de Janeiro: Forense, 2011, p. 501.
49. GUEDES, Gisela Sampaio da Cruz. *Lucros cessantes*: do bom-senso ao postulado normativo da razoabilidade. São Paulo: Ed. RT, 2011, p. 68.
50. JORGE, Fernando Pessoa. *Ensaio sobre os pressupostos da responsabilidade civil*. Coimbra: Almedina, 1999, p. 377.
51. ALVIM, Agostinho. *Da inexecução das obrigações e suas consequências*. 4. ed. São Paulo: Saraiva, 1972, p 191.
52. PONTES DE MIRANDA, Francisco Cavalcanti. *Tratado de Direito Privado*. 3. ed. Rio de Janeiro: Borsoi, 1971, t. XXVI, p. 46-47.
53. "Mais importante que distinguir entre dano positivo e lucro frustrado é assinalar os limites objetivos até onde pode ir o lucro frustrado e, consequentemente, o dano e a obrigação de o indemnizar. Não é

decorrem do fato de que normalmente não é possível demonstrar, com exatidão, quanto o lesado deixou de ganhar (ou deixou de não perder) por conta do evento danoso, vez que o lucro que seria obtido sequer chegou a se concretizar. Diante disso, a doutrina entende que o que deve se indenizar não é aquilo que certamente lucraria o credor, mas o que *razoavelmente* obteria, como, inclusive, consta do artigo 402 do Código Civil.[54]

Diante disso, quando se trata de lucros cessantes, trabalha-se com o conceito de presunção: pressupõe-se que o desenrolar dos eventos seguiria seu curso regular, sem que as circunstâncias se alterassem de forma substancial. O intérprete deve, assim, reconstruir a cadeia de eventos com base em juízo de probabilidade, a fim de verificar o que provavelmente a vítima teria ganho se não houvesse o evento lesivo. Cabe à vítima comprovar as circunstâncias do caso concreto, para demonstrar qual teria sido o desencadear mais provável dos acontecimentos, não fosse a existência do evento danoso.[55]

Aduz-se, deste modo, que, se, quanto aos danos emergentes, deve a vítima demonstrar objetivamente em quanto seu patrimônio se reduziu (ou seja, o quanto diminuiu seu ativo ou o quanto aumentou seu passivo), revelando ao julgador exatamente a extensão dessa faceta do dano, os lucros cessantes são objeto, apenas, de presunções e probabilidades, na medida em que não se afigura viável exigir do lesado que comprove (ou mesmo preveja) o que exatamente teria acontecido, não fosse a conduta lesiva.[56]

Dessa forma, presume-se que as circunstâncias não se alterariam de forma substancial (seja para melhorar a situação da vítima, seja para piorá-la), mas seguiriam seu curso normal, tendo em vista os antecedentes ou, na ausência desses,

---

empresa fácil. Enquanto, na verdade, o conceito de dano positivo tem uma base firme, pois se refere sempre a factos passados, o de lucro cessante é dominado pela forte soma de incerteza que resulta de se operar aqui com entidades imaginárias" (FISCHER, Hans Albrecht. *A reparação dos danos no direito civil.* São Paulo: Saraiva, 1938, p. 48-49). "O problema da ressarcibilidade dos lucros cessantes é dos mais complexos na fixação da indenização das perdas e danos" (LENZ, Carlos Eduardo Thompson Flores. Considerações sobre a indenização dos lucros cessantes. *Revista da Procuradoria Geral da República*, n. 4, 1993, p. 90).

54. "A determinação dos lucros cessantes para o efeito de sua completa reparação, como a diminuição potencial do patrimônio da vítima em decorrência do ato ilícito, mostra-se bem mais complexa, exigindo cautela do julgador na sua aferição, com a formulação de um juízo de razoabilidade, conforme delineado no próprio enunciado normativo do art. 402 do CC em sua parte final" (SANSEVERINO, Paulo de Tarso Vieira. *Princípio* da *reparação integral*: indenização no Código Civil. São Paulo: Saraiva, 2010, p. 185-186).

55. TEPEDINO, Gustavo; TERRA, Aline de Miranda Valverde; GUEDES, Gisela Sampaio da Cruz. *Fundamentos do direito civil*: responsabilidade civil. 2. ed. Rio de Janeiro: Forense, 2021, v. 4, p. 32.

56. LENZ, Carlos Eduardo Thompson Flores. Considerações sobre a indenização dos lucros cessantes. *Revista da Procuradoria Geral da República*, n. 4, 1993, p. 91.

a partir de outros elementos.[57] Não obstante, é possível que a vítima comprove a existência de razões que fariam com que a normalidade não fosse aplicável ao seu caso, pleiteando indenização superior.[58] Nada impede, tampouco, que o autor do dano comprove que a mesma normalidade não seria esperada no caso concreto, requerendo a redução do *quantum* indenizatório.

Não se deve confundir a distinção que se faz entre as facetas do dano patrimonial com a distinção da composição do interesse contratual positivo e a do interesse contratual negativo: "não só de lucro cessante é composto o interesse positivo, assim como o interesse negativo não se resume a danos emergentes".[59]

Como se mencionou, ambos podem compreender danos emergentes e lucros cessantes. A "sutileza", conforme bem notado por Gisela Sampaio da Cruz Guedes, "está em que os lucros cessantes compreendidos na composição do interesse positivo não são os mesmos que compõem o interesse negativo".[60]

Nesse sentido, no interesse negativo, a rubrica mais característica é o dano emergente, que consiste, na maior parte das vezes, nas despesas desaproveitadas, ou seja, nos gastos realizados pela vítima e que, diante do evento lesivo, se tornaram inúteis.[61] De fato, é comum que pretensos contratantes realizem despesas na

---

57. ALVIM, Agostinho. *Da inexecução das obrigações e suas consequências*. 4. ed. São Paulo: Saraiva, 1972, p. 189. E o autor menciona o seguinte exemplo: "Assim, retomando o exemplo do médio: deverá ele provar que seus lucros normais eram tais ou tais, bastando isso para fundamentar seu pedido. Supor que, se não fora o acidente o médico poderia ter deixado de ganhar por motivos fáceis de imaginar, é cair no hipotético, como também seria hipotético, por parte do médico, supor que, se não fora o desastre, poderia ter sido procurado por clientes ricos, portadores de moléstias difíceis, cujo tratamento lhe poderia granjear lucros excepcionais. Estes lucros dependeriam de prova rigorosa, a cargo do credor; da mesma prova, por parte do devedor, dependeria a inexistência dos lucros que normalmente vinham sendo obtidos" (ALVIM, Agostinho. *Da inexecução das obrigações e suas consequências*. 4. ed. São Paulo: Saraiva, 1972, p. 189). No mesmo sentido: BRAGA NETTO, Felipe Braga; FARIAS, Cristiano Chaves de; ROSENVALD, Nelson. *Novo tratado de responsabilidade civil*. 2. ed. São Paulo: Saraiva, 2018, p. 265-266.
58. FISCHER, Hans Albrecht. *A reparação dos danos no direito civil*. São Paulo: Saraiva, 1938, p. 57.
59. TERRA, Aline de Miranda Valverde; GUEDES, Gisela Sampaio da Cruz. Resolução por inadimplemento: o retorno ao status quo ante e a coerente indenização pelo interesse negativo. *Civilistica.com*. Rio de Janeiro, a. 9, n. 1, 2020, p. 16. Disponível em: https://civilistica.emnuvens.com.br/redc/article/view/507/381. De igual modo, na doutrina portuguesa, confira-se TELLES, Inocêncio Galvão. *Direito das Obrigações*. 7. ed. Lisboa: Coimbra Editora, 1997, p. 78.
60. GUEDES, Gisela Sampaio da Cruz. *Lucros cessantes*: do bom-senso ao postulado normativo da razoabilidade. São Paulo: Ed. RT, 2011, p. 142. A esse respeito, confira-se também: SILVA, Jorge Cesa Ferreira da. Inadimplemento das obrigações. In: REALE, Miguel; MARTINS-COSTA, Judith (Coord.). *Coleção biblioteca de Direito Civil*: estudos em homenagem ao Professor Miguel Reale. São Paulo: Ed. RT, 2007, v. 6, p. 175.
61. "O problema da responsabilidade pré-contratual é justamente esse, qual seja, o dos gastos que se fazem antes do contrato e quando há a ruptura" (AZEVEDO, Antonio Junqueira de. Insuficiências, deficiências e desatualização do projeto no código civil (atualmente, código aprovado) na questão da boa-fé objetiva nos contratos. *Estudos e Pareceres de Direito Privado*. São Paulo: Saraiva, 2004, p. 325).

fase de tratativas, a qual, muitas vezes, consiste em processo extenso e custoso, conforme mencionado no item 1.2 acima.[62]

Constituem exemplos desses gastos, despesas de viagem e estadia, expensas preparatórias para o recebimento ou para a realização a prestação, custos de envio de documentos ou produtos, contratação de pesquisas e de consultoria.[63] Na hipótese vivenciada por Jhering, os desembolsos de remessa, de retorno e de embalo dos charutos, seriam as despesas que se tornaram inúteis e que não teriam existido se não houvesse a confiança naquele contrato.[64]

O principal traço dessas despesas, conforme registra Renata Steiner, encontra-se na circunstância de que, quando foram realizadas, elas não se caracterizavam como perdas patrimoniais, apesar de resultarem na diminuição do patrimônio de quem as despendeu. É tão somente em razão de evento futuro, que viola a confiança na conclusão do contrato para a qual as despesas foram realizadas, que elas serão identificadas como prejuízos. Isto significa que "a qualificação como despesas desaproveitadas e como danos indenizáveis surge supervenientemente ao seu dispêndio".[65]

Essa circunstância permite distingui-las de outras despesas que podem ter sido arcadas pela vítima e que são indenizáveis no interesse positivo, como os

---

62. Tais despesas, contudo, não se limitam aos dispêndios realizados pelo lesado no curso das negociações, podendo também abranger aquele tidos no curso contratual, já que não é possível se vincular o interesse negativo à fase das tratativas, conforme observado por STEINER, Renata C. *Reparação de danos*: interesse positivo e interesse negativo. São Paulo: Quartier Latin, 2018, p. 240.
63. STEINER, Renata C. *Reparação de danos*: interesse positivo e interesse negativo. São Paulo: Quartier Latin, 2018, p. 238. "O interesse negativo não se confunde com os lucros cessantes. A indenização pelo interesse negativo abrange tanto os danos emergentes quanto os lucros cessantes. O lesado deverá recuperar as diminuições de valores por ele suportadas com a celebração do contrato, bem como os benefícios que por isso deixou de obter. Os danos emergentes correspondem, então, a todas as despesas em que o credor incorreu para celebrar o negócio: em contrato de campanha publicitária, seriam, por exemplo, os gastos com gravações, contratação de atores, projetos, honorários de artistas etc.; em contrato de transporte de coisa, os gastos com seguro, armazenamento e acondicionamento da mercadoria" (TEPEDINO, Gustavo; TERRA, Aline de Miranda Valverde; GUEDES, Gisela Sampaio da Cruz. *Fundamentos do direito civil*: responsabilidade civil. 2. ed. Rio de Janeiro: Forense, 2021, v. 4, p. 38).
64. STEINER, Renata C. *Reparação de danos*: interesse positivo e interesse negativo. São Paulo: Quartier Latin, 2018, p. 248-255. Também: "São, por exemplo, despesas para preparar a negociação, a conclusão e a execução do contrato, como, por exemplo, com o local de negociação ou a celebração do contrato, a assessoria para a negociação e para a celebração, os emolumentos notariais, registos, a produção de outros documentos relacionados com a celebração do contrato, a obtenção de financiamentos, garantias bancárias ou outras garantias para a celebração ou execução do contrato, com o transporte, embalagem da coisa, a concepção, projecto e produção da coisa objecto do contrato, o seu envio etc." (PINTO, Paulo Mota. *Interesse contratual negativo e interesse contratual positivo*. Coimbra: Coimbra Editora, 2008, v. II, p. 1.074-1.075).
65. STEINER, Renata C. *Reparação de danos*: interesse positivo e interesse negativo. São Paulo: Quartier Latin, 2018, p. 238.

gastos com pagamento de honorários a advogados e custas processuais, que são tidas apenas após a consumação do evento lesivo.[66]

Além disso, para que as despesas sejam indenizáveis, mostra-se necessário que as despesas sejam efetivamente inutilizadas.[67] Por essa razão, é relevante distinguir entre as despesas que se exaurem com o ato lesivo e aquelas que, apesar de terem sido realizadas por conta do evento que gerou confiança na vítima, incrementam seu patrimônio.

Como exemplifica Renata Steiner, se um pretenso contratante, confiando na realização de um negócio, assume gastos de conservação ou melhoria de seu imóvel, e as negociações não chegam a bom termo – e estando preenchidos os demais pressupostos da responsabilidade pela ruptura das tratativas –, tais despesas não podem ser consideradas inúteis, vez que "[p]or mais que não tivesse realizado as despesas se não houvesse confiado na contratação, é discutível a sua qualificação como um gasto tornado inútil ou desaproveitado (ao menos em sua integralidade), na medida em que a vantagem se agrega ao patrimônio do lesado".[68]

A hipótese seria diferente, porém, se os valores tivessem sido investidos em imóvel alheio, como o do pretenso contratante, ou, se investidos no patrimônio da vítima, fosse possível comprovar a inexistência de um valor agregado ou da baixa possibilidade de retorno do investimento, por outro negócio. Nesses casos, mostrar-se-ia possível a indenização, na medida em que restaria demonstrada a inutilidade das despesas.

Contudo, de acordo com a doutrina, nem todas as despesas inúteis efetuadas nas negociações preliminares devem ser reparadas. Nessa esteira, revela-se

---

66. MENEZES CORDEIRO, António. *Tratado de direito civil.* 4. ed. Coimbra: Almedina, 2014, t. II, p. 244.

67. Conforme lições de Deborah Pereira Pinto dos Santos, referindo-se às despesas indenizáveis englobadas pelo interesse negativo aplicável à indenização pela resolução contratual, mas que são pertinentes também para a reparação dos danos pela ruptura das tratativas: "Portanto, além da confiança, será fundamental, para a verificação da causalidade, que as despesas intrínsecas tenham sido efetivamente desaproveitadas, inutilizadas ou frustradas em razão do inadimplemento contratual, o que configura ônus de comprovação ao credor. Isso, porque, a princípio, a despesa foi livre e voluntária pela parte, na legítima expectativa da formação e execução do contrato, ou seja, o dispêndio na configurava dano no momento em que foi assumido ou custeado. A despeito do inadimplemento, a despesa não será indenizável se o credor puder lhe dar destino diverso, uma vez que a nova destinação retira a qualidade de frustrada, constituindo dispêndio voluntariamente aplicado em atividade econômica. A despesa feita no *iter negocial* é parte do risco econômico do contrato, de forma que, se o dano não chegou a se concretizar, 'tudo se passa como se a parte obtivesse o reembolso da despesa e tomasse a decisão de gastar a quantia correspondente para outro fim'. É necessária a efetiva diminuição patrimonial diante da inutilização da despesa, uma vez que 'o caráter inútil ou desaproveitado é uma marca indelével da possibilidade de reparação'" (SANTOS, Deborah Pereira Pinto dos. *Indenização e resolução contratual.* São Paulo: Almedina, 2022, p. 287-288).

68. STEINER, Renata C. *Reparação de danos:* interesse positivo e interesse negativo. São Paulo: Quartier Latin, 2018, p. 241.

fundamental o exame da função do nexo causal na delimitação do dano indenizável. Com efeito, no campo da responsabilidade civil, o nexo de causalidade exerce dupla função, servindo não apenas como pressuposto da responsabilidade civil (a permitir determinar a quem se deve atribuir o resultado danoso), como também assume papel indispensável na verificação da extensão do dano a ser reparado, como medida da indenização, não só para as considerações acerca de quais despesas devem ser reparadas no interesse negativo, como para todas as rubricas indenizatórias que compõem as perdas e danos em ambos os interesses contratuais.[69]

Nesse sentido, nos termos do artigo 403 do Código Civil, "as perdas e danos só incluem os prejuízos efetivos e os lucros cessantes por efeito dela direto e imediato", de modo que a indenização deve ter sua extensão estabelecida pela relação de causalidade do dano, o qual necessita ser consequência direta e imediata da inexecução de obrigação, restando afastado da indenização o dano meramente hipotético ou incerto.[70]

Dessa forma, no que toca à indenização, ela, por um lado, deverá abranger toda a extensão do dano que configure efeito abstrato e concreto da conduta da parte inadimplente, e, por outro, deverá desconsiderar os prejuízos que não representem consequência direta e imediata do dever violado.[71]

Diante disso, no tocante ao dano emergente decorrente do interesse negativo, apenas aqueles gastos incorridos após a criação de legítimas expectativas na conclusão do contrato – e que, portanto, encontrem-se vinculados à confiança da parte –, é que são indenizáveis. Por seu turno, gastos que façam parte do risco inerente à atividade de contratar, a princípio, não devem ser reparados, já que "a indenização pelo interesse negativo não serve para

---

69. CRUZ, Gisela Sampaio da. *O problema do nexo causal na responsabilidade civil.* Rio de Janeiro: Renovar, 2005, p. 22. Conforme registrado pela autora, apesar de, por muito tempo, ter predominado o entendimento de que era a culpabilidade que determinava a medida de responsabilidade, tratava-se de ponto de vista despedido de conteúdo científico, não possuindo a culpa essa função. Diante disso, conclui que "[p]ara a determinação da extensão do dano indenizável, o que importa não é a gravidade ou o peso da culpa, mas o nexo de causalidade" (CRUZ, Gisela Sampaio da. *O problema do nexo causal na responsabilidade civil.* Rio de Janeiro: Renovar, 2005, p. 22).
70. MARTINS-COSTA, Judith. *Comentários ao novo Código Civil.* In: TEIXEIRA, Sálvio de Figueiredo (Coord.). Rio de Janeiro: Forense, 2003, v. V, t. II, p. 337.
71. SANTOS, Deborah Pereira Pinto dos. *Indenização e resolução contratual.* São Paulo: Almedina, 2022, p. 237-238. Conforme registra Judith Martins-Costa, "[a] extensão do dano, critério reitor da indenização, será balizada pela extensão da causa, em sua ligação 'direta e imediata', como está no art. 403 do Código Civil, com o ato ou omissão imputável ao autor do dano" (MARTINS-COSTA, Judith. O árbitro e o cálculo do montante da indenização. In: CARMONA, Carlos Alberto; LEMES, Selma Ferreira; MARTINS, Pedro Batista. *20 anos da lei de arbitragem:* homenagem a Petrônio R. Muniz. São Paulo: Atlas, 2017, p. 622).

eliminar os riscos unilateralmente assumidos pelos candidatos a contratante no processo negocial".[72]

Isso, porque é a confiança o critério relevante para definir em que medida se qualificam como efetivos prejuízos, já que o interesse negativo se liga fundamentalmente à proteção das legítimas expectativas da vítima. Apesar de as despesas terem sido realizadas antes do evento danoso, elas são feitas em função da confiança depositada pela vítima no êxito das negociações e, na sua frustração, passam a ser qualificadas como inúteis.[73]

Ainda, conforme salienta a doutrina, é necessário que se faça uma análise de razoabilidade e proporcionalidade das despesas inúteis, de modo que apenas devem ser indenizadas aquelas que sejam úteis e adequadas à finalidade pretendida, não o sendo aquelas consideradas voluptuárias. A constatação da razoabilidade, ou não, só pode ser feita à luz das peculiaridades de cada caso concreto, na medida em que é a hipótese específica que determinará a sua qualidade como útil ou voluptuária.[74]

Embora seja menos comum, o interesse contratual negativo também abrange a reparação dos lucros cessantes,[75] mas estes não devem ser calculados com base

---

72. ZANETTI, Cristiano de Sousa. *Responsabilidade pela ruptura das negociações*. São Paulo: Juarez de Oliveira, 2005, p. 158.

73. "É evidente que o problema de causalidade, acima mencionado, também aqui se faz presente, pois não se pode negar que tais gastos tornados inúteis foram realizados voluntariamente pelo lesado antes de poderem ser qualificados como dano. Não parece, contudo, que exista qualquer incompatibilidade no reconhecimento de sua indenização, especialmente porque a eles se adere a ligação à confiança legítima, a qual circunscreve os danos potencialmente indenizáveis. Em outras palavras, os gastos são feitos em confiança e, sendo esta posteriormente frustrada, passam também posteriormente a ser qualificados como gastos desaproveitados. Como, ao tempo do seu dispêndio, vinculavam-se já à expectativa legítima e, na medida em que é a frustração dessa que conforme o suporte fático do evento lesivo, há uma relação nítida de causalidade possível. O elemento confiança é essencial" (STEINER, Renata C. *Reparação de danos*: interesse positivo e interesse negativo. São Paulo: Quartier Latin, 2018, p. 241-242). No mesmo sentido: SANTOS, Deborah Pereira Pinto dos. *Indenização e resolução contratual*. São Paulo: Almedina, 2022, p. 282-285.

74. STEINER, Renata C. *Reparação de danos*: interesse positivo e interesse negativo. São Paulo: Quartier Latin, 2018, p. 236-237. Em sentido similar, leciona Paulo Mota Pinto: "Entre os danos emergentes avultam as *despesas* realizadas pelo próprio lesado – isto é, danos que resultam de uma actuação voluntária do lesado, aplicando recursos (financeiros ou de outro tipo, incluindo a sua força de trabalho) por ter confiado na celebração de um negócio válido ou eficaz, ou no seu cumprimento. A ideia de que os danos emergentes integrantes do interesse contratual negativo podem resultar de despesas resulta, aliás, do próprio Código Civil, quando no artigo 899.º, parte final, em relação ao prejuízo pela celebração do contrato, afirma que se exclui do seu âmbito (recorrendo à classificação das benfeitorias, prevista no art. 216.º) as despesas voluptuárias, pressupondo-se a inclusão em tal dano de outro tipo de despesas, necessárias ou simplesmente úteis" (PINTO, Paulo Mota. *Interesse contratual negativo e interesse contratual positivo*. Coimbra: Coimbra Editora, 2008, v. II, p. 1.071). Na mesma linha: COSTA, Mário Júlio de Almeida. *Responsabilidade civil pela ruptura das negociações preparatórias*. Lisboa: Coimbra Editora, p. 80.

75. Conforme leciona Mário Júlio de Almeida Costa, "os lucros cessantes compreendem os benefícios que o lesado, com fundada probabilidade, teria obtido se não houvesse iniciado as negociações frustradas

no contrato cuja existência não se confirmou, ou seja, não correspondem ao que o "lesado razoavelmente deixou de ganhar com aquele negócio em particular, que fora descumprido".[76]

Dessa forma, a vítima não terá direito a receber as vantagens esperadas daquele negócio específico que confiou que seria efetivado, isto é, o equivalente da prestação ou a vantagem subsequente que pretendia com aquele contrato, na medida em que o parâmetro de cálculo dos prejuízos no interesse negativo não é o negócio jurídico, mas sim a situação anterior à sua existência.[77] É possível, todavia, que, em termos quantitativos, os montantes que seriam devidos a título de lucros cessantes, se calculado pelo interesse negativo ou pelo interesse positivo, sejam idênticos, como é o caso, por exemplo, se as negociações ocorrerem em mercado competitivo e o preço que se estava estabelecendo for de mercado. Contudo, como registra a doutrina, esse não é o cenário mais usual.[78]

---

e, sem culpa sua, confiado na boa fé da contraparte, *máxime* quanto à válida conclusão do negócio" (COSTA, Mário Júlio de Almeida. *Responsabilidade civil pela ruptura das negociações preparatórias*. Lisboa: Coimbra Editora, p. 81). Bastante elucidativo é o exemplo fornecido por Antonio Chaves: "O motorista de praia, retido por engano, o hoteleiro a quem fizeram erroneamente reservar quartos, poderiam não ter sofrido qualquer perda positiva. Mas se ambos, em consequência desse fato, rejeitaram outra ocasião, que se lhes oferecia, de ver utilizado seu veículo ou seus quartos, a situação, para eles, equivale a uma perda em dinheiro sonante. Sem uma semelhante conjuntura, o erro não teria consequências prejudiciais" (CHAVES, Antônio. *Responsabilidade pré-contratual*. 2. ed. São Paulo: Lejus, 1997, p. 208-209).

76. GUEDES, Gisela Sampaio da Cruz. *Lucros cessantes*: do bom-senso ao postulado normativo da razoabilidade. São Paulo: Ed. RT, 2011, p. 146. Também a esse respeito: "Isto que a parte deixou de ganhar, porém, não tem nenhuma identificação com o contrato a ser firmado. Assim, o valor do contrato e as vantagens que auferira não importam, pelo menos diretamente, para a aferição dos lucros cessantes" (POPP, Carlyle. *Responsabilidade civil pré-negocial*: o rompimento das tratativas. Curitiba: Juruá, 2001, p. 279). Ainda: PINTO, Paulo Mota. *Interesse contratual negativo e interesse contratual positivo*. Coimbra: Coimbra Editora, 2008, v. II, p. 1.092-1.095.

77. STEINER, Renata C. *Reparação de danos*: interesse positivo e interesse negativo. São Paulo: Quartier Latin, 2018, p. 251.

78. "Como antes mencionado, se o contrato tiver sido celebrado em mercado competitivo, o lucro esperado no contrato inadimplido (pelo interesse no cumprimento) e aquele referente à oportunidade alternativa (pelo interesse na confiança) poderão, em termos quantitativos, ser *idênticos*: se o contrato não cumprido não tivesse sido concluído, a vítima teria feito outro alternativo de idêntico teor. A mensuração do ganho conforme o preço do contrato poderá constituir representação bastante fiel ao preço de mercado, podendo ser adotada como presunção de perda de oportunidade. (...) Dessa forma, nas situações em que o preço do contrato seja fixado consoante o preço do mercado, reconhece-se a possibilidade correspondência factual entre o interesse da confiança e o interesse no cumprimento apenas quanto aos lucros cessantes, ressalva a existência de outros ganhos diversos. Não se trata, contudo, da situação mais recorrente, pois o esperado é que o valor dos lucros cessantes correspondentes ao interesse negativo seja inferior ao positivo, contanto que o 'preço do negócio alternativo fosse (melhor do que o preço do mercado atual mas) menos favorável do que o preço do negócio frustrado (isto é, mais elevador para o comprovador e mais baixo para o vendedor)" (SANTOS, Deborah Pereira Pinto dos. *Indenização e resolução contratual*. São Paulo: Almedina, 2022, p. 305-306).

Nessa esteira, os lucros cessantes no interesse contratual negativo abrangem, sobretudo, as oportunidades alternativas que a vítima teria aproveitado caso não tivesse confiado na formação válida do negócio jurídico, ou o que se ganharia com o retorno financeiro do capital.[79] Jhering, a propósito, em sua obra, já vislumbrava indenização por lucros em se tratando de interesse negativo, fazendo expressa referência à indenização por receitas que não foram auferidas por hotel que deixou de receber hóspedes pelo agendamento equivocado da data da hospedagem.[80]

De modo semelhante ao que ocorre com a indenização das despesas tornadas inúteis, somente são reparáveis os danos referentes às oportunidades que foram perdidas por ter a vítima confiado na celebração daquele contrato que não se formou validamente. Dessa forma, "o negócio alternativo que o lesado deixou de concluir deve ser, assim, contemporâneo ao surgimento da confiança legítima; nem anterior à sua formação, nem posterior à sua frustração", não estando em jogo "um mero uso alternativo de recursos realizável a qualquer tempo, portanto, máxime após a frustração da confiança". Entretanto, "não se mostra exigível que a oportunidade perdida tenha conteúdo semelhante àquele do contrato que se frustrou".[81]

---

79. Para Régis Fichtner, pode se aduzir que, no interesse contratual negativo, "o caso mais frequente é os lucros cessantes correspondentes à perda de outros negócios com terceiros, oferecidos ao contraente durante o desenrolar das negociações contratuais, sendo a prova das perdas decorrentes de tais fatos sempre mais difícil. Além desse caso, pode-se mencionar o de perda de lucros, em virtude do não-investimento de capitais, separados para utilização no contrato planejado" (PEREIRA, Regis Fichtner. *A responsabilidade civil pré-contratual*: teoria geral e responsabilidade pela ruptura das negociações contratuais. Rio de Janeiro: Renovar, 2001, p. 393-394). Ainda: ROCHA, Silvio Luis Ferreira da. Interesse contratual negativo. In: GUERRA, Alexandre et. al. (Coord.). *Da estrutura à função da responsabilidade civil*: uma homenagem do Instituto Brasileiro de Estudos de Responsabilidade Civil (IBERC) ao Professor Renan Lotufo. Indaiatuba, SP: Foco, 2021, p. 140. E, na doutrina portuguesa: "Particulares cuidados reclama a fixação do *quantum* indemnizável referido aos lucros cessantes. Estes envolvem a consideração das possíveis hipóteses negociais que o sujeito em face de quem se operou a ruptura ilegítima teria se aproveitado se não estivesse envolvido naquelas que foram interrompidas, assim como das vantagens que daí lhe adviriam" (COSTA, Mário Júlio de Almeida. *Responsabilidade civil pela ruptura das negociações preparatórias*. Lisboa: Coimbra Editora, 1984, p. 80) e, igual sentido: BENATTI, Francesco. *A responsabilidade pré-contratual* (com correspondência entre os preceitos do direito italiano e do português). Coimbra: Almedina, 1970, p. 166.
80. JHERING, Rudolf von. *Culpa in contrahendo ou indemnização em contratos nulos ou não chegados à perfeição*. Coimbra: Almedina, 2008, p. 15. "Como vimos, foi, aliás, o próprio Jhering a incluir no interesse contratual negativo o lucro cessante, notando que essa inclusão podia levar a, dependendo das circunstâncias concretas da relação e das ocasiões perdidas, equiparar quantitativamente o interesse contratual negativo ao interesse contratual positivo" (PINTO, Paulo Mota. *Interesse contratual negativo e interesse contratual positivo*. Coimbra: Coimbra Editora, 2008, v. II, p. 1.092).
81. STEINER, Renata C. *Reparação de danos*: interesse positivo e interesse negativo. São Paulo: Quartier Latin, 2018, p. 253.

É possível, desse modo, que se pretenda o ressarcimento tomando-se como base "um *negócio de tipo diverso*, ou mesmo um empregado alternativo de recursos totalmente *distinto* daquele que corria com o negócio frustrado". Por exemplo, como se a vítima, ao invés de uma compra e venda, tivesse celebrado uma locação, ou se tivesse utilizado a coisa que venderia, não para vender a terceiro, mas na sua atividade, para fabricar um produto final a ser colocado à venda no mercado.[82]

Nessa linha, a doutrina salienta que, para a aferição dos lucros cessantes, é necessário recorrer a elementos objetivos e subjetivos, como a projeção, habilidade e competência profissional da vítima, apresentando-se os lucros cessantes como "componente elástica a determinar, caso por caso, sobre a base de elementos, hipotéticos e variáveis que oferecem, precisamente, as chamadas ocasiões perdidas", devendo o magistrado "orientar-se pelo que, segundo o curso ordinário das coisas ou circunstâncias especiais, podia ser esperado com verossimilhança".[83]

A grande dificuldade encontra-se na comprovação das oportunidades perdidas pela vítima.[84] É que a doutrina entende que o lesado deve demonstrar a existência de negócios alternativos, o que, muitas vezes, é inviável, até porque em muitos casos, quando se confia na finalização de determinada contratação, não se continua buscando outras oportunidades, até para concentrar os gastos.[85]

---

82. PINTO, Paulo Mota. *Interesse contratual negativo e interesse contratual positivo*. Coimbra: Coimbra Editora, 2008, v. II, p. 1.093-1.094.
83. COSTA, Mário Júlio de Almeida. *Responsabilidade civil pela ruptura das negociações preparatórias*. Lisboa: Coimbra Editora, p. 80-81.
84. "A excepcionalidade da reparação dos lucros cessantes no interesse negativo, especificamente se referentes às oportunidades de negócios alternativos, é que não se trata de dano futuro, tendo em vista que a oportunidade era *alternativa ao contrato* e, de fato, ficou presa no passado, de sorte que o credor não poderá mais recuperá-la" (SANTOS, Deborah Pereira Pinto dos. *Indenização e resolução contratual*. São Paulo: Almedina, 2022, p. 301).
85. Essa dificuldade de comprovação das oportunidades perdidas é ressaltada tanto pela doutrina brasileira (v. STEINER, Renata C. *Reparação de danos*: interesse positivo e interesse negativo. São Paulo: Quartier Latin, 2018, p. 250), quanto pela portuguesa (v. PINTO, Paulo Mota. *Interesse contratual negativo e interesse contratual positivo*. Coimbra: Coimbra Editora, 2008, v. II, p. 1.101). No ordenamento jurídico alemão, Hans Albrecht Fischer também identificava o problema, constatando tratar-se de algo inerente à própria essência do regime de liquidação de danos: "Na polémica que entre os pandectistas Jhering provocou com a sua monografia sôbre a *culpa in contrahendo* acêrca da razão de ser do interêsse contratual negativo, foram emitidas muitas opiniões contrárias a êste conceito, por o considerarem alguns pouco menos que inactuável. 'Como pode o vendedor prova – objecta o civilista Bähr, criticando a possibilidade de se alegar que teria sido celebrado outro contrato de venda, possibilidade em que reside, como vimos, o critério para a fixação do interêsse contratual negativo do vendedor – como pode provar o que teria feito, se é possível que a intenção de vender não tenha passado dos limites da sua fantasia? Seja-me permitido a quem quer que possua um pouco de senso prático se são susceptíveis de comprovação coisas que *teriam podido acontecer*'. No entanto, a verdade é que a dificuldade com que deparar aqui o problema da liquidação dos danos é inerente, por sua própria essência, ao regime

Entretanto, em razão da dificuldade da prova de certeza dos lucros cessantes, pode ser suficiente a comprovação da probabilidade objetiva de sua ocorrência, conforme curso natural das coisas, de modo que, em determinadas situações, a vítima terá direito à indenização mesmo que não comprove o recebimento de proposta alternativa ao contrato que não se formou, ou que foi tentada negociação séria com terceiro para tanto, especialmente "se o objeto do contrato constituir mercadoria facilmente negociável no mercado, cujo preço no momento da contratação, possa ser aferida com razoável segurança, supondo-se ainda que a atividade desenvolvida pelo credor envolva a comercialização desse objeto, ou de coisa que o utilize como insumo". Em contrapartida, "fora das situações de preço do mercado", a vítima terá de provar que a celebração de negócio com terceiro era "fundamentalmente provável, ou até quase certa" para fazer jus ao recebimento da perda de oportunidade alternativa a título de lucros cessantes.[86]

Nesse sentido, discussão interessante coloca-se a respeito da possibilidade de indenização por perda de uma chance nessas circunstâncias, ou seja, se seria possível conceder uma indenização mesmo se a vítima não tivesse como comprovar a existência de oportunidades alternativas concretas em jogo ou de probabilidade objetiva de sua ocorrência, já que "se cabível a presunção, não haverá indenização da chance, e sim do lucro cessante".[87]

Como lecionam Gustavo Tepedino, Aline Terra e Gisela Sampaio, a responsabilidade por perda de uma chance consiste não em uma nova categoria de dano, mas em uma nova situação lesiva, que pode gerar dano patrimonial ou extrapatrimonial a depender do caso.[88] Nessas situações, a vantagem que se perdeu não era certa, mas uma mera possibilidade futura, que se inviabilizou em virtude do ato ilícito. A reparação, aqui, "repousa em uma probabilidade e uma certeza; que a chance seria realizada, e que a vantagem perdida resultaria em prejuízo".[89]

---

da idemnização, não diferindo a que neste lugar nos apresenta daquela que se levanta em todas as hipóteses de lucro cessante. À objeção da Bähr observou Eisele o seguinte: 'Em vez de preguntar se são susceptíveis de prova coisas que teriam podido acontecer, digamos: não é necessário demonstrar que se teria realmente verificado em dado caso concreto aquilo que a experiência geral ensina que costuma verificar-se; pois é antes a inversa que necessidade de demonstração.' Como se vê, trata-se da idea por nós já exposta no § 4, iv, 5, ao estudar o conceito de lucro frustrado" (FISCHER, Hans Albrecht. *A reparação dos danos no direito civil*. São Paulo: Saraiva, 1938, p. 106-107).

86. SANTOS, Deborah Pereira Pinto dos. *Indenização e resolução contratual*. São Paulo: Almedina, 2022, p. 304-305.

87. GUEDES, Gisela Sampaio da Cruz. *Lucros cessantes*: do bom-senso ao postulado normativo da razoabilidade. São Paulo: Ed. RT, 2011, p. 123.

88. TEPEDINO, Gustavo; TERRA, Aline de Miranda Valverde; GUEDES, Gisela Sampaio da Cruz. *Fundamentos do direito civil*: responsabilidade civil. 2. ed. Rio de Janeiro: Forense, 2021, v. 4, p. 139.

89. PEREIRA, Caio Mário da Silva. *Responsabilidade civil*. 12. ed. Rio de Janeiro: Forense, 2018, p. 59.

Se a vantagem esperada poderia ser alcançada ou não, a chance de obtê-la existia concretamente e se perdeu em razão do ilícito. Configura-se, pois, "tal qual qualquer outro interesse que compõe o patrimônio, uma entidade juridicamente avaliável, cuja perda produz um dano ressarcível".[90] Afinal, se o resultado positivo era incerto, a possibilidade de auferi-lo era certa. Assim, o dano pela perda de uma chance consiste "na diminuição imediata do patrimônio jurídico do lesado, já existente no momento da ação", configurando-se, então, como um dano emergente.[91]

Nessa direção, conforme leciona Gisela Sampaio da Cruz Guedes, no conceito de lucros cessantes encontra-se o "exame do que normalmente acontece, exame este que, por sua vez, exige a demonstração de que o lucro que se pleiteia é o que provavelmente adviria daquela atividade, com base numa probabilidade objetiva", ao passo que, no conceito de perda de uma chance, "a perda da chance em si é certa – e é justamente o que se deve indenizar –, mas o resultado final, este, sim, será sempre aleatório, de modo que não se enquadra no que normalmente acontece".[92]

Quanto à indenização, na responsabilidade pela perda de uma chance, a vítima deve ser indenizada pela chance em si e não pelas vantagens frustradas, porque estas, embora possíveis, não se pode razoavelmente admitir que seriam obtidas.[93] O valor da indenização, portanto, deve ser apurado a partir dos benefícios almejados, mas sempre lhes será inferior, na medida em que a oportunidade de uma vantagem valerá, necessariamente, menos do que a vantagem em si.[94]

Isso acontece porque a responsabilidade pela perda de uma chance apenas é utilizada porque a vítima encontra-se impossibilidade de prova o nexo causal entre a conduta do agente e a perda definitiva da vantagem esperada, restando a ela a reparação pela perda de uma chance, já que poderá provar o nexo causal

---

90. GUEDES, Gisela Sampaio da Cruz. *Lucros cessantes*: do bom-senso ao postulado normativo da razoabilidade. São Paulo: Ed. RT, 2011, p. 103.

91. AGUIAR JÚNIOR, Ruy Rosado de. Novos danos na responsabilidade civil. A perda de uma chance. In: SALOMÃO, Luis Felipe; TARTUCE, Flávio (Coord.). *Direito civil*: diálogos entre a doutrina e a jurisprudência. São Paulo: Atlas, 2018, p. 449; SAVI, Sérgio. *Responsabilidade civil por perda de uma chance*. São Paulo: Atlas, 2006, p. 11.

92. GUEDES, Gisela Sampaio da Cruz. *Lucros cessantes*: do bom-senso ao postulado normativo da razoabilidade. São Paulo: Ed. RT, 2011, p. 117.

93. A esse respeito, NORONHA, Fernando. *Direito das obrigações*. 4. ed. São Paulo: Saraiva, 2013, p. 720.

94. Nesse sentido, v. AGUIAR JÚNIOR, Ruy Rosado de. Novos danos na responsabilidade civil. A perda de uma chance. In: SALOMÃO, Luis Felipe; TARTUCE, Flávio (Coord.). *Direito civil*: diálogos entre a doutrina e a jurisprudência. São Paulo: Atlas, 2018, p. 452.

entre a conduta do agente e as chances perdidas.[95] Assim, a "'regra de granito' limita a quantificação das chances perdidas a um valor obrigatoriamente menor do que o valor da vantagem esperada pela vítima".[96]

De toda forma, assinala Leonardo Fajngold, "tal como um dano autônomo, incidirá a aplicação do princípio da reparação integral", de modo que "a vítima deverá ser integralmente reparada no limite da oportunidade perdida, até porque 'a indenização mede-se pela extensão do dano'".[97]

Diante dessas noções, discute-se a possibilidade de se conceber a indenização pela perda de uma chance em certas hipóteses envolvendo o interesse negativo. Para Renata Steiner, seria cabível o recurso à perda de uma chance quando se pudesse comprovar que, em razão da confiança, a parte deixou de procurar negócios alternativos. Ou seja, "desde que provável a existência e tais negócios, mas não certeira a chance de êxito em relação eles". De acordo com a jurista, isso seria possível no caso "de alguém que confia em uma vaga de emprego e, com isso, perde a oportunidade de se submeter a outros processos de contratação", como "um jogador de futebol que precisa aproveitar janelas de transferências, ou de um professor universitário em início de semestre ou ano letivo". Entretanto, a perda da chance não pode ser tida como "sucedâneo da reparação por lucros cessantes de contratações alternativas cuja plausibilidade não se comprovou".[98]

---

95. SILVA, Rafael Peteffi da. *Responsabilidade civil pela perda de uma chance*: uma análise do direito comparado e brasileiro. 3. ed. São Paulo: Atlas, 2013, p. 143.

96. SILVA, Rafael Peteffi da. *Responsabilidade civil pela perda de uma chance*: uma análise do direito comparado e brasileiro. 3. ed. São Paulo: Atlas, 2013, p. 226. Como exemplifica o autor: "Para uma exemplificação singela, toma-se um recurso intempestivo sobre o qual se conclui, fundado em percuciente pesquisa jurisprudencial, que retirou sessenta por cento (60%) da probabilidade de a vítima reverter uma decisão desfavorável recebida em instância inferior. Se a vantagem esperada pela vítima com a total procedência da demanda judicial era equivalente a R$ 100.000,00, o valor da chance perdida pela conduta do réu consubstancia-se na importância de R$ 60.000,00, equivalente a sessenta por cento (60%) da vantagem esperada" (SILVA, Rafael Peteffi da. *Responsabilidade civil pela perda de uma chance*: uma análise do direito comparado e brasileiro. 3. ed. São Paulo: Atlas, 2013, p. 226).

97. FAJNGOLD, Leonardo. Premissas para aplicação da responsabilidade por perda de uma chance. *Revista de Direito Privado*, São Paulo, v. 69, p. 69, set. 2016.

98. STEINER, Renata C. *Reparação de danos*: interesse positivo e interesse negativo. São Paulo: Quartier Latin, 2018, p. 256-259. Ruy Rosado de Aguiar Jr. entende que a perda de oportunidades ressarcida no interesse contratual negativo corresponde à perda de uma chance: "Penso que essa perda de oportunidade de celebrar o contrato ou de contratar com outrem corresponde à perda da chance, e, como tal, deve ser indenizada. Se fosse de deferir lucros cessantes, o valor a considerar deveria ser igual ao efetivo ganho que seria obtido com o negócio não realizado, solução que poderia colocar a vítima em posição melhor do que estaria, se concluído o negócio que se frustrou. Além disso, o fundamento da condenação deveria ultrapassar duas situações hipotéticas: em primeiro, se o contrato tivesse sido celebrado (com o cocontratante ou com outrem); em segundo, qual o lucro a ser obtido nesse contrato. Os doutrinadores uniformemente descrevem essa situação como uma perda de oportunidade, bem por isso se vê que é caso típico de indenização pela perda da chance" (AGUIAR JÚNIOR, Ruy Rosado

Por sua vez, Deborah Pereira Pinto dos Santos defende que, no interesse negativo, a perda da chance não pode ser confundida com a oportunidade alternativa voluntariamente abandonada, que compõe parcela do dano indenizável a título de lucros cessantes, de modo que para que haja a reparação por lucros cessantes não basta a prova da perda de chance. Dessa forma, segundo a autora, "o negócio alternativo foi abandonado por *escolha* do credor, e o papel da vontade na produção do evento que teria lhe sido benéfico exclui qualquer discussão acerca da existência de chance perdida em si", e, assim, "torna, no mínimo, questionável a compensação pela perda da chance".[99]

A composição da indenização no interesse contratual positivo "não suscita tantas dúvidas quanto a do interesse negativo".[100] Do mesmo modo que no interesse contratual negativo, no positivo, a reparação pode abranger tanto os danos emergentes quanto os lucros cessantes. Entretanto, as facetas do dano patrimonial serão calculadas de acordo com a comutatividade contratual, substituindo-se as prestações devidas nos termos do contrato inadimplido ou que não chegou a ser

---

de. Novos danos na responsabilidade civil. A perda de uma chance. In: SALOMÃO, Luis Felipe; TARTUCE, Flávio (Coord.). *Direito civil*: diálogos entre a doutrina e a jurisprudência. São Paulo: Atlas, 2018, p 456). Em sentido semelhante: MENEZES CORDEIRO, António. *Tratado de direito civil*. 4. ed. Coimbra: Almedina, 2014, t. II, p. 284.

99. SANTOS, Deborah Pereira Pinto dos. *Indenização e resolução contratual*. São Paulo: Almedina, 2022, p. 311. Nessa linha, Paulo Mota Pinto sustenta que não são "suficientes meras alegações *genéricas* ou puras *conjecturas*", já que o "carácter hipotético, designadamente, do aproveitamento das alternativas preteridas, correspondentes ao lucro cessante no interesse negativo" será "normalmente um obstáculo a que podem ser determinadas com uma certeza absoluta". Dessa forma, para o jurista português, "parece não bastar para fundar a existência de um dano a prova da *perda de chances* de obtenção de lucros com aplicações alternativas" (PINTO, Paulo Mota. *Interesse contratual negativo e interesse contratual positivo*. Coimbra: Coimbra Editora, 2008, v. II, p. 1.103). Em sentido similar, também: "O lucro cessante deve, para ser indenizado, fundar-se na perda concreta de um negócio e não, em simples conjecturas (...). Não se justifica, portanto, a indenização de uma 'probabilidade razoável' de realização de um negócio (...). Essa probabilidade razoável de a parte ter realizado um negócio com terceiro é indenizável no direito francês como a *perte d'una chance*, que também constitui dano reparável se o lesado comprovar que a probabilidade da contratação com terceiro era razoável. A provável perda de uma chance não se inclui, contudo, dentro dos lucros cessantes de acordo com o direito alemão, do qual fazem parte apenas os prejuízos decorrentes de uma perda negocial concreta, devidamente comprovada" (FRITZ, Karina Nunes. *Boa-fé objetiva na fase pré-contratual*: a responsabilidade pré-contratual por ruptura injustificada das negociações. Curitiba: Juruá, 2008, p. 312-313). Ainda: "Particulares cuidados reclama a fixação do *quantum* indemnizável referido aos lucros cessantes. (...) Torna-se necessário, porém, que se demonstre a existência de outras efectivas possibilidades negociais, não bastante a alegação de abstractas e genéricas ocasiões perdidas ou de danos sofridos puramente conjecturais, sem um mínimo concludente de apoio concreto" (COSTA, Mário Júlio de Almeida. *Responsabilidade civil pela ruptura das negociações preparatórias*. Lisboa: Coimbra Editora, p. 80).

100. TERRA, Aline de Miranda Valverde; GUEDES, Gisela Sampaio da Cruz. Resolução por inadimplemento: o retorno ao status quo ante e a coerente indenização pelo interesse negativo. *Civilistica.com*. Rio de Janeiro, a. 9, n. 1, 2020, p. 16.

firmado.[101] Com efeito, em última análise, a indenização do interesse positivo busca substituir a situação de cumprimento do contrato.[102]

Assim, a obtenção da vantagem esperada do cumprimento do contrato pode, em certas hipóteses, pressupor também o cumprimento de eventual contraprestação que o lesado tenha se obrigado, na medida em que a situação hipotética sem dano deve ser construída de modo a espelhar a que existiria não fosse o evento lesivo. Aduz-se que a vítima terá direito a ser indenizada "pela falta objetiva da prestação que esperava obter – ao que corresponde ao seu direito de crédito –, bem como por todos os demais danos que a falta dessa mesma prestação tenha lhe causado".[103]

Nesse sentido, a composição dos danos no interesse contratual positivo deve corresponder ao "aumento que o patrimônio do credor teria experimentado se o contrato tivesse sido cumprido; é o acréscimo que o contratante, em caso de cumprimento da avença, auferiria com o valor da prestação, descontado o valor da contraprestação, e mais a vantagem decorrente da disponibilidade desse acréscimo, desde o dia previsto para o cumprimento até o da indenização".[104]

Dessa forma, os danos emergentes consistirão, por exemplo, nas despesas decorrentes do inadimplemento da obrigação e nos honorários de advogados para a postulação judicial do cumprimento do contrato. Os lucros cessantes,

---

101. "Desse modo, a indenização (pelo interesse positivo) tem um *caráter substitutivo,* destinando-se a colocar o lesado na situação em que se encontraria se o contrato fosse exatamente cumprido, por isso mesmo, reconduzindo-se aos prejuízos que decorrem do não cumprimento definitivo do contrato ou do seu cumprimento tardio ou defeituoso" (MARTINS-COSTA, Judith. Responsabilidade civil contratual. Lucros cessantes. Interesse positivo e interesse negativo. Distinção entre lucros cessantes e lucros hipotéticos. Dever de mitigar o próprio dano. Dano moral e pessoa jurídica. In: LOTUFO, Renan; NANNI, Giovanni Ettore (Coord.). *Temas relevantes do direito civil contemporâneo:* reflexões sobre os 10 anos do Código Civil. São Paulo: Atlas, 2012, p. 565). Contudo, como salientado por Renata Steiner, a afirmação é feita cautelosamente, na medida em que "o fato de a indenização pelo interesse positivo colocar o lesado na situação em que estaria se o contrato tivesse sido cumprido não significa que somente possa ser cabível diante do inadimplemento – sendo também cabível o alerta em sentido inverso, ou seja, não é possível desconsiderar de plano a possibilidade de indenização do interesse positivo fora dos limites do descumprimento contratual propriamente dito. Seria, portanto, apressado vincular a indenização do interesse positivo ao descumprimento do contrato e, a partir disso, entender que somente há indenização do interesse positivo na responsabilidade contratual bem como que toda responsabilidade contratual seria voltada a ele. (...) Entende-se, por exemplo, possa haver possibilidade de indenização do interesse positivo fora dos limites da responsabilidade pelo descumprimento obrigacional" (STEINER, Renata C. *Reparação de danos*: interesse positivo e interesse negativo. São Paulo: Quartier Latin, 2018, p. 199-200).
102. STEINER, Renata C. *Reparação de danos*: interesse positivo e interesse negativo. São Paulo: Quartier Latin, 2018, p. 199.
103. STEINER, Renata C. *Reparação de danos*: interesse positivo e interesse negativo. São Paulo: Quartier Latin, 2018, p. 200-203.
104. AGUIAR JUNIOR, Ruy Rosado. *Extinção dos contratos por incumprimento do devedor*. Rio de Janeiro: AIDE, 2003, p. 267.

por seu turno, consistirão naquilo que a vítima razoavelmente deixou de lucrar em função do inadimplemento, isto é, "o que o lesado razoavelmente deixou de ganhar com aquele específico negócio".[105] Deve-se, assim, averiguar a existência de nexo causal entre o inadimplemento da obrigação e os prejuízos sofridos, de modo que apenas sejam indenizados aqueles prejuízos que decorram direta e imediatamente do descumprimento contratual.

Além disso, na aferição do cálculo da indenização, seja pelo interesse positivo, seja pelo interesse negativo, é necessário analisar alguns elementos que influenciam no *quantum* indenizatório, para evitar eventuais distorções, em especial, a eventual existência de vantagens à vítima e o chamado dever de mitigar danos.

Inicialmente, é fundamental examinar se, do ato lesivo, advieram à vítima não só consequências negativas, como também positivas. Caso seja essa a hipótese, os prejuízos sofridos devem ser contrabalanceados pelos ganhos obtidos, desde que ambos sejam provenientes do mesmo fato gerador, o que é conhecido como *compensatio lucri cum damno*.[106]

A *compensatio lucri cum damno*, ou compensação de lucros com prejuízos, é definida como "a necessidade de abatimento, por ocasião da liquidação do *quantum debeatur* da indenização, das repercussões positivas da conduta lesiva sobre o patrimônio da vítima".[107] Consiste, assim, na redução proporcional do montante da indenização, caso o lesado obtenha vantagens decorrentes do mesmo fato.

---

105. TERRA, Aline de Miranda Valverde; GUEDES, Gisela Sampaio da Cruz. Resolução por inadimplemento: o retorno ao status quo ante e a coerente indenização pelo interesse negativo. *Civilistica.com*. Rio de Janeiro, a. 9, n. 1, 2020, p. 16.
106. Quanto ao tema, confira-se, dentre outros, na doutrina brasileira: SILVA, Rodrigo da Guia. Compensatio lucri cum damno no direito brasileiro: estudo a partir da jurisprudência do Superior Tribunal de Justiça sobre o pagamento do DPVAT. *Revista Brasileira de Direito Civil – RBDCilvil*, Belo Horizonte, v. 16, p. 139-165, abr./jun. 2018; NANNI, Giovanni Ettore. Desconto de Proveitos ("compensatio lucri cum damno"). In: GUERRA, Alexandre et. al. (Coord.). *Da estrutura à função da responsabilidade civil*: uma homenagem do Instituto Brasileiro de Estudos de Responsabilidade Civil (IBERC) ao Professor Renan Lotufo. Indaiatuba, SP: Foco, 2021.
107. SILVA, Rodrigo da Guia. Compensatio lucri cum damno no direito brasileiro: estudo a partir da jurisprudência do Superior Tribunal de Justiça sobre o pagamento do DPVAT. *Revista Brasileira de Direito Civil - RBDCilvil*, Belo Horizonte, v. 16, p. 139-165, abr./jun. 2018, p. 142. É relevante mencionar que a *compensatio lucri cum damno* não se confunde com o fenômeno da compensação, previsto como forma de extinção das obrigações pelo Código Civil brasileiro. Com efeito, como registra Gisela Sampaio, "[a]o contrário da compensação prevista no Código Civil (arts. 368-380), como forma de extinção das obrigações, a *compensatio lucri um damno* nunca poderá deixar qualquer resíduo em favor do réu; o máximo que pode acontecer é ficar o direito do autor reduzido a zero, se o julgador não conseguir apurar a existência de um prejuízo. Se é assim, '[o]que tudo concorre a mostrar é que a compensação de benefícios nada tem de comum com a verdadeira compensação'" (GUEDES, Gisela Sampaio da Cruz. *Lucros cessantes*: do bom-senso ao postulado normativo da razoabilidade. São Paulo: Ed. RT, 2011, p. 310-311).

Apesar de não haver norma expressa acerca da *compensatio lucri cum damno* no Direito brasileiro, a necessidade de abatimento do proveito obtido pela conduta lesiva decorre do princípio da reparação integral do dano, que preceitua, conforme aduzido anteriormente, que a recomposição do prejuízo deve abranger todo o dano, mas nada mais que o dano.[108] Assim, não é lícito que se coloque a vítima em situação mais vantajosa do que estaria sem o evento lesivo.[109]

Nesse sentido, a *compensatio lucri cum damno* não constitui propriamente um limite à reparação da vítima, mas consubstancia "uma simples questão de exata delimitação do dano ressarcível: não se pode falar em dano na sua exata extensão sem a prévia consideração de todas as repercussões do evento lesivo sobre o patrimônio da vítima".[110]

Entretanto, não é qualquer vantagem patrimonial obtida pela vítima que deve ser computada no cálculo das perdas e danos. Para que haja a aplicação da *compensatio*, é necessário que haja uma relação de causa e efeito entre os benefícios auferidos e os prejuízos sofridos, e o fato lesivo que os gerou,[111] ou seja, que "a vantagem e o prejuízo provenham do mesmo fato do qual emana a responsabilidade civil".[112] Dessa forma, se o título em que se baseia a vantagem é

---

108. Como leciona Hans Albrecht Fischer, "o escopo ideal de toda a reparação de danos é conseguir que o lesado não fique nem mais pobra nem mais rico que estaria se o fato danoso não houvesse produzido" (FISCHER, Hans Albrecht. *A reparação dos danos no direito civil*. São Paulo: Saraiva, 1938, p. 192). Na mesma linha, Paulo de Tarso Sanseverino registra que "[a] primeira limitação ensejada pela função de teto indenizatório do princípio da reparação integral está na determinação de que eventuais lucros ou benefícios obtidos pela vítima em decorrência do evento danoso devem ser compensados com a indenização dele decorrente" (SANSEVERINO, Paulo de Tarso Vieira. *Princípio* da *reparação integral*: indenização no Código Civil. São Paulo: Saraiva, 2010, p. 63).

109. "Trazidas tais considerações para o presente estudo, parece correto afirmar que o princípio da reparação integral tem aptidão a servir de fundamento normativo para a aplicabilidade da compensatio lucri cum damno no direito brasileiro, na medida em que a indenização não pode conceder à vítima montante superior ao estritamente necessário para a reparação do dano sofrido" (SILVA, Rodrigo da Guia. Compensatio lucri cum damno no direito brasileiro: estudo a partir da jurisprudência do Superior Tribunal de Justiça sobre o pagamento do DPVAT. *Revista Brasileira de Direito Civil – RBDCilvil*, Belo Horizonte, v. 16, p. 139-165, abr./jun. 2018, p. 142-153).

110. SILVA, Rodrigo da Guia. Compensatio lucri cum damno no direito brasileiro: estudo a partir da jurisprudência do Superior Tribunal de Justiça sobre o pagamento do DPVAT. *Revista Brasileira de Direito Civil – RBDCilvil*, Belo Horizonte, v. 16, p. 154, p. 139-165, abr./jun. 2018. "Prevalece o entendimento de que o desconto de proveitos não é instituto autônomo, sendo elemento inerente à determinação do dano. Trata-se, segundo Trimachi, de cálculo do prejuízo como soma algébrica entre posições negativas e positivas" (NANNI, Giovanni Ettore. Desconto de Proveitos ("compensatio lucri cum damno"). In: GUERRA, Alexandre et. al. (Coord.). *Da estrutura à função da responsabilidade civil*: uma homenagem do Instituto Brasileiro de Estudos de Responsabilidade Civil (IBERC) ao Professor Renan Lotufo. Indaiatuba, SP: Foco, 2021, p. 287).

111. SANTOS, Deborah Pereira Pinto dos. *Indenização e resolução contratual*. São Paulo: Almedina, 2022, p. 242.

112. GUEDES, Gisela Sampaio da Cruz. *Lucros cessantes*: do bom-senso ao postulado normativo da razoabilidade. São Paulo: Ed. RT, 2011, p. 311.

2 • INTERESSE CONTRATUAL NEGATIVO E INTERESSE CONTRATUAL POSITIVO

completamente independente do evento lesivo, falta unidade de origem para que o benefício possa ser subtraído da indenização.[113] Assim, se o lucro obtido pela vítima constituir resultado de decisão econômica que ela poderia ter tomado de outra maneira, como contrapartida de mérito autônomo ou de risco assumido, não se aplica a *compensatio*.[114]

Além da *compensatio*, também deve ser examinada, na aferição do montante indenizatório, a existência do chamado "dever de mitigar danos" (*duty do mitigate the loss*).[115] A doutrina da mitigação dos prejuízos, conforme formulada no âmbito da *common law*, estabelece que na fixação das perdas e danos não se deve ressarcir a vítima pelas consequências patrimoniais que ela poderia ter evitado caso houvesse agido com os esforços apropriados.[116]

No direito brasileiro, há uma tendência a se fundamentar o dever de mitigar o dano na boa-fé objetiva, como sendo um dos deveres anexos extraíveis do mencionado princípio.[117] Entretanto, esse entendimento não é pacífico na doutrina,

---

113. GUEDES, Gisela Sampaio da Cruz. *Lucros cessantes*: do bom-senso ao postulado normativo da razoabilidade. São Paulo: Ed. RT, 2011, p. 311. Nesse sentido, "[e]xige-se que, como o dano, a vantagem tenha sido causada pelo fato que obriga à indenização. Ambos têm que configurar uma unidade. O que implica afirmar que se a vantagem foi causada por fato distinto daquele que determina a reparação do dano, não cabe o assunto em estudo. Isto é, a vantagem e dano devem ser juridicamente coligados, não nascendo, portanto, de causas diversas" (NANNI, Giovanni Ettore. Desconto de Proveitos ("compensatio lucri cum damno"). In: GUERRA, Alexandre et. al. (Coord.). *Da estrutura à função da responsabilidade civil*: uma homenagem do Instituto Brasileiro de Estudos de Responsabilidade Civil (IBERC) ao Professor Renan Lotufo. Indaiatuba, SP: Foco, 2021, p. 287).

114. SANTOS, Deborah Pereira Pinto dos. *Indenização e resolução contratual*. São Paulo: Almedina, 2022, p. 242. A respeito, mostra-se elucidativo o exemplo formulado pela autora inspirado em Pietro Trimarchi: "Suponha-se que João (comprador) faça contrato de compra e venda com Ana (vendedora), cujo objeto seja 5 toneladas do minério de zinco ao preço de R$ 50.000,00 a tonelada. Em havendo inadimplemento absoluto por João, se a coisa aumentar de preço no mercado e, em outra operação econômica, Ana conseguir vendê-la a terceiro pelo preço de R$ 60.000,00 a tonelada, esse benefício não deverá ser computado com a finalidade de redução da indenização devida por João à Ana" (SANTOS, Deborah Pereira Pinto dos. *Indenização e resolução contratual*. São Paulo: Almedina, 2022, p. 242).

115. A respeito da temática, confira-se, dentre outros, na doutrina brasileira: DIAS, Daniel. *Mitigação de danos na responsabilidade civil*. São Paulo: Thomson Reuters Brasil, 2020; MORAES, Bruno Terra de. *O dever de mitigar o próprio dano*: fundamento e parâmetros no direito brasileiro. Rio de Janeiro: Lumen Juris, 2019; LOPES, Christian Sahb Batista. *Mitigação dos prejuízos no direito contratual*. São Paulo: Saraiva, 2013; ANDRADE, Fábio Siebeneichler de; RUAS, Celiana Diehl. Mitigação de prejuízo no direito brasileiro: entre concretização do princípio da boa-fé e consequência dos pressupostos da responsabilidade contratual. *Revista de direito civil contemporâneo*. v. 7. ano 3. p. 117-144. São Paulo: Ed. RT, abr./jun. 2016; FRADERA, Véra Maria Jacob de. Pode o credor ser instado a diminuir o próprio prejuízo? *Revista trimestral de direito civil*. v. 19, p. 109-119. Rio de Janeiro: Padma, jul./set. 2004; PEREIRA, Fabio Queiroz. *O ressarcimento do dano pré-contratual*: interesse negativo e interesse positivo. São Paulo: Almedina, 2017, p. 223.

116. SANTOS, Deborah Pereira Pinto dos. *Indenização e resolução contratual*. São Paulo: Almedina, 2022, p. 244-245.

117. É o entendimento, por exemplo, de FRADERA, Véra Maria Jacob de. Pode o credor ser instado a diminuir o próprio prejuízo? *Revista trimestral de direito civil*. v. 19, p. 109-119. Rio de Janeiro: Padma,

havendo quem entenda, inclusive, não tratar-se exatamente de um "dever", e, sim, de um "ônus", por considerar que não haveria propriamente um comportamento exigível do credor ou do lesado de agir para mitigar o dano, mas apenas uma conduta prescrita que, caso não observada, implicaria um impedimento para a vítima ser ressarcida de parte evitável do prejuízo.[118]

Nesse sentido, Deborah Pereira Pinto dos Santos destaca ser preferível atrelar a mitigação de danos não à boa-fé objetiva, mas à contribuição causal da vítima que afete a medida da indenização, ou seja, "em relação às consequências que sejam efetivamente atribuíveis ao inadimplemento da obrigação contratual pelo devedor". Dessa forma, a conduta do credor que falha na mitigação dos prejuízos pode levar ao rompimento parcial ou completo do nexo causal, afastando parcial ou totalmente o dever de indenizar. Caso, por outro lado, se entendesse que a mitigação dos danos constituiria dever anexo decorrente da boa-fé objetiva, seu descumprimento acarretaria inadimplemento por parte da vítima, o que não seria o caso já que é um critério relevante apenas para o cálculo da medida das perdas e danos, não tendo qualquer relação com a definição da imputabilidade da inexecução da obrigação contratual.[119]

Nesse sentido, Fábio Queiroz Pereira exemplifica quanto à incidência da mitigação de prejuízos no interesse contratual negativo: caso um contrato de fornecimento de gêneros alimentícios seja frustrado em função da ruptura injustificada das tratativas, e o negociante tinha a possibilidade de escoar toda ou parte de sua produção para outro eventual comprador, não seria justificável a reparação pelos prejuízos decorrentes da degradação dos produtos, porque, "[s]e, por um lado, o rompimento das negociações preliminares deu-se em desobediência ao princípio da boa-fé objetiva, por outro, o procedimento da contraparte, que não

---

jul./set. 2004 e de Ruy Rosado de Aguiar Jr., para quem "[o] princípio da boa-fé objetiva impõe ao lesado o dever de diligência, para circunscrever o prejuízo e impedir sua eventual expansão" (AGUIAR JÚNIOR, Ruy Rosado de. In: TEIXEIRA, Sálvio de Figueiredo (Coord.). *Comentários ao novo Código Civil*. Rio de Janeiro: Forense, 2011, v. VI, t. II, p. 710). A mitigação de prejuízos foi positivada no ordenamento jurídico brasileiro pelo Decreto 8.327 de 2014 que recepcionou a Convenção de Viena, a qual estabelece em seu artigo 77 que "a parte que invoca a quebra do contrato deve tomar as medidas razoáveis, levando em consideração as circunstâncias para limitar a perda, nela compreendia o prejuízo resultante da quebra. Se ela negligenciar em tomar tais medidas, a parte faltosa poderá pedir a redução das perdas e danos, em proporção igual ao montante da perda que poderia ter sido diminuída".

118. Entendem não ser a boa-fé objetiva o fundamento do dever de mitigar o dano, por exemplo: DIAS, Daniel. *Mitigação de danos na responsabilidade civil*. São Paulo: Thomson Reuters Brasil, 2020; LOPES, Cristian Sahb Batista. O chamado "duty to mitigate" na responsabilidade civil extracontratual. In: ROSENVALD, Nelson; MILAGRES, Marcelo (Coord.). *Responsabilidade civil: novas tendências*. 2. ed. Indaiatuba: Foco, 2018 p. 141.

119. SANTOS, Deborah Pereira Pinto dos. *Indenização e resolução contratual*. São Paulo: Almedina, 2022, p. 246.

afasta os prejuízos que poderiam ser evitados, também atenta contra o mesmo cânone principiológico".[120]

Independentemente do fundamento para a mitigação dos prejuízos, o que se extraí do preceito é a noção de que, quando o credor tem a possibilidade de afastar ou minimizar os danos, mas não adota o comportamento esperado, o dever de indenizar poderá ser total ou parcialmente afastado.[121] Entretanto, a doutrina aponta que a averiguação das medidas que deveriam ser adotadas pelo credor para minimizar o prejuízo sempre dependerá da situação jurídica concreta, à luz de um juízo de razoabilidade, não se exigindo a adoção de comportamentos excessivamente complexos, ou que dependam de grande dispêndio econômico.[122]

2.3 ASPECTOS CONTROVERTIDOS ENVOLVENDO A APLICAÇÃO DO INTERESSE POSITIVO E DO INTERESSE NEGATIVO

Analisadas as noções, de "interesse positivo" e "interesse negativo", bem como os seus fundamentos e composições, mostra-se relevante examinar, ainda, três pontos particularmente discutidos na doutrina quanto às relações existentes entre eles: (i) a possibilidade, ou não, de cumulação da indenização pelo interesse negativo com a do interesse positivo; (ii) a existência, ou não, de limitação da reparação do interesse negativo pelo valor daquela correspondente ao interesse positivo; e (iii) a possibilidade, ou não, de a vítima escolher livremente o interesse contratual que deverá nortear o cálculo da indenização.[123]

---

120. PEREIRA, Fabio Queiroz. *O ressarcimento do dano pré-contratual*: interesse negativo e interesse positivo. São Paulo: Almedina, 2017, p. 225. O autor ainda menciona uma segunda hipótese hipotética, que teria sido formulada por Paolo Gallo: "Imagine-se por exemplo, um empreendedor que, em seguida ao recesso injustificado da contraparte, tenha perdido a oportunidade de apresentar proposta para outros negócios, por vencimento dos termos relacionados; em um caso deste gênero, tratando-se de um dano não evitável, o ressarcimento bem poderá compreender também a perda dos lucros. Se, contrariamente, o recesso injustificado não privar a possibilidade de encontrar outra oportunidade de utilização alternativa, mas causar unicamente um atraso, ou uma perda de lucros limitada no tempo, o ressarcimento a título de lucro cessante será limitado ao atraso. Se, enfim, não obstante o recesso injustificado, encontram-se imediatamente, ou se seria possível encontrar, com a normal diligência, outras oportunidades de investimento, o ganho perdido não poderá ser ressarcido" (PEREIRA, Fabio Queiroz. *O ressarcimento do dano pré-contratual*: interesse negativo e interesse positivo. São Paulo: Almedina, 2017, p. 225-226).

121. PEREIRA, Fabio Queiroz. *O ressarcimento do dano pré-contratual*: interesse negativo e interesse positivo. São Paulo: Almedina, 2017, p. 222.

122. LOPES, Christian Sahb Batista. *Mitigação dos prejuízos no direito contratual*. São Paulo: Saraiva, 2013, p. 129. No mesmo sentido: AGUIAR JÚNIOR, Ruy Rosado de. *Comentários ao novo Código Civil*. In: TEIXEIRA, Sálvio de Figueiredo (Coord.). Rio de Janeiro: Forense, 2011, v. VI, t. II, p. 710-711.

123. Estes três aspectos controvertidos são destacados e analisados por diversos autores. Dentre outros, confira-se: SILVA, Rodrigo da Guia. Interesse contratual positivo e interesse contratual negativo: influxos da distinção no âmbito da resolução do contrato por inadimplemento. *Revista IBERC*, Minas

No que diz respeito à possibilidade de cumulação da indenização pelo interesse contratual positivo com a do interesse contratual negativo, parece existir certo consenso na doutrina brasileira no sentido de se entender descabível a referida cumulação, independentemente de se estar diante de um pedido de indenização correspondente ao interesse positivo ou ao negativo.[124]

Aduz-se, nesse sentido, que "soaria ilógico admitir que uma condenação judicial buscasse conduzir a vítima simultaneamente a duas situações nitidamente distintas e incompatíveis – a situação referente à hipótese de ausência de celebração do contrato e a situação referente à hipótese de regular adimplemento do contrato".[125]

Além disso, o princípio da reparação integral também veda tal possibilidade, na medida em que não permite que a vítima fique em melhor situação do que aquela em que teria estado se não tivesse acontecido o evento lesivo. Nessa esteira, conforme leciona Rodrigo da Guia Silva, o entendimento de que a responsabilidade civil desempenha essencialmente função reparatória permite concluir que "uma indenização pautada cumulativamente no interesse positivo e no negativo findaria por extrapolar o propósito de tão somente conduzir a vítima a uma específica situação hipotética marcada pela ausência do dano".[126]

Dessa forma, apenas se se admitisse que a responsabilidade civil se prestasse a outras funções, para além daquela reparatória, é que, eventualmente, se poderia justificar a composição de determinada indenização pelo interesse positivo e pelo interesse negativo, já que se permitiria levar em consideração outros elementos, que não tão somente a extensão do dano como medida da reparação.[127]

Gerais, v. 3, n. 1, p. 1-37, jan./abr. 2020 e PINTO, Paulo Mota. *Interesse contratual negativo e interesse contratual positivo*. Coimbra: Coimbra Editora, 2008, v. II.

124. Refere-se, nesse sentido, ao caráter biunívoco da proibição da cumulação, v. SILVA, Rodrigo da Guia. Interesse contratual positivo e interesse contratual negativo: influxos da distinção no âmbito da resolução do contrato por inadimplemento. *Revista IBERC*, Minas Gerais, v. 3, n. 1, p. 1-37, jan./abr. 2020, p. 28-29; PINTO, Paulo Mota. *Interesse contratual negativo e interesse contratual positivo*. Coimbra: Coimbra Editora, 2008, v. II, p. 1.007.

125. SILVA, Rodrigo da Guia. Interesse contratual positivo e interesse contratual negativo: influxos da distinção no âmbito da resolução do contrato por inadimplemento. *Revista IBERC*, Minas Gerais, v. 3, n. 1, p. 1-37, jan./abr. 2020, p. 28-29. Também nesse sentido: "A resposta para o referido questionamento decorre da lógica indenizatória. Não há possibilidade de cumulação das duas categorias, tendo em vista que cada um dos interesses se dirige a uma situação específica. Nesse sentido, não há como reparar um contratante, tendo por base o *status quo* anterior ao contrato e, ao mesmo tempo, o *status* a que se chegaria se o contrato viesse a ser cumprido em sua integralidade" (PEREIRA, Fábio Queiroz. *O ressarcimento do dano pré-contratual*: interesse negativo e interesse positivo. São Paulo: Almedina, 2017, p. 207). Em idêntico sentido, na doutrina portuguesa: PINTO, Paulo Mota. *Interesse contratual negativo e interesse contratual positivo*. Coimbra: Coimbra Editora, 2008, v. II, p. 1.004-1.005.

126. SILVA, Rodrigo da Guia. Interesse contratual positivo e interesse contratual negativo: influxos da distinção no âmbito da resolução do contrato por inadimplemento. *Revista IBERC*, Minas Gerais, v. 3, n. 1, p. 1-37, jan./abr. 2020, p. 29.

127. SILVA, Rodrigo da Guia. Interesse contratual positivo e interesse contratual negativo: influxos da distinção no âmbito da resolução do contrato por inadimplemento. *Revista IBERC*, Minas Gerais,

2 • INTERESSE CONTRATUAL NEGATIVO E INTERESSE CONTRATUAL POSITIVO

Nesse sentido, mostra-se ilustrativa a situação descrita por Renata Steiner, com base em exemplo constante da obra de Thomas Ackermann: suponha-se que alguém é convidado para um jantar e, chegando na data e hora combinados à casa do anfitrião, encontra as portas fechadas. Ao convidado seriam abertas, em tese, duas possibilidades: poderia demandar o ressarcimento das despesas com aluguel de trajes e deslocamento, que se tornaram inúteis (interesse negativo) ou o ressarcimento dos custos que teve para jantar em um restaurante naquela noite (interesse positivo) – sem, contudo, ser ressarcido do aluguel do traje e das despesas com o deslocamento. Entretanto, não seria possível ao convidado se ver ressarcido dos custos de aluguel do traje e das despesas de deslocamento e, também, dos custos de pagamento do jantar substitutivo, pois essa situação não teria, em nenhuma hipótese, possível paralelo na realidade. Isso porque, ou a vítima "não confiou no convite e não teve os gastos, ou sua expectativa se confirmou e os gastos estariam vinculados ao recebimento da prestação (*in casu*, o jantar)".[128]

Questão que suscita intenso debate na doutrina diz respeito à possibilidade de a indenização pelo interesse contratual negativo superar aquela medida pelo interesse contratual positivo, havendo quem entenda pela inviabilidade de tal superação e quem defenda sua possibilidade.[129]

Com efeito, parcela dos juristas defende que "como a responsabilidade civil não é modo de enriquecer, há que colocar como limite da indenização [do interesse negativo] o interesse contratual positivo", já que o "lesado nunca pode

---

v. 3, n. 1, p. 1-37, jan./abr. 2020, p. 29-30. Também: "Estamos perante caminhos que se excluem mutuamente, cuja abertura simultânea ao demandante, por se permitir a cumulação das correspondentes medidas indenizatórias, apenas poderia explicar-se por finalidades que prescindissem da hipótese do seu trilho (como a prevenção ou o sancionamento do lesante), mas abandonando também do mesmo passo o terreno puramente ressarcitório com os respectivos limites teleológicos e valorativos" (PINTO, Paulo Mota. *Interesse contratual negativo e interesse contratual positivo*. Coimbra: Coimbra Editora, 2008, v. II, p. 1005). Há, ainda, entendimento de que a possibilidade de cumulação dos interesses negativo e positivo também acarretaria enriquecimento sem causa da vítima, o qual é vedado pelo ordenamento jurídico, v. PINTO, Paulo Mota. *Interesse contratual negativo e interesse contratual positivo*. Coimbra: Coimbra Editora, 2008, v. II, p. 1005; PEREIRA, Fábio Queiroz. *O ressarcimento do dano pré-contratual*: interesse negativo e interesse positivo. São Paulo: Almedina, 2017, p. 208.

128. STEINER, Renata C. *Reparação de danos*: interesse positivo e interesse negativo. São Paulo: Quartier Latin, 2018, p. 153-154.

129. Por outro lado, como registra Rodrigo da Guia Silva, "[n]ão costuma haver maior dissenso em doutrina quanto à possibilidade de o interesse positivo exceder o montante do interesse negativo, em razão da configuração da legítima expectativa do contratante nas vantagens que o contrato concretamente entabulado lhe poderá render" (SILVA, Rodrigo da Guia. Interesse contratual positivo e interesse contratual negativo: influxos da distinção no âmbito da resolução do contrato por inadimplemento. *Revista IBERC*, Minas Gerais, v. 3, n. 1, p. 1-37, jan./abr. 2020, p. 30).

ficar em melhor situação do que estaria se o contrato tivesse sido validamente celebrado".[130]

O fundamento para essa afirmação reside, adesivamente, na circunstância de que o autor do dano não poderia ser obrigado a arcar com valores indenizatórios que superassem as expectativas iniciais de dispêndio.[131]

Por outro lado, parte da doutrina entende inexistir qualquer limitação do valor da indenização pelo interesse contratual negativo. Reconhece-se, nessa esteira, que apesar de ser incomum que a reparação pelo interesse contratual negativo supere a do positivo, o princípio da reparação integral vedaria tal limitação, *a priori*.[132] Além disso, alude-se ao fato de que inexiste no ordenamento jurídico brasileiro qualquer dispositivo que imponha teto aos valores indenizatórios nas hipóteses em que se esteja em mensuração o interesse negativo ao que seria auferido com a execução do contrato.[133]

---

130. ASCENSÃO, José de Oliveira. *Direito civil*: teoria geral. 3. ed. São Paulo: Saraiva, 2010, v. 2, p. 375. Ainda: SERRA, Adriano Paes da Silva Vaz. Obrigação de indemnização (colocação, fontes, dano, nexo causal, extensão, espécies de indemnização). Direito da abstenção e de remoção. *Separata do Boletim do Ministério da Justiça*, ns. 83 e 84, Lisboa, 1959, p. 16-17. Também: PONTES DE MIRANDA, Francisco Cavalcanti. *Tratado de direito privado*. 3. ed. Rio de Janeiro: Borsoi, 1970, t. IV, p. 91; CHAVES, Antônio. *Responsabilidade pré-contratual*. 2. ed. São Paulo: Lejus, 1997, p. 227. Essa posição foi acolhida, em parte, pelo Código Civil alemão: "A literatura jurídica produzida sobre o tema, que se seguiu ao trabalho de Jhering, assentava-se na repetição de duas máximas: (i) a responsabilidade pré-contratual mede-se pelo interesse negativo e (ii) o valor indenizatório não pode sobejar o resultado do cumprimento das relações obrigacionais presentes no contrato, ou seja, o interesse contratual positivo. Como resultado de tal processo, o BGB no tratamento dado ao tema – §§ 122, 179, 307 –, acabou por limitar a indenização do interesse negativo ao montante correspondente ao interesse positivo. Dessa forma, apesar de existir a possibilidade fática de o interesse negativo superar o interesse na execução, os referidos dispositivos estabelecem não poder a liquidação incidir sobre a parte que exceder o positivo" (PEREIRA, Fábio Queiroz. *O ressarcimento do dano pré-contratual*: interesse negativo e interesse positivo. São Paulo: Almedina, 2017, p. 211).

131. Os argumentos dessa corrente são sintetizados em PEREIRA, Fábio Queiroz. *O ressarcimento do dano pré-contratual*: interesse negativo e interesse positivo. São Paulo: Almedina, 2017, p. 212. A esse respeito: "Impõe-se, contudo, uma ponderação de equidade. Não parece razoável que o lesado possa ser colocado, pela ruptura das negociações, numa situação mais vantajosa do que a que conseguiria se o contrato que as mesmas visavam se tivesse consumado. Na verdade, iniciando negociações para a conclusão de certo contrato, as partes optam por ele, definem a sua conveniência em celebrar tal contrato e não outro. Logo, os resultados ou benefícios já pretendidos durante os preliminares são os ligados à validade do negócio, quer dizer, os que correspondem ao interesse positivo ou de cumprimento. Só não existe uma expectativa tão forte de obtê-los como após o fecho do contrato" (COSTA, Mário Júlio de Almeida. *Responsabilidade civil pela ruptura das negociações preparatórias*. Lisboa: Coimbra Editora, p. 84).

132. "A utilização do parâmetro contratual, por sua vez, não se mostra como subterfúgio à limitação da indenização, nem poderia ser tomada como fundamento suficiente para afastar o fato de que a indenização é medida pela extensão dos danos (art. 944 CC)" (STEINER, Renata C. *Reparação de danos*: interesse positivo e interesse negativo. São Paulo: Quartier Latin, 2018, p. 255).

133. PEREIRA, Fábio Queiroz. *O ressarcimento do dano pré-contratual*: interesse negativo e interesse positivo. São Paulo: Almedina, 2017, p. 213. Também: "Por sua vez, no direito brasileiro, a legislação civilista é omissa, determinando que a indenizabilidade dos danos emergentes e dos lucros

2 • INTERESSE CONTRATUAL NEGATIVO E INTERESSE CONTRATUAL POSITIVO

Com efeito, aduz-se que "se bem comprovada a circunstância que obriga a indenizar, não se vê razão para negar de forma abstrata e apriorística que a indenização do *interesse negativo* possa superar ou equivaler àquela devida pelo *interesse positivo*".[134] Dessa forma, é possível que, em determinadas situações, "o interesse negativo alcance o positivo e vá além. Desde que devidamente demonstrado em toda a sua extensão, ligado que esteja por um nexo causal direto e imediato, pode e deve ser reparado".[135]

Entende essa vertente doutrinária, assim, que a indenização vinda do interesse negativo pode exceder a oriunda da do interesse positivo, seja em função dos danos emergentes, especialmente as despesas com a contratação ou com a preparação do cumprimento, que podem ser superiores ao que a vítima ganharia com a eficácia e cumprimento do contrato, seja em função dos lucros cessantes, em especial das oportunidades alternativas perdidas, que podem ser mais favoráveis do que adviria do contrato com o autor do dano.[136]

---

cessantes seja consequência direta e imediata do dano, conforme os artigos 402 e 403 do Código Civil. Não há parâmetro legal definindo a composição da indenização, seja tratando do interesse do cumprimento, seja tratando do interesse da confiança. Não se verifica, portanto, impedimento legal à recuperação da fração da indenização que supere quantitativamente o cálculo referente ao custo que teria o contratante para a execução da prestação. Em síntese definitiva, apesar de não ser comum, não é vedado que a indenização definida pelo interesse negativo supere o equivalente ao positivo (...)" (SANTOS, Deborah Pereira Pinto dos. *Indenização e resolução contratual*. São Paulo: Almedina, 2022, p. 276-277).

134. STEINER, Renata C. *Reparação de danos*: interesse positivo e interesse negativo. São Paulo: Quartier Latin, 2018, p. 255. Ainda: "Cumpre ressaltar, ainda, que não há, no Direito brasileiro, norma que impeça que a indenização pelo interesse negativo seja superior àquela pelo interesse positivo. O problema da existência e alcance das perdas e danos se liga diretamente à análise do nexo de causalidade entre o prejuízo e o fato que o origina. Desde que demonstrado o dano em toda a sua extensão e o nexo causal direto e imediato, impõe-se a indenização" (TERRA, Aline de Miranda Valverde. *Cláusula resolutiva expressa*. Belo Horizonte: Fórum, 2017, p. 204).

135. GUEDES, Gisela Sampaio da Cruz. *Lucros cessantes*: do bom-senso ao postulado normativo da razoabilidade. São Paulo: Ed. RT, 2011, p. 148.

136. PINTO, Paulo Mota. *Interesse contratual negativo e interesse contratual positivo*. Coimbra: Coimbra Editora, 2008, v. II, p. 1.027. Nessa direção, Paulo Mota Pinto elenca alguns exemplos de situações em que vislumbra a possibilidade de o valor da indenização pelo interesse contratual negativo superar o do positivo. Seriam os casos em que, "por circunstâncias existentes logo no momento da formação do contrato (falta ou vício da vontade) ou devido à evolução posterior (como novas ofertas, ou a evolução do mercado), se venha a revelar que o lesado teria ficado em melhor posição se não tivesse depositado a confiança em causa ou se não tivesse celebrado o contrato, e houvesse antes optado pelas alternativas disponíveis, do que aquela em que estaria se estes tivessem sido, respectivamente, correspondida e cumprido". Além disso, segundo o autor, outros motivos, "mesmo apenas de ordem económica, (...) podem justificar que uma pessoa celebre contratos que importem em custos ou despesas superiores aos benefícios que serão obtidos com esse contrato. É o caso da situação de uma empresa que pretende lançar novos produtos no mercado ou entabular novas relações negociais com uma determinada parte ou estabelecer-se no mercado, e que, para tal, celebra inicialmente contratos que não lhe trazem lucros", v. PINTO, Paulo Mota. *Interesse contratual negativo e interesse contratual positivo*. Coimbra: Coimbra Editora, 2008, v. II, p. 1.026.

Diante disso, seja pela vigência do princípio da reparação integral, seja pela inexistência, no ordenamento jurídico brasileiro, de qualquer dispositivo legal que limite os valores reparatórios em se tratando de indenização pelo interesse negativo, sustenta-se a inexistência de limitação *a priori*, já que "desde que devidamente demonstrado em toda a sua extensão, ligado que esteja por um nexo causal direto e imediato, o dano deverá ser reparado em sua integralidade".[137]

Entretanto, a indenização pelo interesse negativo não é, propriamente, ilimitada. Com efeito, conforme se mencionou no item 2.2, é necessário investigar o nexo de causalidade entre a conduta do agente lesivo e o dano sofrido pela vítima, de modo que, em função da impossibilidade de vinculação causal de certos prejuízos ao ato ofensivo, muitas vezes a indenização pelo interesse negativo se revelará inferior àquela pelo interesse positivo.[138]

Por fim, a última questão que se coloca refere-se à existência, ou não, de um caráter de alternatividade entre o interesse positivo e o interesse negativo, de modo a se averiguar se a vítima possui, diante da situação lesiva concreta, a prerrogativa de selecionar o interesse contratual a delimitar sua indenização.

Se, por um lado, há alternatividade entre os interesses, na medida em que não é possível serem cumuladas as rubricas que compõem cada um, por outro, percebe-se "certo perigo em uma afirmação abstrata e indiscriminada sobre a alternatividade no sentido de se reconhecer à vítima a liberdade de escolha entre o interesse positivo e o interesse negativo".[139]

Conforme consigna Rodrigo da Guia Silva, a solução para essa questão parece estar na exigência que se coloca para a vítima de que individualize o exato dano pelo qual postula a indenização, delimitando precisamente a situação hipotética para fins de comparação. Dessa forma, tomando-se como exemplo a hipótese de resolução contratual por inadimplemento, não parece ser permitido à vítima que postule indenização de forma indiscriminada com base em qualquer um dos interesses contratuais, na medida em que, segundo o autor, a própria configuração do dano indenizável varia caso se leve em conta a frustração da confiança na contratação – caso em que incidirá o interesse negativo – ou

---

137. TERRA, Aline de Miranda Valverde; GUEDES, Gisela Sampaio da Cruz. Resolução por inadimplemento: o retorno ao status quo ante e a coerente indenização pelo interesse negativo. *Civilistica.com*. Rio de Janeiro, a. 9, n. 1, p. 18-19, 2020.
138. SILVA, Rodrigo da Guia. Interesse contratual positivo e interesse contratual negativo: influxos da distinção no âmbito da resolução do contrato por inadimplemento. *Revista IBERC*, Minas Gerais, v. 3, n. 1, p. 1-37, jan./abr. 2020, p. 31-32.
139. SILVA, Rodrigo da Guia. Interesse contratual positivo e interesse contratual negativo: influxos da distinção no âmbito da resolução do contrato por inadimplemento. *Revista IBERC*, Minas Gerais, v. 3, n. 1, p. 1-37, jan./abr. 2020, p. 30.

a frustração do programa contratual – caso em que deverá ser indenizada pelo interesse positivo.[140]

Examinados os conceitos de interesse positivo e de interesse negativo, assim como seus desenvolvimentos, suas composições e principais controvérsias envolvendo sua aplicação à luz do ordenamento jurídico brasileiro, passa-se a analisar a questão central do presente trabalho, referente à indenização devida nos casos de ruptura das negociações preliminares.

---

140. SILVA, Rodrigo da Guia. Interesse contratual positivo e interesse contratual negativo: influxos da distinção no âmbito da resolução do contrato por inadimplemento. *Revista IBERC*, Minas Gerais, v. 3, n. 1, p. 1-37, jan./abr. 2020, p. 30.

3
A REPARAÇÃO DE DANOS PELA RUPTURA DAS TRATATIVAS

3.1 REGIME CLÁSSICO REPARATÓRIO: INDENIZAÇÃO PELO INTERESSE NEGATIVO

Conforme se mencionou no item 1.3, é necessário o preenchimento de certos requisitos para a configuração da responsabilidade civil pela ruptura das negociações preliminares. Com efeito, além da existência de tratativas, da criação de legítimas expectativas na formação do contrato e do rompimento injustificado do vínculo pré-contratual, é indispensável que o pretenso contratante sofra danos em função do rompimento.

Em outras palavras, é fundamental, para caracterização da responsabilidade pré-contratual, que se verifique a ocorrência de prejuízos decorrentes direta e imediatamente da conduta daquele que abandonou as negociações sem justa causa, defraudando a expectativa legítima alheia. A questão que se coloca, quanto aos danos em termos de responsabilidade pré-contratual, refere-se a definir quais são os danos efetivamente ressarcíveis.[1]

Como se abordou no item 2.1, Rudolf von Jhering, ao formular a teoria da *culpa in contrahendo*, limitava o dano indenizável, nos casos de culpa na formação do contrato, aos interesses negativos. Para o autor, não seria sequer coerente que se indenizasse o lesado, pela formação de um contrato inválido, tomando como parâmetro o que resultaria do eventual cumprimento do pacto.

A escolha de Jhering, como leciona António Menezes Cordeiro, "foi, antes do mais, utilitária": na medida em que propunha uma teoria nova, sem base legal, "compreende-se que ele tenha procurado ir o mais cautelosamente possível, apresentando soluções modestas e totalmente aceitáveis". Nesse cenário, a "indemnização pelo (mero) interesse negativo servia esses propósitos".[2]

---

1. FRITZ, Karina Nunes. *A responsabilidade pré-contratual por ruptura injustificada das negociações.* Civilistica.com. a. 1. n. 2. 2012, p. 29.
2. MENEZES CORDEIRO, António. *Tratado de direito civil.* 4. ed. Coimbra: Almedina, 2014, t. II, p. 283.

A indenização pela *culpa in contrahendo*, segundo Jhering, deveria colocar o credor na situação em que ele estaria se não tivesse celebrado um contrato nulo. Por outro lado, por via de exclusão, entendia-se que, após a conclusão de um contrato válido, o lesado por seu eventual descumprimento deveria ser indenizado pelos interesses positivos.[3]

No ordenamento jurídico brasileiro, assim como não há qualquer norma prevendo expressamente a responsabilidade pré-contratual ou os conceitos de interesse positivo e de interesse negativo, também não se encontra qualquer especificação com relação ao *quantum* indenizatório referente aos danos vivenciados no período pré-contratual.[4]

No caso da ruptura injustificada, seguindo o caminho trilhado por Jhering,[5] doutrina e jurisprudência apontam que, em regra, a tutela da confiança impõe o ressarcimento do lesado de modo a colocá-lo na situação em que estaria se não houvesse ingressado naquela negociação, conduzindo-se as partes ao *status quo ante*.[6] Prevalece, então, a ideia de que "as próprias negociações foram ilícitas, devendo ser riscadas do mapa".[7]

---

3. PEREIRA, Regis Fichtner. *A responsabilidade civil pré-contratual*: teoria geral e responsabilidade pela ruptura das negociações contratuais. Rio de Janeiro: Renovar, 2001, p. 372.
4. PEREIRA, Fabio Queiroz. *O ressarcimento do dano pré-contratual*: interesse negativo e interesse positivo. São Paulo: Almedina, 2017, p. 296.
5. A propósito: "A construção teórica da responsabilidade pré-contratual nasce atrelada à noção de interesse contratual negativo. Durante muito tempo, a ciência jurídica repetiu a fórmula apresentada pelo Jhering, e, ao se verificar uma expansão dos confins da responsabilidade pré-contratual o interesse negativo também acompanhou esse fenômeno, como uma constante relacionada aos alcances do quantum indenizatório" (PEREIRA, Fabio Queiroz. *O ressarcimento do dano pré-contratual*: interesse negativo e interesse positivo. São Paulo: Almedina, 2017, p. 192).
6. Vide, por exemplo, dentre inúmeros outros: "A natureza da responsabilidade pela ruptura de negociações contratuais, sem que seja necessário o socorro à analogia, faz com que se chegue à conclusão, no entanto, de que a teoria do interesse negativo é a ela, em princípio, perfeitamente adequada. Nos casos de responsabilidade pela ruptura das negociações contratuais não há ainda contrato estabelecido. Nenhuma das partes adquiriu direito a obter uma prestação. O que vem a ser frustrado pela ruptura das negociações é a sua expectativa na conclusão do contrato. Ocorre que os contraentes não dispõem de um direito ao estabelecimento da relação jurídica contratual, o que faz antever que não podem pretender serem indenizados pelas vantagens que o contrato, se estipulado, iria lhes trazer. O que pode ser violado na ruptura injustificada das negociações contratuais é a confiança que o contraente depositou na estipulação do contrato e não obrigação em si de estipulá-lo. A responsabilidade pela ruptura das tratativas somente pode compreender os prejuízos que o contraente sofreu e razão de ter, de boa-fé, confiado na conclusão do contrato. Esses prejuízos se limitam, em princípio, portanto, às despesas em que incorreu durante o desenrolar das tratativas e eventualmente os prejuízos decorrentes da perda de algum outro negócio de que tenha desistido, em virtude de estar negociando o contrato que posteriormente não veio a se estabelecer. A natureza da responsabilidade pela ruptura das negociações contratuais faz com que seja aplicável a esse tipo de responsabilidade no sistema brasileiro, portanto, em princípio, a teoria do interesse negativo, formulada por VON JHERING para a hipótese de constituição de contrato nulo" (PEREIRA, Regis Fichtner. *A responsabilidade civil pré-contratual*: teoria geral e responsabilidade pela ruptura das negociações contratuais. Rio de Janeiro: Renovar, 2001, p. 377-378). Ainda: MARTINS-COSTA, Judith. *Comentários ao novo Código Civil*. In: TEIXEIRA,

Tal entendimento deriva do fato de que, antes da formação do negócio jurídico, as partes possuem o direito de se afastar das negociações, desde que motivadamente, não havendo, em princípio, propriamente um direito de concluir coercitivamente o contrato. Dessa forma, aduz-se que a expectativa tutelada se volta à proteção da confiança quanto à lisura e probidade na conduta da outra parte por ocasião das negociações preliminares, e não propriamente à conclusão do negócio e obtenção da vantagem esperada. Assim, tutelam-se "as expectativas da parte que se manteve fiel às negociações, na legítima expectativa de que elas seriam adequadamente conduzidas; não se protege, ante a incompatibilidade às circunstâncias, um direito à conclusão do contrato".[8]

Diz-se, desse modo, que o prejudicado pela quebra injustificada das negociações deve ser ressarcido pelos interesses negativos, que abrangem, conforme se mencionou no item 2.2, tanto os danos emergentes – as quantias desembolsadas com vistas à celebração do contrato, após ter sido incutida, pela contraparte, a confiança na estipulação do contrato –, como os lucros cessantes – aquilo que o lesado razoavelmente deixou de ganhar por não ter celebrado outros negócios por conta daquelas tratativas específicas ou por não ter investido financeiramente o capital desembolsado.

Nesse sentido, sem a criação da confiança, a vítima não teria acreditado na seriedade das negociações e, seguramente, não teria realizado os gastos ou assumido as despesas que teriam se tornado inúteis. Igualmente, não teria deixado de aproveitar outras oportunidades.[9]

Conforme se mencionou no item 2.2, os danos emergentes se constituem principalmente das despesas preparatórias à realização do contrato, tendo o

---

Sálvio de Figueiredo (Coord.). Rio de Janeiro: Forense, 2003, v. V, t. II, p. 330; DEPERON, Mariana Pazianotto. *Reponsabilidade civil pela ruptura ilegítima das tratativas*. Curitiba: Juruá, 2009, p. 211; COSTA, Mário Julio de Almeida. *Direito das obrigações*. 10. ed. Coimbra: Almedina, 2006, p. 310. Em outros países, o entendimento também é nesse sentido: "E a limitação da indemnização ao interesse negativo é igualmente a posição defendida noutras jurisdições em que se admite a responsabilidade em caso de ruptura das negociações contratuais. Uma investigação comparatista sobre 'o direito comum da ruptura das negociações pré-contratual' (incluindo os direitos francês e bela, alemão, o *common law* e instrumento internacionais) pôde recentemente concluir que 'o princípio da reparação do dano negativo não levanta problemas' a 'ideia de que o benefício perdido do contrato que não foi concluído possa constituir um elemento da reparação' (e não se tendo detectado qualquer evolução comum no sentido da reparação do 'dano positivo', apesar de esta parecer ter querido fazer caminho no direito francês e alemão)" (PINTO, Paulo Mota. *Interesse contratual negativo e interesse contratual positivo*. Coimbra: Coimbra Editora, 2008, v. II, p. 1.139-1.140).

7. MENEZES CORDEIRO, António. *Tratado de direito civil*. 4. ed. Coimbra: Almedina, 2014, t. II, p. 240.
8. STEINER, Renata C. *Reparação de danos*: interesse positivo e interesse negativo. São Paulo: Quartier Latin, 2018, p. 293.
9. STEINER, Renata C. *Reparação de danos*: interesse positivo e interesse negativo. São Paulo: Quartier Latin, 2018, p. 296.

pretenso contratante o direito de receber aquilo que despendeu em decorrência da frustração das negociações, desde que os gastos tenham sido incorridos após a formação da confiança – na medida em que "é a ofensa a confiança que qualifica a inutilidade ou desaproveitamento dos dispêndios realizados (em confiança) na fase de negociações" –[10] e que tenham se tornado inutilizados em razão da ruptura.

Dessa forma, as despesas realizadas antes da criação das legítimas expectativas quanto à concretização do negócio, bem como aquelas feitas após a ruptura das tratativas, não devem ser indenizadas, já que consistem em risco assumido pelo pretenso contratante, sendo certo que a qualidade das despesas efetuadas apenas pode ser aferida em concreto, após uma análise casuística da relação entre as partes.[11]

Nesse sentido, no âmbito do julgamento do Recurso Especial 1.367.955/SP, o Superior Tribunal de Justiça, em decisão de lavra do Ministro Paulo de Tarso Sanseverino, manteve o julgamento de origem que condenou a pretensa contratante ao pagamento dos custos tornados inúteis com a ruptura injustificada das negociações. No caso, tratava-se de negociação de contrato de prestação de serviços para realização de evento promocional de informática, orçado no valor de R$ 1.075.000,00, tendo a empresa de eventos que seria contratada assumido obrigações frente a terceiros mesmo antes da formalização do pacto, bem como realizado visitas técnicas e elaborado memoriais descritivos, os quais lhe custaram cerca de R$ 200.000,00. Apesar disso, a empresa que contrataria os serviços cancelou o evento, não tendo havido a formalização de um contrato. A Corte entendeu pela existência de ruptura injustificada das tratativas e, assim, pela necessidade de indenização de todas as despesas que se tornaram inúteis.[12]

Além disso, como igualmente se mencionou no item 2.2., a indenização pelo interesse negativo também engloba os lucros cessantes – sob pena de violação ao princípio da reparação integral dos danos, previsto no art. 944, do Código Civil –, os quais não podem ser calculados com base no que se pretendia obter com o contrato não firmado. Entretanto, "[c]omparativamente às despesas desaproveitadas, cujos dispêndios permitem (em tese) uma prova objetiva, o caminho percorrido para definição dos lucros cessantes é certamente mais dificultoso".[13]

---

10. MARTINS-COSTA, Judith. Um aspecto da obrigação de indenizar: notas para uma sistematização dos deveres pré-negociais de proteção no Direito Civil brasileiro. *Revista dos Tribunais*, São Paulo, v. 97, n. 867, p. 11-51, jan. 2008.
11. STEINER, Renata C. *Reparação de danos*: interesse positivo e interesse negativo. São Paulo: Quartier Latin, 2018, p. 298.
12. STJ, REsp 1.367.955/SP, 3ª Turma, Rel. Min. Paulo de Tarso Sanseverino, DJe 24.03.2014.
13. STEINER, Renata C. *Reparação de danos*: interesse positivo e interesse negativo. São Paulo: Quartier Latin, 2018, p. 301.

O que se deve indenizar, a título de lucros cessantes pela ruptura das negociações, são eventuais oportunidades perdidas, sendo que se deve comprovar sua existência e seriedade para que possam ser indenizadas. É o caso, por exemplo, de se comprovar outras negociações que foram perdidas em razão daquela que se frustrou – e, como anteriormente mencionado, não é necessário que as outras tratativas digam respeito ao mesmo tipo de negócio – ou de investimentos que não foram feitos, também em razão das negociações.[14]

Isso se dá porque os lucros cessantes no interesse negativo "advêm da relação etiológica" entre a oportunidade de ganhos alternativos ao contrato e a confiança depositada nas negociações, que acabaram fraudadas pelo rompimento das tratativas, o que constitui o nexo causal. Assim, os lucros cessantes consistem no que o pretenso contraente teria obtido se a conduta da outra parte não tivesse despertado nele a confiança na formação do contrato, "em razão da qual a parte perdeu (ou, melhor dizendo, abandonou) a oportunidade de auferir certa vantagem alternativa".[15]

Nessa esteira, a quantificação do lucro pela oportunidade alternativa perdida não deve ser feita tomando-se em conta o contrato que não foi concluído, mas de acordo com a própria oportunidade alternativa perdida, não devendo ser aceitas meras alegações genéricas. Deve-se demonstrar qual seria o montante obtido com a concreta ocasião alternativa preterida. Assim, cabe à vítima comprovar "que teria encontrado um parceiro negocial alternativo, para concluir o negócio hipotético, e apurar também quais seriam as condições desse negócio alternativo".[16] É possível, todavia, como se mencionou no item 2.2., que se demonstre a probabilidade objetiva de ocorrência de danos, conforme o curso natural das coisas, de modo que, em determinadas situações, mesmo que não se ateste a existência de negócios concretos alternativos, eles possam ser presumidos, a depender das circunstâncias específicas.

Aduz-se, nesse sentido, que "não parece adequado conferir ao lesado uma indenização que abranja a perda de chance de concluir aquele contrato especí-

---

14. "Que significam estas oportunidades perdidas? É o chamado *le gain manché* do direito francês e representa, nos termos do art. 1.059 do Código Civil, tudo aquilo que, razoavelmente, a parte prejudicada com a ruptura deixou de ganhar. Isto que a parte deixou de ganhar, porém, não tem nenhuma identificação com o contrato a ser firmado. Assim, o valor do contrato e as vantagens que auferiria não importam, pelo menos diretamente, para a aferição dos lucros cessantes. Diante disso, todas as outras negociações perdidas que poderiam gerar a celebração de um contrato, ainda que em melhores condições poderão compor estes lucros cessantes" (POPP, Carlyle. *Responsabilidade civil pré-negocial*: o rompimento das tratativas. Curitiba: Juruá, 2001, p. 279).

15. SANTOS, Deborah Pereira Pinto dos. *Indenização e resolução contratual*. São Paulo: Almedina, 2022, p. 302.

16. PINTO, Paulo Mota. *Interesse contratual negativo e interesse contratual positivo*. Coimbra: Coimbra Editora, 2008, v. II, p. 1.102.

fico que não concluiu".[17] Apesar disso, conforme registrado no item 2.2, existe debate doutrinário sobre a possibilidade de reparação pela perda de uma chance tomando-se por base outros eventuais negócios, devendo ser comprovado pela vítima que deixou de responder a outros convites por acreditar na manutenção da contratação específica que foi frustrada, por exemplo. Em todo caso, como ilustra Renata Steiner, não se pode, "a pretexto de reparar uma chance perdida, se confer[ir] ao lesado a integralidade o que obteria com aquele contrato que não chegou a ser firmado", já que a reparação pela perda de uma chance indeniza, efetivamente, a chance perdida, e não o negócio a que a chance se refere, conforme se explicou no item 2.2.[18]

No âmbito do Superior Tribunal de Justiça, a jurisprudência vem se firmando no sentido de que a indenização da vítima, nos casos de ruptura das negociações, deve ser calculada com base no interesse negativo. Por exemplo, no julgamento do Recurso Especial 1.641.868/SP, a Corte entendeu, por maioria, que "[e]m caso de responsabilidade civil pré-contratual, o proponente não pode pretender, a título de reparação de danos, indenização equivalente à vantagem que teria obtido com o próprio negócio jurídico que nunca se concretizou (interesses positivos)" e que "[v]erificada a antijuridicidade no rompimento de tratativas negociais, a responsabilidade civil pré-contratual que se estabelece cobre apenas as despesas realizadas para finalização do negócio jurídico frustrado ou em razão dessa mesma operação (interesses negativos)".[19]

No caso, ADM do Brasil Ltda. promoveu ação indenizatória contra REDE Comercializadora de Energia S.A., alegando que sofreu prejuízos com a ruptura imotivada de negociações para compra de energia elétrica por parte da REDE, as quais estavam praticamente concluídas. Arguiu, ainda, que, em função das particularidades do mercado, teria ficado impedida de negociar com terceiros as mesmas condições do ajuste rompido, sendo obrigada a adquirir energia elétrica a preço muito mais elevado. Diante disso, sustentou que a REDE deveria ser obrigada a lhe indenizar R$ 1.438.534,98, referentes ao valor a maior que teve que pagar a terceiro pelo fornecimento de energia, considerando o que teria pagado para a REDE lhe fornecer a energia se as negociações não tivessem sido frustradas.

---

17. STEINER, Renata C. *Reparação de danos*: interesse positivo e interesse negativo. São Paulo: Quartier Latin, 2018, p. 301.

18. STEINER, Renata C. *Reparação de danos*: interesse positivo e interesse negativo. São Paulo: Quartier Latin, 2018, p. 311.

19. Também se entendeu pela necessidade de indenização pelo interesse negativo em caso de responsabilidade pré-contratual, dentre outros: REsp 1.051.065/AM, de relatoria do Ministro Ricardo Villas Bôas Cueva, no âmbito da Terceira Turma; REsp 1.367.955/SP, de relatoria do Ministro Paulo de Tarso Sanseverino, também no âmbito da Terceira Turma.

De acordo com o voto vencedor, de lavra do Ministro Moura Ribeiro, identificado o preenchimento dos requisitos para a responsabilidade pela ruptura das tratativas, seria "incabível a reparação dos interesses positivos do contrato, apregoando a necessidade de tutelar, apenas, os interesses negativos".

Segundo o Ministro Relator, portanto, não seria razoável condenar a REDE ao pagamento de indenização correspondente ao valor a maior que a ADM teve que desembolsar no mercado livre de energia elétrica em função do imotivado rompimento das negociações preliminares, na medida em que, com uma tal indenização, "se estaria concedendo à proponente posição equivalente àquela que obteria caso o contrato tivesse sido firmado e regularmente cumprido".

Isso porque, se o contrato tivesse se concretizado e adimplidas as prestações, a ADM teria um patrimônio de R$ 1.438.534,98 maior do que aquele efetivamente verificado após adquirir a energia mais cara no mercado livre, o que significa que se a indenização tomasse por conta tal parâmetro, "estaria equiparando a responsabilidade civil pré-contratual, decorrente do rompimento imotivado das tratativas, com aquela que exsurgiria do próprio inadimplemento do pacto que nunca se perfectibilizou" e "[s]omente em caso de inadimplemento contratual é possível exigir do inadimplente, a título de perdas e danos, a situação que teria sido alcançada com o cumprimento das prestações avençadas".

Assim, segundo o Ministro Moura Ribeiro, a responsabilidade pré-contratual apenas poderia cobrir as despesas efetivamente realizadas pela parte com o objetivo de concretizar o negócio jurídico ou em razão desse mesmo negócio frustrado, como gastos para atualizar seu parque industrial ou instalações elétricas com o objetivo de utilizar a energia elétrica que seria adquirida da REDE. Contudo, no caso, segundo o voto vencedor, a ADM não alegou ter realizado nenhuma despesa para contratar com a REDE, de modo que não teria qualquer dano a ser indenizado pelo rompimento imotivado das tratativas.

A Ministra Nancy Andrighi instaurou divergência. Muito embora tenha a Ministra Nancy concordado com o Ministro Relator a respeito de que o dano indenizável nas hipóteses de responsabilidade pré-contratual seria aquele relativo aos interesses negativos, já que "seriam eles hábeis a colocar a parte lesada na mesma situação em que se encontrava no momento anterior à estipulação do negócio", ela instaurou divergência relativamente à natureza da verba pleiteada pela ADM.

De acordo com o voto vencido, o valor de R$ 1.438.534,98 – correspondente a diferença entre o valor que foi pago para terceiro e o que seria pago para a REDE – "não representaria 'interesse positivo' da recorrente na conclusão do negócio", mas, ao contrário, "representa o prejuízo (e, portanto, 'interesse negativo') angariado pela recorrente dado o recuo da REDE na conclusão do negócio". Além disso, destacou que o pagamento de tal montante não colocaria as partes "numa posição de execução do contrato, afinal, a execução do contrato, acaso formalizado, representaria fornecer a quantidade de energia elétrica equivalente a R$ 4.715.831,93".

Diante disso, concluiu a Ministra Nancy Andrighi que a reparação pleiteada pela ADM não corresponderia a uma vantagem patrimonial que deixou de auferir e não a poria em posição equivalente àquela que obteria caso o contrato tivesse sido firmado e regularmente cumprido: "[e]m verdade", ressaltou a Ministra, "a reparação pleiteada tem a finalidade de retorná-la ao *status quo ante*".

Após o voto da Ministra Nancy Andrighi, o Ministro Relator ratificou seu voto, afirmando que a situação patrimonial da ADM não teria se deteriorado em razão do rompimento das tratativas e que os R$ 1.438.534,98 somente teriam sido pagos porque ela não podia interromper suas atividades, de modo que tal "prejuízo" não decorreu diretamente da conduta da REDE, mas de uma necessidade empresarial da ADM.

Em função disso, o Ministro Relator reiterou seu entendimento de que o "valor reclamado, longe de configurar um interesse negativo, enquadra-se perfeitamente na categoria de interesse contratual positivo". Ainda de acordo com seu voto, "se a ADM vier a ser indenizada pela diferença pleiteada, isto é com valor extra que pagou no mercado livre de energia elétrica, estará alcançando, por via judicial, precisamente a mesma situação patrimonial que teria alcançado caso formalizado e regularmente cumprido o negócio jurídico pretendido com a REDE, ou seja, o mesmo resultado prático que não atingiu extrajudicialmente tendo em vista a não celebração do contrato".

A solução dada pelo Ministro Relator parece acertada, na medida em que o pedido de indenização correspondente à diferença entre o preço de energia efetivamente pago a terceiros pela vítima e aquele que teria sido pago se o contrato frustrado tivesse sido concluído mostra-se voltada ao interesse positivo, já que colocaria o lesado na situação em que estaria se o contrato houvesse sido firmado e cumprido. Para que a indenização fosse voltada ao interesse negativo, a comparação, parece, deveria ser entre o preço efetivamente pago e aquele que se pagaria em função de um contrato alternativo que não se firmou em razão da confiança depositada na conclusão do contrato.[20]

Como se percebe, apesar da divergência acerca do modo para se calcular as verbas indenizatórias no caso de ruptura das negociações, foi consenso entre os

---

20. Também com esse entendimento: STEINER, Renata C. *Reparação de danos*: interesse positivo e interesse negativo. São Paulo: Quartier Latin, 2018, p. 309.

ministros do Superior Tribunal de Justiça que o direcionamento da indenização a ser conferida pela ruptura das tratativas deve ser aquele que retorne as partes ao momento anterior às negociações, ou seja, de que a reparação deve corresponder ao interesse contratual negativo.

Nesse contexto, aduz-se, tradicionalmente, que a reparação pelos interesses positivos, antes da formação do contrato, violaria a liberdade de não contratar, na medida em que se estaria impondo, por via transversal, a sujeição às consequências de um ajuste que não se desejou concluir.[21] Isso não significa, contudo, que a indenização pelo interesse negativo se encontra limitada ao valor que seria devido caso se tomasse como parâmetro o interesse positivo, na medida em que, como se mencionou no item 2.3, o princípio da reparação integral impõe que todos os danos sofridos pela vítima sejam indenizados.[22]

Entretanto, parcela da doutrina sustenta que tal raciocínio (de ressarcir os danos pelo interesse negativo sempre que configurada a responsabilidade pela ruptura das negociações) se afigura meramente subsuntivo, sendo insuficiente e incompatível com a realidade fática em determinadas ocasiões.[23]

---

21. Dentre muitos outros: Caso o interesse positivo fosse indenizável, reflexamente o lesado seria colocado em posição de exigir o contrato. Por via oblíqua, haveria severa ofensa ao princípio da liberdade contratual, à medida que a parte desistente seria condenada a valor semelhante à própria prestação que o lesado auferiria se o contrato fosse celebrado. Há de se compreender que se os lucros consistissem nos ganhos que decorreriam do cumprimento do contrato, haveria uma imprópria confusão entre os planos da responsabilidade contratual e extracontratual, negando-se qualquer efetividade ao direito potestativo ao rompimento das negociações" (FARIA, Cristiano Chaves de; ROSENVALD, Nelson. *Curso de direito civil*: contratos. 8. ed. Salvador: Ed. JusPodivm, 2018, p. 85-86); LOUREIRO, Francisco Eduardo; BDINE, Hamid. Responsabilidade pela ruptura das negociações. In: GUERRA, Alexandre et. al. (Coord.). *Da estrutura à função da responsabilidade civil*: uma homenagem do Instituto Brasileiro de Estudos de Responsabilidade Civil (IBERC) ao Professor Renan Lotufo. Indaiatuba: Foco, 2021, p. 140; CHAVES, Antônio. *Responsabilidade pré-contratual*. Rio de Janeiro: Forense, 1959, p. 205; COSTA, Mário Júlio de Almeida. *Responsabilidade civil pela ruptura das negociações preparatórias*. Lisboa: Coimbra Editora, 1984, p. 75; FRADA, Manuel António de Castro Portugal Carneiro da. *Teoria da confiança e responsabilidade civil*. Coimbra: Almedina, 2007, p. 520.

22. "Deve-se concordar com Almeida Costa e aceitar que, analisada a questão sob a ótica do sistema de responsabilidade civil consagrado nos códigos português e brasileiro, embora não pareça razoável admitir que o lesado seja colocado em situação mais vantajosa do que a que alcançaria com a conclusão do contrato, devem ser indenizados todos os danos que se encontram em uma relação de causalidade adequada com o fato gerador da responsabilidade, ou seja, com o abandono injustificado das negociações, não havendo motivo para limitá-los pelo contrato fracassado. (...) O parâmetro para a fixação da quantia indenizatória não dever ser o *contrato projetado* pelas partes, mas os danos efetivamente sofridos por quem confiou – e podia confiar – legitimamente na conclusão do negócio jurídico, os quais se encontram em relação direta de causa e efeito para com o ato de ruptura injusta e desleal, ainda quando os mesmos superem, em determinadas circunstâncias concretas, o próprio valor do contrato planejado e não firmado. É a regra da reparação integral dos danos (...)" (FRITZ, Karina Nunes. *Boa-fé objetiva na fase pré-contratual*: a responsabilidade pré-contratual por ruptura injustificada das negociações. Curitiba: Juruá, 2008, p. 318).

23. Quanto à necessidade de superação da técnica de subsunção, leciona Pietro Perlingieri: "A teoria da interpretação (entendida como unidade de interpretação e qualificação) supera a contraposição entre

Decerto, não parece admissível que, com o dinamismo e complexidade que envolvem a formação de certas relações contratuais contemporâneas, bem como com os valores que devem as permear – mencionados no primeiro capítulo –, adote-se a mesma solução vislumbrada em período marcado por outra metodologia. Os instrumentos jurídicos, embora possam permanecer nominalmente idênticos, desempenham funções que se alteram com o transcorrer das experiências históricas.[24] Aliás, como se mencionou, o processo de formação dos contratos é "irredutível a uma *fattispecie* genérica".[25]

Nessa linha de raciocínio, assim como todo conceito jurídico, interesse contratual (positivo e negativo) deve ser aplicado tomando-se em consideração a unidade do ordenamento jurídico e as premissas que afirmam a inexistência de instituto jurídico imune às alterações sociais e que possa ser aplicado à determinada hipótese de forma abstrata e dissociada dos demais preceitos normativos.[26]

---

fattispecie abstrata e *fattispecie* concreta, e almeja a máxima valorização das particularidades do fato. Isto, não mediante um procedimento mecânico de subsunção em rígidos (e não completamente correspondentes) esquemas legislativos, mas individuando a normativa mais compatível com os interesses e valores em jogo, segundo a hierarquia que dele propõe o ordenamento e tendo em conta todas as circunstâncias atenuantes e agravantes do caso, de modo a relativizar a decisão sem atentar ao princípio da igualdade. Trata-se de valorar o fato – analisando-o também naquelas condições e modalidades que poderiam parecer marginais ou acessórias –, determinar a normativa do caso concreto à luz das normas e dos princípios, procurando no âmbito do ordenamento a disciplina mais adequada àquela determinada composição de interesses" (PERLINGIERI, Pietro. *O direito civil na legalidade constitucional*. Rio de Janeiro: Renovar, 2008, p. 657-658). Sobre o tema e tratando especificamente da *culpa in contrahendo*: "Temos, antes, de nos interrogar sobre os limites do construtivismo e a necessidade de, em quaisquer teorias, ponderar as consequências das soluções que delas decorram. Perante a realidade jurídica existente entre nós, há que prevenir as saídas que enfraqueçam o funcionamento da cic [culpa in contrahendo] e que limitem (ainda mais) as parcas indemnizações que vêm sendo arbitradas" (MENEZES CORDEIRO, António. *Tratado de direito civil*. 4. ed. Coimbra: Almedina, 2014, t. II, p. 247).

24. Sobre a relatividade dos institutos, registra Pietro Perlingieri: "Uma visão moderna, que queira analisar a realidade sem enclausurá-la em esquemas jurídico-formais, requer uma funcionalização dos institutos do direito civil que responda às escolhas de fundo operadas pelos Estados contemporâneos e, em particular, pelas suas Constituições. Dever do jurista e, especialmente do civilista, é 'reler' todo o sistema do código e das leis especiais à luz dos princípios constitucionais e comunitários, de forma a individuar uma nova ordem científica que não freie a aplicação do direito e seja mais aderente às escolhas de fundo da sociedade contemporânea. É necessário desancorar-se dos antigos dogmas, verificando sua relatividade e sua historicidade" (PERLINGIERI, Pietro. *O direito civil na legalidade constitucional*. Rio de Janeiro: Renovar, 2008, p. 137-138). Acerca da historicidade do Direito, ensina António Manuel Hespanha: "(...) o direito existe sempre 'em sociedade' (situado, localizado) e (...) as soluções jurídicas são sempre contingentes em relação a um dado envolvimento (ou ambiente). São, neste sentido, sempre locais" (HESPANHA, António Manuel. *A cultura jurídica europeia*: síntese de um milênio. Coimbra: Almedina, 2012, p. 13).

25. GRECCO, Renato. *O momento de formação do contrato*: das negociações preliminares ao vínculo contratual. São Paulo: Almedina, 2019, p. 62.

26. "Se todo instituto jurídico existe e ganha significado dentro de um ordenamento específico, para compreender seu conceito e alcance deve-se ter em mente o todo do qual ele faz parte, analisando-o em relação com os princípios que lhe dão sentido, com os demais institutos que faz fronteira, com as regras que viabilizam sua aplicação e na forma pelo qual é interpretado. Os efeitos de uma norma

Conforme se mencionou anteriormente, os conceitos de interesse contratual positivo e interesse contratual negativo passaram por algumas etapas de desenvolvimento em diversos ordenamentos jurídicos (como é o caso do brasileiro), justamente em função das transformações havidas com a evolução do Direito das Obrigações, buscando conferir soluções às hipóteses lesivas nele abrangidas.

Contemporaneamente, como se disse, em função da complexidade de situações lesivas que se verificam, seja na formação do contrato, seja em sua execução, e dos interesses que merecem ser tutelados, entende-se que a adoção de definições aprioristicas para distinção da aplicação do interesse contratual positivo e do interesse contratual negativo não se coaduna com a pluralidade inerente ao Direito das Obrigações. Dessa forma, embora não seja incorreta a identificação do interesse contratual negativo pela violação da confiança pré-contratual e a do positivo ao descumprimento contratual, essa vinculação deve ser enxergada de forma relativa, sob pena de violar as regras de reparação de danos e de não conferir proteção adequada à vítima. De fato, interesse positivo e negativo consistem em "meros instrumentos à definição da relação jurídica de reparação".[27]

Nesse sentido, considerando-se as transformações pelas quais o processo de formação do contrato tem passado na contemporaneidade, assim como a dinamicidade e complexidade envolvidas nas tratativas, revela-se imprescindível que a identificação do interesse a ser reparado em função da ruptura das negociações preliminares observe a hipótese concreta específica à luz dos singulares interesses merecedores de tutela.[28]

---

somente se desenham claramente quando ela é inserida no ordenamento, do qual extrai seu significado e alcance. Neste sentido, já foi dito que o direito não se interpreta 'em tiras' e que o que se interpreta e aplica é ordenamento como um todo, não a norma, 'pois a norma nunca está sozinha, mas existe e exerce sua função dentro do ordenamento, e o seu significado muda com o dinamismo e a complexidade do próprio ordenamento'" (KONDER, Carlos Nelson. Apontamentos iniciais sobre a contingencialidade dos institutos de direito civil. In: MORAES, Carlos Eduardo Guerra de; RIBEIRO, Ricardo Lodi (Coord.). *Direito Civil*. Rio de Janeiro: Freitas Bastos, 2015, p. 34). A esse respeito, também: "Produto de tempos de hipercomplexidade, a multiplicação de novos centros de interesse merecedores de tutela à luz da tábua axiológica traçada pelo constituinte dardejou as pretensões de neutralidade, abstração e universalidade em que se ancorava o direito. Situações não previstas (e não previsíveis) se avolumaram, tornando essencialmente exposta a incapacidade da ciência jurídica de se pretender definitiva. Ao contrário, mostrou-se cada vez mais evidente o permanente mutabilidade do direito, a um só tempo condicionado e condicionante da sociedade. Em síntese, parece correto afirmar que a realidade molda o direito assim como é por ele conformada" (MONTEIRO FILHO, Carlos Edison do Rêgo. Reflexões metodológicas: a construção do observatório de jurisprudência no âmbito da pesquisa jurídica. *Revista Brasileira de Direito Civil*, v. 9, 2016, p. 16).

27. STEINER, Renata C. *Reparação de danos*: interesse positivo e interesse negativo. São Paulo: Quartier Latin, 2018, p. 134.

28. Como registra António Menezes Cordeiro, "a abordagem da cic [culpa in contrahendo] pela responsabilidade civil, além de redutora, distorce todo o instituto" (MENEZES CORDEIRO, António. *Tratado de direito civil*. 4. ed. Coimbra: Almedina, 2014, t. II, p. 246). Ainda: "Em síntese, a complexidade das relações parece indicar que: (...) a distinção do interesse negativo como associado à responsabilidade

Diante disso, doutrina e jurisprudência vêm identificando que, em determinadas situações, é plausível se vislumbrar, durante a fase das tratativas, a depender do modo que se desenvolvam e dos interesses concretos das partes, a possibilidade de se conceber a indenização da vítima pelo interesse positivo.[29]

3.2 HIPÓTESES ESPECÍFICAS DE VIOLAÇÃO À CONFIANÇA PRÉ-NEGOCIAL: FORMAÇÃO PROGRESSIVA DO CONTRATO À LUZ DA DOUTRINA DO CONTRATO SEM NEGÓCIO JURÍDICO E DEVER DE CONTRATAR

Como se aduziu no item 1.2, na prática negocial, o acordo de vontades não ocorre sempre em um momento único e determinado. Desse modo, "é possível que o contrato se forme paulatinamente, através de um processo que a doutrina designa por formação progressiva ou sucessiva do contrato".[30] Assim, a relação

---

pré-contratual e o interesse positivo como associado exclusivamente à responsabilidade contratual parece ser apego excessivo à tradição e a uma teoria que vem sendo repetida de maneira automática e mecânica pela simplicidade e elegância de formulação (...) Em outras palavras, as categorias desenvolvidas elegantemente por Jhering já não servem às novas hipóteses que a modernidade e a intensificação do contrato social desenvolveram. Ademais, a distinção entre interesse negativo e positivo ainda está muito presa à vinculação da responsabilidade como decorrente de uma violação a um dever geral próprio da responsabilidade extracontratual em oposição a uma responsabilidade estritamente contratual ligada exclusivamente ao interesse positivo" (FERNANDES, Wanderley. O processo de formação do contrato. In: FERNANDES, Wanderley (Coord.). *Fundamentos e princípios dos contratos empresariais*. 2. ed. São Paulo: Saraiva, 2012, p. 272-275). Quanto ao tema, também: "Na medida em que a doutrina clássica não deu a importância à fase das tratativas, como se o contrato, no momento de sua formação, pudesse ser resumido ao mecanismo proposta x aceitação, evidentemente isto se refletiu ao posicionamento dos tribunais. (...) As mudanças que o mundo está sofrendo não podem somente serem visualizadas na seara econômica. Isto porque, sendo as negociações fase imprescindível dos grandes contratos do sistema capitalista, não se pode manter os mesmos instrumentos para uma realidade que não é mais a de outrora. Soluções diferentes para problemas diferentes. Assim, seria coerente, numa época em que a vontade tinha ares de absolutismo e a retirada ilegítima fossem mínimas e, às vezes, inexistentes. Isto se explicava, igualmente, pelos poucos casos práticos em que isto acontecia, motivado pela desimportância da fase das tratativas atribuída pelos estudiosos. Não bastasse isto, a ideologia da época privilegiava a autonomia privada em relação à confiança. O patrimônio ao invés do ser humano. A vontade era um instrumento da dinâmica social – dinâmica capitalista – e o homem, muitas vezes, era apêndice deste interesse econômico maior. O mundo mudou, logo devem mudar as soluções jurídicas para os problemas, até porque eles não mais são os mesmos" (POPP, Carlyle. *Responsabilidade civil pré-negocial*: o rompimento das tratativas. Curitiba: Juruá, 2001, p. 286).

29. Recentemente, inclusive, durante a IX Jornada de Direito Civil, promovida pelo Conselho da Justiça Federal, em maio de 2022, propôs-se a aprovação de enunciado com a seguinte redação: "No campo da responsabilidade pré-contratual, havendo rompimento imotivado das negociações preliminares, as perdas e danos restringem-se ao interesse negativo do credor". O mencionado enunciado, porém, foi rejeitado em sessão plenária.

30. BIANCHINI, Luiza Lourenço. *Contrato preliminar*: conteúdo mínimo e execução. Porto Alegre: Arquipélago Editorial, 2017, p. 48.

3 • A REPARAÇÃO DE DANOS PELA RUPTURA DAS TRATATIVAS

obrigacional é formada progressivamente, "num iter negocial que levará até a conclusão do contrato e pode ser formada por graus, ou escalonadamente".[31]

Nesse sentido, o negócio frequentemente se forma de maneira gradativa, por intermédio da interação entre os contraentes, que praticam uma série de atos preparatórios, caracterizados pela troca de informações, consubstanciada, por vezes, em acordos parciais, minutas, cartas de intenções, ou mesmo contratos preliminares, e pela negociação das bases da contratação, em contexto no qual realizam verdadeira avaliação da conveniência e oportunidade.[32]

Afigura-se possível, igualmente, que os agentes, em vez de materializar o contrato em instrumento único, o firmem de maneira progressiva, por meio de vários acordos parciais, em cujo conjunto se observe a mínima unidade de efeitos almejadas pelas partes contratantes. Dessa forma, é possível que as partes alcancem consenso sobre alguns pontos do regulamento contratual, mas não sobre todos e, assim, a "aceitação última não se encontra numa única proposta, mas reúne toda uma série de propostas e de aceitações parciais".[33]

Nesse contexto, a partir de uma releitura do conceito de contrato, por meio da chamada "doutrina das relações contratuais fáticas" (ou "teoria dos comportamentos socialmente típicos" ou "contrato sem negócio jurídico") é possível visualizar uma série de relações contratuais despidas de negócio jurídico fundante, que podem, inclusive, se formar paulatinamente nas negociações preliminares.[34] Nesse cenário, para certos doutrinadores, seria possível conceber-se o ressarcimento do lesado pelo interesse positivo nos casos de formação progressiva do contrato em que, por exemplo, obrigações sejam gradualmente assumidas durante a fase das tratativas, mesmo que inexista negócio jurídico fundante as estabelecendo.[35]

---

31. MARTINS-COSTA, Judith. *Comentários ao novo Código Civil*. In: TEIXEIRA, Sálvio de Figueiredo (Coord.). Rio de Janeiro: Forense, 2003, v. V, t. II, p. 58.

32. PEREIRA, Regis Fichtner. *A responsabilidade civil pré-contratual*: teoria geral e responsabilidade pela ruptura das negociações contratuais. Rio de Janeiro: Renovar, 2001, p. 282. Em Portugal, tratando-se dos contratos de formação mais complexa: TELLES, Inocêncio Galvão. *Manual dos contratos em geral*. 4. ed. Lisboa: Coimbra, 2002, p. 203-204.

33. MARTINS-COSTA, Judith. *Comentários ao novo Código Civil*. In: TEIXEIRA, Sálvio de Figueiredo (Coord.). Rio de Janeiro: Forense, 2003, v. V, t. II, p. 337.

34. A admissibilidade da doutrina das relações contratuais de fato é controvertida: Antunes Varela, por exemplo, é contrário à sua admissão à luz do ordenamento jurídico brasileiro (v. VARELA, João de Matos Antunes. *Das obrigações em geral*. 10. ed. Coimbra: Almedina, 2005, v. 1, p. 222 e ss.); por seu turno, Carlos Alberto da Mota Pinto é favorável à sua admissibilidade (v. PINTO, Carlos Alberto da Mota. *Cessão da posição contratual*. Coimbra: Almedina, 1982, p. 261), assim como António Menezes Cordeiro (v. MENEZES CORDEIRO, António. *Da boa-fé no direito civil*. Coimbra: Almedina, 2001, p. 555 e ss. e p. 641 e ss.).

35. TEPEDINO, Gustavo; TERRA, Aline de Miranda Valverde; GUEDES, Gisela Sampaio da Cruz. *Fundamentos do direito civil*: responsabilidade civil. 2. ed. Rio de Janeiro: Forense, 2021, v. 4, p. 23-24.

A teoria das relações contratuais de fato foi desenvolvida na primeira metade do século XX, pela doutrina alemã e italiana, como válvula de escape para o rigor técnico da teoria do negócio jurídico que, formulada no "esplendor do voluntarismo do final do século XIX e dotada de substrato teórico de rara sofisticação", para garantir maior segurança à autonomia privada, subordinou os efeitos obrigacionais a uma série de pressupostos, requisitos e modalidades associadas a elementos subjetivos, objetivos e formais.[36]

De fato, pela pandectística alemã, o contrato fora reduzido à versão bilateral do negócio jurídico, passando a ser compreendido como o acordo de vontades destinado a criar, modificar ou extinguir obrigações. Por conta do voluntarismo que marcou as codificações europeias e o Código Civil brasileiro de 1916, "a tutela dos contratantes passou a depender de um constante reenvio àquela comunhão inicial de vontades, a tal ponto que vícios sutis detectados no consentimento originário, como o erro, poderiam derrubar todos os pilares do edifício contratual". Nesse contexto, "o contrato, valendo mais como produto de vontades particulares que como realidade social, converteu-se em símbolo máximo do individualismo jurídico, alvo constante de críticas e desconstruções".[37]

Em função de seu excessivo controle de validade, reconhece-se que a doutrina do negócio jurídico acaba por excluir de seu espectro de incidência algumas atividades que são admitidas, em sua substância, como socialmente úteis e legítimas pelo corpo social, apenas por não contarem com o aparato negocial. Diante disso, em razão do "contraste entre a legitimidade da atividade desenvolvida e a

---

36. TEPEDINO, Gustavo. Atividade sem negócio jurídico fundante e seus desdobramentos na teoria contratual. Prefácio. In: PEDREIRA DA SILVA, Juliana. *Contratos sem negócio jurídico*: crítica das relações contratuais de fato. São Paulo: Atlas, 2011, p. vii.

37. SCHREIBER, Anderson. Posfácio. In: PEDREIRA DA SILVA, Juliana. *Contratos sem negócio jurídico*: crítica das relações contratuais de fato. São Paulo: Atlas, 2011, p. 131. "A ordem jurídica, posta por meio da vontade dos homens, visou então, em um primeiro momento, à proteção dessa vontade ou interesse dos sujeitos. Foi sobre essa concepção individualista e voluntarista que se baseou todo o direito civil. No Brasil, essa concepção também impregnou o direito civil, de maneira a exaltar o rigor formal dos institutos, em especial, para afirmar e assegurar o regime capitalista de produção. Nessa atmosfera é que o contrato foi definido como negócio jurídico, isto é, como o encontro de vontades com vistas à produção de efeitos jurídicos. Esse conceito de contrato está estampado, ainda, em todos os manuais de direito, apesar de não mais atender suficientemente ao tráfego jurídico social atual. Isso porque a tendência de padronização e simplificação de atos e de hábitos da sociedade industrial fez com que a vontade negocial perdesse o *status* de fonte única de operações econômicas, cedendo espaço para comportamentos sociais que, embora não reflitam vontade espontânea de celebração de um negócio jurídico – e nem mesmo possam ser presumidos como declaração de vontade em todos os casos – traduzem atividades ou operações econômicas merecedoras de tutela jurídica. As atividades ou operações econômicas, então, podem ser fundadas ou não em negócio jurídico" (PEDREIRA DA SILVA, Juliana. *Contratos sem negócio jurídico*: crítica das relações contratuais de fato. São Paulo: Atlas, 2011, p. 4).

invalidação do ato negocial que a constitui", desenvolveu-se a teoria das relações contratuais de fato.[38]

O pioneirismo com relação a tal teoria é atribuído a Gunter Haupt. De acordo com a doutrina, o autor sustentava o nascimento de relações contratuais independentes da formação de um contrato, cuja fonte estaria na existência de uma "conduta socialmente típica", baseada em precedentes fatuais.[39] Apesar de diferentes dos negócios jurídicos em seu processo de gestação e nos requisitos de validade, afirma-se que, para o jurista alemão, esses atos seriam fundamentalmente idênticos aos negócios em sua existência e em sua eficácia.

Seria o caso, por exemplo, do indivíduo que compra uma passagem de trem e torna a companhia ferroviária imediatamente obrigada a transportá-lo, mesmo sem existir negócio jurídico celebrado para tanto.[40] Basicamente, a teoria do comportamento típico buscava proteger a vontade do vulnerável, "estigmatizando-se o poder da vontade como inevitável imposição das forças econômicos na celebração dos negócios jurídicos".[41]

Após os estudos promovidos por Gunter Haupt, Karl Larenz desenvolveu a "construção mais importante sobre o tema".[42] Segundo o autor, existiriam três grupos de relações contratuais fáticas: (i) aquelas constituídas em virtude de "contatos sociais", dentre as quais encontram-se "os deveres de cuidado e consideração 'pré-contratuais', que segundo a doutrina dominante, são estabelecidos pela entrada nas negociações contratuais"; (ii) as "coletividades fáticas" (relações

---

38. TEPEDINO, Gustavo. Atividade sem negócio jurídico fundante e seus desdobramentos na teoria contratual. Prefácio. In: PEDREIRA DA SILVA, Juliana. *Contratos sem negócio jurídico*: crítica das relações contratuais de fato. São Paulo: Atlas, 2011, p. viii.

39. MARTINS-COSTA, Judith. *A boa-fé no direito privado*: critérios para a sua aplicação. São Paulo: Marcial Pons, 2015, p. 246. António Menezes Cordeiro assim define a doutrina construída por Haupt: "Lançada por Günter Haupt, em 1941, esta orientação postula, no essencial, a possibilidade de relações jurídicas de tipo contratual, através de meros comportamentos materiais, independentemente de declarações negociais e sem correspondência nos deveres legais tradicionais" (MENEZES CORDEIRO, António. *Da boa fé no direito civil*. Coimbra: Almedina, 2001, p. 555).

40. MARTINS-COSTA, Judith. *A boa-fé no direito privado*: critérios para a sua aplicação. São Paulo: Marcial Pons, 2015, p. 246.

41. TEPEDINO, Gustavo. O papel da vontade na interpretação dos contratos. *Revista Interdisciplinar de Direito*, v. 16, n. 1, jun. 2018, p. 180.

42. TEPEDINO, Gustavo. Atividade sem negócio jurídico fundante e seus desdobramentos na teoria contratual. Prefácio. In: PEDREIRA DA SILVA, Juliana. *Contratos sem negócio jurídico*: crítica das relações contratuais de fato. São Paulo: Atlas, 2011, p. xii. O tema ainda foi objeto de estudos na Itália, especialmente por Túlio Ascarelli, como registra a doutrina. É relevante mencionar que, como registra a doutrina, posteriormente, em nova edição de sua obra, Karl Larenz alterou seu pensamento e acabou por aderir à tese da vontade tácita para solucionar o problema, v. TEPEDINO, Gustavo. Atividade sem negócio jurídico fundante e seus desdobramentos na teoria contratual. Prefácio. In: PEDREIRA DA SILVA, Juliana. *Contratos sem negócio jurídico*: crítica das relações contratuais de fato. São Paulo: Atlas, 2011.

de trabalho e sociedade), estabelecidas "por meio da prestação feita de fato, apesar da nulidade do contrato de trabalho ou de sociedade"; e (iii) as "relações contratuais fáticas em virtude de uma obrigação de prestar social", como ocorre no contrato de transporte.[43]

De acordo com Larenz, as relações contratuais fáticas se baseiam em um comportamento social típico dos envolvidos, de acordo com a praxe cotidiana e constituem fonte de relação contratual, assim como os negócios jurídicos. Por essa razão, inclusive, o autor considerava a possibilidade de um "conceito mais abrangente e comum" de "contrato em sentido amplo", dentro do qual deveriam ser diferenciados "os verdadeiros contratos, os negócios jurídicos bilaterais, e o comportamento social típico como fonte de uma relação contratual".[44]

Nessa direção, no que tange ao seu conteúdo, as relações obrigacionais estabelecidas por meio de comportamentos sociais típicos deveriam ser julgadas segundo as normas válidas para a relação contratual correspondente. Apesar disso, por ser a autonomia privada a fonte obrigacional dos comportamentos socialmente típicos e por inexistir declaração de vontade, Larenz defendia que os vícios de vontade – assim como as normas sobre capacidade de fato – não teriam qualquer importância, não obstante, por outras razões, alguns substratos por detrás de tais normas deverem ser observados (como a necessidade de proteção do incapaz).[45]

Conforme registra a doutrina, por razões que parecem mais decorrentes do contexto histórico e ideológico em que inserida do que por conta de seus fundamentos, a teoria das relações contratuais fáticas foi rejeitada, e progressivamente substituída a partir da década de 1970 pelas doutrinas alemã, italiana e portuguesa, que apontavam que o alargamento da teoria do negócio jurídico seria capaz de solucionar todos os problemas apontados pela construção de Haupt, seja por se ter ampliado a categoria dos negócios jurídicos, seja pela invocação da vontade presumida, seja pela noção de ratificação dos atos inválidos.[46]

---

43. LARENZ, Karl. O estabelecimento de relações obrigacionais por meio de comportamento social típico. *Revista Direito GV*. São Paulo: FGV Direito SP, 2006, v. 2, n. 1, p. 57.

44. LARENZ, Karl. O estabelecimento de relações obrigacionais por meio de comportamento social típico. *Revista Direito GV*. São Paulo: FGV Direito SP, 2006, v. 2, n. 1, p. 62.

45. LARENZ, Karl. O estabelecimento de relações obrigacionais por meio de comportamento social típico. *Revista Direito GV*. São Paulo: FGV Direito SP, 2006, v. 2, n. 1, p. 61.

46. Como explicam Gustavo Tepedino, Carlos Konder e Paula Greco Bandeira: "Por ter sido germinada como contraponto à teoria do negócio jurídico, aquela doutrina acabou sendo desenvolvida como construção crítica ao papel da vontade na teoria contratual, associando-se a orientações que, por diversos matizes, enalteceram, ao longo do Século XX, o papel do Estado intervencionista, seja em regimes autoritários de diversos países, seja no dirigismo contratual aliado ao Welfare State. Com o fracasso dos regimes autoritários e do assistencialismo, as duas últimas décadas do século passado coincidem, em diversos países europeus e da América Latina, com o neoliberalismo e, especificamente

3 • A REPARAÇÃO DE DANOS PELA RUPTURA DAS TRATATIVAS

Apesar disso, Gustavo Tepedino anota que a construção da doutrina do comportamento socialmente típico "mostra-se atual e insuperável, por lograr explicar hipóteses em que não há vontade presumida, ou em que não se trata de simplesmente estabelecer um quantum ressarcitório, cuidando-se, ao revés, de disciplinar o funcionamento de atividades típicas sem a presença do negócio que lhe servisse de título".[47]

É o caso, por exemplo, do menor que compra refrigerante em uma máquina automática. Não existe, entre ele e o fabricante do refrigerante, negócio jurídico válido, na medida em que inexiste agente capaz, nem há como presumir a vontade de seus responsáveis, já que, em certas hipóteses, as atividades são praticadas contra a vontade expressa de quem deveria autorizá-las.[48] Do mesmo modo, em

---

na esfera jurídica, uma retomada entusiasmada da autonomia privada como expressão da liberdade individual, reduzindo-se, em diversos setores – v.g., mercado de locação, relações de trabalho – o grau de intervenção do Estado, que adquire feição regulamentar, com suas agências e instrumentos que enaltecem o papel da livre contratação (...) Tal preocupação com a preservação da vontade negocial, associada a uma aparente conexão entre a crítica anterior ao papel da vontade e doutrinas estatizantes, parece relevante para a compreensão do alargamento das doutrinas do negócio jurídico e da rejeição, por muitos autores, das chamadas relações contratuais de fato" (TEPEDINO, Gustavo; KONDER, Carlos Nelson; BANDEIRA, Paula Greco. *Fundamentos do direito civil*: contratos. 2. ed. Rio de Janeiro: Forense, 2021, v. 3, p. 25). Inclusive, como se mencionou acima, o próprio Karl Larenz sucumbiu à posição dominante, aderindo a tese da vontade tácita.

47. TEPEDINO, Gustavo. Atividade sem negócio jurídico fundante e seus desdobramentos na teoria contratual. Prefácio. In: PEDREIRA DA SILVA, Juliana. *Contratos sem negócio jurídico*: crítica das relações contratuais de fato. São Paulo: Atlas, 2011, p. xiv. Conforme leciona Anderson Schreiber, em uma realidade marcada pela massificação e mecanização das relações econômicas, não é viável que se deixe de reconhecer que o negócio jurídico não é a fonte exclusiva de proteção dos contratantes. Em suas palavras, "[u]m direito civil comprometido com os valores solidários da Constituição de 1988 não pode viver constantemente à cata de um artificioso reenvio às declarações originárias de vontade das partes", na medida em que a intenção das partes não se manifesta exclusivamente por declarações negociais, mas, antes, se renova continuamente a partir do agir cotidiano. Aliás, o agir das partes, frequentemente, revela, com mais clareza e precisão que qualquer negócio jurídico, a sua vontade e seu propósito. Dessa forma, "o contrato é, antes de tudo, uma relação concreta, um processo prolongado, caracterizado pela coordenação de múltiplos atos e atitudes, que antecedem o negócio jurídico, que o sucedem e que, algumas vezes, o dispensam" (SCHREIBER, Anderson. Posfácio. In: PEDREIRA DA SILVA, Juliana. *Contratos sem negócio jurídico*: crítica das relações contratuais de fato. São Paulo: Atlas, 2011, p. 133).

48. TEPEDINO, Gustavo. O papel da vontade na interpretação dos contratos. *Revista Interdisciplinar de Direito*, v. 16, n. 1, jun. 2018, p. 181. "Se atentarmos nas mais variadas relações contratuais – entre as mais frequentes e mais importantes na vida de todos os dias – constata-se, de facto, que pelo que toca à sua constituição e à sua disciplina, não só a vontade das partes desempenha um papel que não é decisivo, como, por vezes, *permanece na sombra do próprio elemento de uma (válida) declaração contratual*. Isso acontece, por exemplo, em todos aqueles contratos que têm por objecto a prestação de bens de consumo e de serviços de massa, por parte de empresas a favor do público, a que nossos antigos autores chamava, por vezes, *contratos automáticos*. Os exemplos mais eloquentes e, poderia dizer-se, mais exacerbados, de um tal automatismo contratual são aqueles em que a oferta ao público é constituída pela presença de uma máquina distribuída de pequenos bens de consumo (por exemplo, cigarros) ou de documentos, que legitimam à fruição de um serviço (por exemplo, bilhetes para o transporte num autocarro urbano), e a aceitação manifesta-se com a inserção mecânica de uma moeda

atividades desenvolvidas por capazes também não se pode cogitar de vontade presumida "pelo simples fato de que o agente se recusa a celebrar o negócio" e "tampouco se sustentaria a explicação circunscrita à liquidação de danos quando se pensa na execução específica de certos contratos fundados em negócio nulo, na esteira de tendência progressiva do direito obrigacional".[49] Entretanto, nessas hipóteses, há atividade econômica merecedora de tutela já que socialmente reconhecida, de modo que a falta de enquadramento em tipo legislativo não desautoriza a atividade.[50]

Com efeito, a doutrina das relações contratuais de fato não relega o papel da vontade no âmbito dos atos de autonomia privada, mas apenas considera secundária, com relação a determinadas atividades socialmente típicas, a chamada "vontade negocial", ou seja, "a existência de um negócio jurídico que inaugure a atividade já existente de fato e para a qual, indiscutivelmente, o papel da vontade pode ser imprescindível".[51]

Dessa forma, defende-se, contemporaneamente, que a doutrina dos comportamentos socialmente típicos deve ser revisitada e contextualizada, de modo que se examine as atividades sem negócio em face das diversas formas de expressão e de valoração da vontade contratual, avaliando-se "o papel da vontade na presença e na ausência de negócio jurídico que celebre a atividade contratual". É necessário, assim, que "se consiga separar a vontade negocial da vontade contratual", estando a vontade contratual presente nas atividades sem negócio.[52]

---

no orifício adequado: não é, na verdade, fácil reconduzir estes comportamentos ao conceito tradicional de declaração contratual, e, ainda menos fácil, reconhecer-lhes um apreciável conteúdo de subjectividade e individualidade. Parece mais realista dizer que, nesses casos, se atribui, convencionalmente, o valor de declaração contratual a comportamentos sociais valores de modo típico, por aquilo que eles socialmente exprimem, abstraindo-se das atitudes psíquicas concretas dos seus autores" (ROPPO, Enzo. *O contrato.* Coimbra: Almedina, 1988, p. 302).

49. TEPEDINO, Gustavo. O papel da vontade na interpretação dos contratos. *Revista Interdisciplinar de Direito,* v. 16, n. 1, p. 181, jun. 2018.

50. PEDREIRA DA SILVA, Juliana. *Contratos sem negócio jurídico:* crítica das relações contratuais de fato. São Paulo: Atlas, 2011, p. 13. "O elemento comum a todas essas hipóteses, embora muitos aspectos assaz diversos entre si, encontra-se no facto de a relação contratual nascer e produzir os seus efeitos, não já sobre a base de declarações de vontade válidas (as quais, em linha de princípio, seriam necessárias para que existisse um contrato), mas sim com base no *contacto social* que se estabelece entre as partes dessa mesma relação. (...). E, por força deste contacto social, a relação económica entre os sujeitos interessados é reconhecida e tutelada pelo direito, que a trata como relação jurídica e, mais precisamente, como relação contratual (visto que lhe considera aplicável grande parte das regras que disciplinam as relações nascidas do contrato)" (ROPPO, Enzo. *O contrato.* Coimbra: Almedina, 1988, p. 303-304).

51. TEPEDINO, Gustavo. Atividade sem negócio jurídico fundante e seus desdobramentos na teoria contratual. Prefácio. In: PEDREIRA DA SILVA, Juliana. *Contratos sem negócio jurídico:* crítica das relações contratuais de fato. São Paulo: Atlas, 2011, p. xii.

52. TEPEDINO, Gustavo. Atividade sem negócio jurídico fundante e seus desdobramentos na teoria contratual. Prefácio. In: PEDREIRA DA SILVA, Juliana. *Contratos sem negócio jurídico:* crítica das

3 • A REPARAÇÃO DE DANOS PELA RUPTURA DAS TRATATIVAS

Nessa esteira, deve-se reconhecer que a expressão "contrato" admite dois sentidos diversos, designando não apenas o "ato jurídico formal (que dá forma) à relação contratual, isto é, o negócio jurídico fundante", mas também "a atividade que lhe dá conteúdo (atividade contratual)".[53]

Desse modo, o contrato deve ser concebido não apenas como negócio jurídico bilateral (dependente do encontro de vontades, somado ao preenchimento de pressupostos, elementos e requisitos legalmente estabelecidos),[54] mas como

---

relações contratuais de fato. São Paulo: Atlas, 2011, p. xiv. Conforme leciona Juliana Pedreira da Silva: "A vontade negocial é destinada à realização de efeitos jurídicos almejados. A vontade contratual não se confunde com a vontade negocial, haja vista que, mesmo sem vontade de entabular negócio jurídico, pode haver vontade de exercício de certa atividade. Exemplo emblemático é o do menor capaz de manifestar sua vontade e que, por sua vez, não poderá celebrar negócio jurídico para adquirir m refrigerante, mas poderá exercer a atividade de compra e venda, porque manifesta a vontade de exercer a atividade. A vontade do exercício da atividade será, então, suficiente para caracterizar o contrato de compra e venda, mesmo sem negócio jurídico fundante, desde que tal atividade seja valorada positivamente pelo grupo social, considerada como comportamento socialmente típico e digno de proteção jurídica" (PEDREIRA DA SILVA, Juliana. *Contratos sem negócio jurídico*: crítica das relações contratuais de fato. São Paulo: Atlas, 2011, p. 80-81). Ainda: "Para essas hipóteses, inexiste declaração de vontade, embora haja uma conduta típica que faz surgir o vínculo contratual de fato, com todos os desdobramentos e efeitos inerentes a tal figura. Já se teve a oportunidade de mencionar, mas parece ser salutar revolver, neste ponto, a ideia de que a desvinculação da vontade é, na verdade, a desvinculação da vontade negocial, porque todo ato praticado pressupõe a vontade (de praticar o ato). O que se traz é a desnecessidade de acusar uma vontade negocialmente dirigida para que se apure a existência de um contrato. A relevância está na valoração que o ordenamento dá aos atos praticados e não na intencionalidade da conduta. Indubitavelmente, os contratos fáticos prescindem da volatilidade contratual, admitindo-se a configuração estrita da vontade à prática do ato" (SIRENA, Hugo Cremonez. Direito dos Contratos: relações contratuais de fato e o princípio da boa-fé. *Revista Jurídica da Procuradoria Geral do Estado do Paraná*. 2014, n. 5, p. 224).

53. PEDREIRA DA SILVA, Juliana. *Contratos sem negócio jurídico*: crítica das relações contratuais de fato. São Paulo: Atlas, 2011, p. 19. Ainda: "Decorre da doutrina [das atividades contratuais de fato] exposta que a autonomia privada se realiza de duas formas distintas: uma delas é o negócio jurídico, designadamente o contrato – no qual a aparência de vontade e as expectativas criadas podem ceder, diante da falta de consciência da declaração ou incapacidade do declarante; a outra reporta-se às relações contratuais fáticas – onde a irrelevância do erro na declaração e das incapacidades se justifica por exigências de segurança, de celeridade e demais condicionalismos do tráfico jurídico" (COSTA, Mário Júlio de Almeida. *Direito das obrigações*. 12. ed. Coimbra: Almedina, 2010, p. 222-226).

54. Sobre a temática, confira-se: "As relações jurídicas nascidas de negócio jurídico são identificáveis reunidos os pressupostos, elementos e requisitos do negócio jurídico. (...) Assim, os elementos do negócio jurídico, quais sejam, a declaração de vontade, o objeto e a forma, determinam a existência do negócio; já os requisitos, quais sejam, a capacidade do agente, a licitude, determinação ou determinabilidade do objeto e a prescrição ou não proibição legal da forma, conferem validade ao negócio jurídico; já a eficácia do negócio jurídico dependerá do implemento de condição, termo ou do encargo estabelecido por lei ou pela vontade das partes. Verificados os pressupostos, elementos e requisitos, o negócio jurídico se aperfeiçoa e, ato contínuo, aperfeiçoa-se o contrato nele fundado" (PEDREIRA DA SILVA, Juliana. *Contratos sem Negócio Jurídico*: Crítica das Relações Contratuais de Fato. São Paulo: Atlas, 2011, p. 83). Já para a configuração do contrato sem negócio jurídico, elencam-se os seguintes requisitos: (a) presença de dois ou mais centros de interesses; (b) existência de coordenação das condutas entre os centros de interesses que deflagra a mínima unidade de efeitos, ou seja, a causa; (c) o cumprimento da função social da atividade desenvolvida, sem o que não há legitimidade no comportamento capaz de

a própria atividade em função da qual se firma o ajuste, ou seja, como a coordenação objetiva de atos ou comportamentos deflagrados por centros de interesses no contato social. A compreensão do contrato como atividade impede que se imponha a vontade como condição de coordenação dos atos, sendo possível identificá-lo sem invocar a fórmula do negócio jurídico.[55]

Assim sendo, enquanto no negócio jurídico a declaração de vontade hígida é um elemento essencial para sua validade, nas atividades socialmente típicas, a vontade é verificada posteriormente, a partir dos efeitos produzidos por ela, independentemente da declaração destinada à instauração do vínculo.[56] Por consequência, ao passo em que o negócio jurídico segue vinculado ao controle estabelecido Código Civil, ao seu lado, uma série de atividades socialmente típicas, decorrentes de atos não negociais, é valorada positivamente e o ordenamento jurídico reconhece seus efeitos.

Uma compreensão do contrato nesses termos permite proteger as atividades contratuais que se estabelecem na vida prática, a despeito da ausência de negócio jurídico válido ou existente que lhe sirva de fundamento, ao mesmo tempo em que não nega a indisputável utilidade do negócio jurídico.[57] Em outros termos, o reconhecimento e tutela dos contratos sem negócio jurídico "não significa o surgimento de um novo instituto do direito privado", mas, tão somente "a necessidade de releitura de contrato de acordo com as exigências do tráfego jurídico".[58] De fato, essa conjuntura é derivada da "efemeridade e do dinamismo de que está dotada a maioria das relações sociais do dia a dia (especialmente da ordem contratual), cujos vínculos já não podem mais ser explicados pela mera consideração

---

tipificá-lo socialmente, cf. PEDREIRA DA SILVA, Juliana. *Contratos sem Negócio Jurídico*: crítica das relações contratuais de fato. São Paulo: Atlas, 2011, p. 83.

SCHREIBER, Anderson. Posfácio. In: PEDREIRA DA SILVA, Juliana. *Contratos sem negócio jurídico*: crítica das relações contratuais de fato. São Paulo: Atlas, 2011, p. 133.

55. PEDREIRA DA SILVA, Juliana. *Contratos sem Negócio Jurídico*: Crítica das Relações Contratuais de Fato. São Paulo: Atlas, 2011, p. 16.

56. TEPEDINO, Gustavo. O papel da vontade na interpretação dos contratos. *Revista Interdisciplinar de Direito*, v. 16, n. 1, jun. 2018, p. 183.

57. SCHREIBER, Anderson. Posfácio. In: PEDREIRA DA SILVA, Juliana. *Contratos sem negócio jurídico*: crítica das relações contratuais de fato. São Paulo: Atlas, 2011, p. 133. Ainda: "Assim, a visão do contrato como acordo de vontades ainda pode prevalecer quando duas ou mais partes manifestam o consentimento em uma reunião, ou quando uma aceitação é validamente expedida. Porém, em determinadas circunstâncias, a investigação da vontade das partes é absolutamente inviável, devendo, neste caso, buscar-se a resposta na qualificação de comportamentos que socialmente podem ser reconhecidos como um contrato ou como próprios da formação de um contrato" (FERNANDES, Wanderley. O processo de formação do contrato. In: FERNANDES, Wanderley (Coord.). *Fundamentos e princípios dos contratos empresariais*. 2. ed. São Paulo: Saraiva, 2012, p. 230).

58. PEDREIRA DA SILVA, Juliana. *Contratos sem Negócio Jurídico*: crítica das relações contratuais de fato. São Paulo: Atlas, 2011, p. 81.

de se haver (ou não) expressão da vontade autônoma entre os indivíduos, agora contratantes".[59]

Assim, "admite-se a celebração do contrato entre sujeitos pela simples realização de condutas típicas, mesmo que haja expressa negativa na pretensão de atrelamento com características de contrato". Em outras palavras, concebe-se "a possibilidade de se formarem relações contratuais mesmo sem a expressão da manifestação de vontade dos contratantes e, indo mais além, até mesmo de existirem contratos em detrimento da inequívoca vontade contrária de celebração pelos indivíduos".[60]

Aliás, o próprio ordenamento jurídico brasileiro revela e regulamenta alguns tipos contratuais que se sustentam sem negócio jurídico fundante, como a sociedade em comum (art. 986 e seguintes do Código Civil) e os contratos de trabalho (art. 36 e seguintes da Consolidação das Leis Trabalhistas).[61] Contudo, como anota a doutrina, é "improvável a apreensão, pelo legislador, de todos os fenômenos verificados na realidade social, pois, no plano fático-social, revelam-se inúmeras as atividades ou relações contratuais despidas de negócio fundante, sem correspondência com qualquer tipo legislativo, que escapam à produção legislativa".[62]

Dessa maneira, é necessário que o intérprete identifique a função específica exercida pela atividade, bem como sua tipicidade social para, em seguida, qualificá-la e avaliar, à luz dos valores impostos pelo ordenamento jurídico, o merecimento de tutela daquele conjunto de atos.[63]

---

59. SIRENA, Hugo Cremonez. Direito dos Contratos: relações contratuais de fato e o princípio da boa-fé. *Revista Jurídica da Procuradoria Geral do Estado do Paraná*. 2014, n. 5, p. 201.

60. SIRENA, Hugo Cremonez. Direito dos Contratos: relações contratuais de fato e o princípio da boa-fé. *Revista Jurídica da Procuradoria Geral do Estado do Paraná*. n. 5, p. 200. 2014.

61. A jurisprudência brasileira já reconheceu a teoria das relações contratuais fáticas: "Responsabilidade civil. Estacionamento. Relação contratual de fato. Dever de proteção derivado da boa-fé. Furto de veículo. O estacionamento bancário que põe à disposição dos seus clientes uma área para estacionamento dos veículos assume o deve de proteger os seus e a pessoa do usuário. O vínculo tem sua fonte na relação contratual de fato assim estabelecida, que serve de fundamento à responsabilidade civil pelo dano decorrente do descumprimento do dever" (STJ, AgRg no Ag 47.901-3, 4ª T., Rel. Min. Ruy Rosado de Aguiar, julg. 12.09.1994).

62. PEDREIRA DA SILVA, Juliana. *Contratos sem Negócio Jurídico*: Crítica das Relações Contratuais de Fato. São Paulo: Atlas, 2011, p. 16.

63. PEDREIRA DA SILVA, Juliana. *Contratos sem Negócio Jurídico*: Crítica das Relações Contratuais de Fato. São Paulo: Atlas, 2011, p. 16. A propósito: "A admissão da relação contratual sem negócio permite atribuir tutela jurídica a efeitos socialmente reconhecidos, a partir de qualificação *a posteriori* da função da atividade realizada, estabelecendo-se, desse modo, controle de merecimento de tutela, à luz da legalidade constitucional, acerca de atos praticados sem negócio jurídico de instauração (mas que, nem por isso, podem ser considerados fora da lei), cuja eficácia, de ordinário, é mais restrita do que a gama de efeitos almejados pelo negócio" (TEPEDINO, Gustavo; KONDER, Carlos Nelson; BANDEIRA, Paula Greco. *Fundamentos do direito civil*: contratos. 2. ed. Rio de Janeiro: Forense, 2021, v. 3, p. 23).

Nessa esteira, alude-se que as negociações preliminares constituem campo fértil para aplicação da doutrina das relações contratuais de fato, já que caracterizadas pelo contato social qualificado,[64] sobretudo quando se tem presente o fenômeno da formação progressiva do contrato, na medida em que, nesse âmbito, é possível que sejam praticados uma série de atos contratuais, mas não negociais, que carecem da devida qualificação.[65]

A formação progressiva dos contratos, analisada no campo das relações contratuais de fato, traduz a noção de que "a relação contratual vai se definindo progressivamente no tempo, mediante a escolha dos elementos contratuais, como preço, modo de adimplemento, cláusula penal", de forma que "o vínculo contratual se forma no curso do tempo sem que haja vontade negocial, isto é, a manifestação de vontade definitiva na formação do negócio". Desse modo, aduz-se que, nessa etapa, "há *vontade contratual*, resultante da atividade, capaz de produzir efeitos jurídicos, embora não haja *vontade negocial*", na medida em que se cuida de atividade socialmente típica, que, embora desprovida de negócio fundante, produz efeitos jurídicos.[66]

Em outros termos, a teoria das relações contratuais de fato serve para se superar certo *fetichismo* com relação à vontade, reconhecendo-se que a existência de uma vontade contratual completa e hígida não é necessária e suficiente para a produção de todos os efeitos vinculativos de um contrato. Trata-se de defender o reconhecimento de efeitos contratuais de comportamentos em que a vontade não se enquadra perfeitamente no padrão de vontade da teoria do negócio jurídico.

E, nessa medida, os efeitos contratuais vão se desenvolvendo com o processo paulatino de formação do contrato, a ponto de que, para alguns desses efeitos, ainda que não concluído o contrato definitivo, já se identifica vínculos de natureza contratual, impostos pela boa-fé, mesmo que inexistente declaração de vontade negocial.

---

64. "Na fase de negociações contratuais, as partes iniciam um contato social muito mais intenso, qualificado pelo fato de perseguirem um objetivo comum, qual seja, o estabelecimento de uma relação jurídica contatual. Para isso, ingressam no âmbito privado uma da outra, trocam informações sigilosas e criam expectativas mútuas de obtenção de proveito com o contrato projetado" (PEREIRA, Regis Fichtner. *A responsabilidade civil pré-contratual*: teoria geral e responsabilidade pela ruptura das negociações contratuais. Rio de Janeiro: Renovar, 2001, p. 253).

65. TEPEDINO, Gustavo. Atividade sem negócio jurídico fundante e seus desdobramentos na teoria contratual. Prefácio. In: PEDREIRA DA SILVA, Juliana. *Contratos sem negócio jurídico*: crítica das relações contratuais de fato. São Paulo: Atlas, 2011, p. xvi.

66. BANDEIRA, Paula Greco. *Contrato incompleto*. São Paulo: Atlas, 2015, p. 106. Por essa razão, aliás, defende que "[a] expressão *pré-negocial* é a melhor para designar tal fase, vez que quer a doutrina se referir ao período que antecede às declarações de vontade, ao acordo propriamente dito. A expressão *pré-contratual* pode conduzir a erro, uma vez que nem todo contrato tem base negocial" (PEDREIRA DA SILVA, Juliana. *Contratos sem negócio jurídico*: crítica das relações contratuais de fato. São Paulo: Atlas, 2011, p. 31-32, nota de rodapé n. 40).

Por certo, contemporaneamente, revisitando a doutrina dos comportamentos socialmente típicos, nota-se que existem atividades eminentemente contratuais extraídas do contato social estabelecido no âmbito das tratativas, sem que exista negócio jurídico que lhes dê origem. O fundamento de tais atividades encontra-se no comportamento através do qual obrigações unilaterais ou bilaterais são progressivamente assumidas pelos agentes, com o fim último de concluir o negócio principal.[67] Aliás, conforme registra a doutrina, durante esse intenso contato social, não se poderia cogitar de vontade presumida, já que, por circunstâncias negociais, as partes não quiseram ou não puderam celebrar o negócio jurídico.[68]

Em outras palavras, em função da vontade contratual existente, deve-se reconhecer, na atividade desempenhada nas tratativas, "efeitos à atividade contratual em que as partes, embora não tenham manifestado a vontade negocial, isto é, não tenham assinado o contrato, ultimaram diversas negociações e tratativas que se dirigiam a esse fim, nas quais definiram diversos elementos da relação contratual", a despeito de inexistir a vontade final na celebração do ajuste.[69]

Nesses casos, como inexiste declaração de vontade, a doutrina entende que a fonte dos deveres de prestação oriundos dos contratos sem negócio jurídico seria a boa-fé objetiva. De fato, sustenta-se que, da mesma forma que a boa-fé é fonte de deveres laterais e de proteção no âmbito das relações regidas por negócio jurídico, ela seria capaz de gerar os próprios deveres principais nos contratos sem negócio jurídico, inexistindo qualquer óbice no ordenamento jurídico para tanto.[70]

Nessa perspectiva, considerando-se a possibilidade, cada vez mais frequente, de formação progressiva do contrato, cujo conteúdo vai se estabelecendo passo a passo, mediante a assunção paulatina de obrigações pelos contraentes no âmbito das tratativas ao mesmo tempo em que se negociam futuras bases contratuais,

---

67. "Assim, após o pioneirismo de Ihering, a doutrina procurou resolver o problema do descumprimento de deveres difundidos pela boa-fé, na fase pré-negocial, por meio da responsabilidade civil extra-contratual e, mais recentemente, pela denominada responsabilidade civil pré-negocial. Todavia, a fase pré-negocial pode se revelar ainda mais complexa, uma vez que determinados comportamentos humanos, observados nessa fase, embora não configurem verdadeiras declarações de vontade, a ponto de concluírem um negócio jurídico, podem ser considerados típicos e correspondentes, no sentido de que, conforme as condições gerais do tráfego, tais comportamentos estarão ligados a uma consequência obrigacional. Nasce, então, uma relação contratual de fato, ou contrato sem negócio" (PEDREIRA DA SILVA, Juliana. *Contratos sem negócio jurídico*: crítica das relações contratuais de fato. São Paulo: Atlas, 2011, p. 35).

68. TEPEDINO, Gustavo. Atividade sem negócio jurídico fundante e seus desdobramentos na teoria contratual. Prefácio. In: PEDREIRA DA SILVA, Juliana. *Contratos sem negócio jurídico*: crítica das relações contratuais de fato. São Paulo: Atlas, 2011, p. xvii.

69. BANDEIRA, Paula Greco. *Contrato incompleto*. São Paulo: Atlas, 2015, p. 107.

70. PEDREIRA DA SILVA, Juliana. *Contratos sem negócio jurídico*: crítica das relações contratuais de fato. São Paulo: Atlas, 2011, p. 88-89.

é possível que se considere, em relação a certas obrigações, o contrato (ou parte independente dele) já formado, extrapolando-se, assim, a fase pré-contratual.[71] Dito por outro modo, é possível, na fase das negociações preliminares, que se conceba a formação contratual em etapas, de forma que muitos dos vínculos contratuais possam ir se formando gradualmente, com fundamento em comportamentos socialmente típicos, antes da celebração do contrato definitivo.[72]

Trata-se, como colocado por Gustavo Tepedino, de entrever "pequenos contratos sem negócio jurídico, fundados no comportamento socialmente típico mediante o qual obrigações unilaterais ou bilaterais podem ser progressivamente assumidas mesmo sem negócio jurídico fundante".[73]

Nessa hipótese, diante das obrigações contratuais já efetivamente assumidas e em relação às quais parece razoável que o contraente possa legitimamente almejar, seria possível, mesmo no caso de ruptura das negociações, cogitar de indenização pelos interesses positivos, na medida em que o descumprimento do vínculo acarreta efetivo inadimplemento contratual, a ensejar responsabilidade

---

71. "Assim, como atenta Gustavo Tepedino, a formação progressiva do contrato é caracterizada pela assunção, no curso das tratativas, de obrigações verdadeiramente contratuais, já estabelecidas de modo definitivo pelas partes. Com efeito, nada impede que as partes aprovem alguns pontos e prossigam as negociações com relação aos demais, fazendo com que o acordo seja alcançado gradativamente. Considerando esse fenômeno, Renato Speciale observa que a dicotomia *contrato* e *não contrato* não é mais suficiente para explicar a realidade, sendo certo que ocorre 'a formação de uma terra de ninguém sempre mais ampla, situada entre esses dois polos'. Nessa zona cinzenta, segundo o autor, encontram-se os diversos tipos de acordos pré-contratuais, como as cartas de intenção e os acordos parciais que as partes podem firmar no processo de formação do contrato. Não há, na realidade, uma cisão nítida entre a fase das tratativas e a fase contratual, sendo possível que elas coexistam no processo de formação do contrato, quando, ao lado de obrigações já de conteúdo contratual, as partes continuam as negociações a respeito de outros pontos da operação globalmente considerada" (BIANCHINI, Luiza Lourenço. *Contrato preliminar*: conteúdo mínimo e execução. Porto Alegre: Arquipélago Editorial, 2017, p. 50-51). Também: FERREIRA, Carlos Almeida de. *Contratos*: conceito, fontes, formação. 6. ed. Almedina: Lisboa, 2018, v. 2, p. 146.
72. TEPEDINO, Gustavo; KONDER, Carlos Nelson; BANDEIRA, Paula Greco. *Fundamentos do direito civil*: contratos. 2. ed. Rio de Janeiro: Forense, 2021, v. 3, p. 24. A propósito: "A formação progressiva do contrato indica, portanto, que a 'estrada do contrato é percorrida em etapas', a traduzir momento intermediário no *iter* da formação do negócio, entre as tratativas e o contrato final, idôneo a produzir efeitos voltados à conclusão do negócio jurídico desejado pelos contratantes, ou até mesmo efeitos definitivos, essenciais ao contrato que se pretende concluir. Na arguta expressão do Professor Tepedino, o contrato 'se forma aos pedaços', com a progressiva assunção de obrigações pelas partes no decorrer das negociações preliminares. Tal construção doutrinária atende, de forma mais plena, aos interesses dos contratantes na atual realidade contemporânea, em que a formação contratual raramente se opera de maneira instantânea. (...). Pode-se afirmar, em síntese que, nesses casos, há vontade contratual que merece tutela jurídica por parte do ordenamento, ainda que não exista contrato, compreendido como negócio jurídico" (BANDEIRA, Paula Greco. *Contrato incompleto*. São Paulo: Atlas, 2015, p. 108).
73. TEPEDINO, Gustavo. Atividade sem negócio jurídico fundante e seus desdobramentos na teoria contratual. Prefácio. In: PEDREIRA DA SILVA, Juliana. *Contratos sem negócio jurídico*: crítica das relações contratuais de fato. São Paulo: Atlas, 2011, p. xvi.

contratual do agente.[74] O ressarcimento pelo interesse negativo, em tais situações, "apresenta-se incompatível com a realidade dos fatos", já que o contrato, ou parte autônoma dele, já se encontra formado, extrapolando-se a fase pré-contratual.[75]

Nesse cenário, tem-se defendido que "merece revista a antiga bipartição da responsabilidade civil em contratual e extracontratual, em razão do reconhecimento da responsabilidade civil pré-negocial e do contrato sem negócio", o que importará na releitura da própria responsabilidade civil contratual.[76]

Realmente, diante de tantos universos possíveis na fase das tratativas, não há como se enquadrar *a priori* a responsabilidade do agente como extracontratual, na medida em que, em determinadas hipóteses, é possível que se verifique que "o contato social realizado e caracterizado pela conduta social típica já, por si, espraiou efeitos obrigacionais sem necessidade de conclusão do negócio jurídico". Nesses casos, "a responsabilidade será contratual, pois, mesmo sem negócio jurídico, persistirá a atividade contratual, reconhecendo-se obrigações específicas atribuíveis aos centros de interesse".[77]

---

74. TEPEDINO, Gustavo; TERRA, Aline de Miranda Valverde; GUEDES, Gisela Sampaio da Cruz. *Fundamentos do direito civil*: responsabilidade civil. 2. ed. Rio de Janeiro: Forense, 2021, v. 4, p. 24. Ainda: "Na formação progressiva do contrato, no que concerne aos vínculos efetivamente assumidos, mostra-se legítimo reconhecer a existência de relação contratual, a despeito da inocorrência de celebração do negócio jurídico pretendido pelas partes. Em consequência, o descumprimento, nestas fases, relativamente a determinados vínculos, constitui-se em inadimplemento contratual. Basta pensar nos vínculos (definitivos) de confidencialidade e de exclusividade que usualmente se estabelecem durante certa tratativa contratual" (TEPEDINO, Gustavo. O papel da vontade na interpretação dos contratos. *Revista Interdisciplinar de Direito*, v. 16, n. 1, p. 186-187, jun. 2018). Também: "É o que acontece no já mencionado processo de formação progressiva do contrato (...). Nessa hipótese, os deveres contratuais vão surgindo de forma paulatina e não de uma vez só, o que torna a fronteira entre a fase pré-contratual e a fase contratual menos visível, pois, como dito, certos deveres contratuais conviverão com o prosseguimento das tratativas em relação a outros pontos do negócio. Note-se que o eventual descumprimento de um dever contratual, nesse momento, não ensejará apenas a obrigação de indenizar pelos chamados interesses contratuais negativos, mas também, eventualmente, a obrigação de ressarcir os danos correspondentes aos interesses contratuais positivos" (BIANCHINI, Luiza Lourenço. *Contrato preliminar*: conteúdo mínimo e execução. Porto Alegre: Arquipélago Editorial, 2017, p. 108).
75. TEPEDINO, Gustavo. Atividade sem negócio jurídico fundante e seus desdobramentos na teoria contratual. Prefácio. In: PEDREIRA DA SILVA, Juliana. *Contratos sem negócio jurídico*: crítica das relações contratuais de fato. São Paulo: Atlas, 2011, p. xvi.
76. PEDREIRA DA SILVA, Juliana. *Contratos sem negócio jurídico*: crítica das relações contratuais de fato. São Paulo: Atlas, 2011, p. 37.
77. PEDREIRA DA SILVA, Juliana. *Contratos sem negócio jurídico*: crítica das relações contratuais de fato. São Paulo: Atlas, 2011, p. 37. Conforme mencionado no item 1.3 acima, inexiste diferença quanto ao dever de indenizar, quer se trate de responsabilidade extracontratual ou contratual. Conforme ressalta Juliana Pedreira da Silva, "invertido ou não o dano no plano contratual, o efeito legal sempre será o mesmo: o dever de indenizar. O dever de indenizar não será diferente se se originou na esfera contratual ou extracontratual. Apenas haverá dever de indenizar". A autora conclui, inclusive, que tais observações revelam "outro bom motivo para a unificação da dogmática do sistema da responsabilidade civil" (PEDREIRA DA SILVA, Juliana. *Contratos sem negócio jurídico*: crítica das relações contratuais de fato. São Paulo: Atlas, 2011, p. 38-39).

Além da possibilidade de ressarcimento pelo interesse positivo nos casos de identificação de contratos sem negócios jurídicos, tem sido objeto de intenso debate em doutrina e jurisprudência a viabilidade de indenização por aquele interesse nas hipóteses em que configurado, no curso das tratativas, o chamado "dever de contratar".

Por certo, como anotado por António Menezes Cordeiro, "no topo do problema da cic [*culpa in contrahendo*] põe-se o tema da obrigação de contratar". Indaga-se, assim, se "[p]oderão as exigências da boa-fé *in contrahendo* ir ao ponto de suprimir a autonomia privada, obrigando à conclusão do negócio".[78]

O dever de contratar traduz "situação jurídica pela qual o sujeito (o obrigado) fica adstrito à celebração de um contrato, isto é: à emissão de declaração de vontade que, em conjunto com a da outra parte, dá azo a um negócio bilateral".[79] Uma adstrição de tal gênero contraria a lógica contratualista sedimentada no século XVII e questiona a dogmática pandectística elementar, na medida em que, naqueles momentos históricos, valia a máxima de que "[s]e há obrigação, falta o contrato; e havendo contrato, falece a obrigação de o concluir".[80]

Trata-se de hipótese que não se confunde com as de formulação de uma proposta vinculante,[81] ou de celebração de um contrato preliminar,[82] as quais, nos

---

78. MENEZES CORDEIRO, António. *Tratado de direito civil*. 4. ed. Coimbra: Almedina, 2014, t. II, p. 226.
79. MENEZES CORDEIRO, António. *Tratado de direito civil*. 4. ed. Coimbra: Almedina, 2014, t. II, p. 226.
80. MENEZES CORDEIRO, António. *Tratado de direito civil*. 4. ed. Coimbra: Almedina, 2014, t. II, p. 226.
81. Quanto à revogação de proposta vinculante e o ressarcimento pelo interesse positivo, leciona Renata Steiner: "(...) o destinatário de uma proposta irrevogável não tem apenas uma expectativa de conclusão do negócio jurídico, mas antes efetivo direito a concluí-lo. Por parte do proponente, tem ele um dever de contratar que o vincula antes mesmo do nascimento do pacto, ancorado no caráter irrevogável da proposta. Esse dever, conquanto pudesse ser também construído a partir da confiança fomentada na fase formativa, é diretamente decorrente do negócio jurídico unilateral da proposta irrevogável. Ou seja, nem sequer é necessário descer às vicissitudes interpretativas da boa-fé para afirmar a existência de um dever de contratar, ainda que o mandamento de confiança e proteção às legítimas expectativas também seja nitidamente existente. A sua configuração decorre da eficácia própria desse negócio jurídico unilateral, se irrevogável. Aplicando-se as regras gerais de responsabilidade civil, e na medida em que, não fosse a revogação da proposta (ao mesmo tempo ato ilícito e evento lesivo), o contrato teria sido formado, é o interesse positivo a medida de indenização. A situação hipotética sem o dano confunde-se com aquela representada pela inexistência do ato ilícito, ou seja, não fosse a revogação (ilícita), o contrato teria sido formado adequadamente" (STEINER, Renata C. *Reparação de danos*: interesse positivo e interesse negativo. São Paulo: Quartier Latin, 2018, p. 319) Também nesse sentido: PEREIRA, Fabio Queiroz. *O ressarcimento do dano pré-contratual*: interesse negativo e interesse positivo. São Paulo: Almedina, 2017, p. 282.
82. Nos casos de existência de um contrato preliminar, como anota a doutrina, a indenização se pautará pelo interesse contratual positivo: "Diversamente, o contrato preliminar já é como indica a sua denominação um contrato, tendo o efeito de obrigar as partes (ou apenas uma delas, no caso do preliminar unilateral) à celebração do negócio prometido. Nesse caso, o vínculo contratual já está formado, sendo certo que o descumprimento da obrigação de concluir o segundo implica a aplicação das regras relativas à responsabilidade civil contratual, o que, como se viu, não ocorre na fase das tratativas. Dessa forma, na hipótese de inadimplemento da obrigação de celebrar o negócio programado, a parte

termos da legislação, geram, a depender de certos requisitos, obrigações legais expressas de seguir com a contratação, mas, sim, de situações em que, mesmo na ausência de proposta ou de pré-contrato, a boa-fé objetiva imporia verdadeiro dever de contratar. Nestes casos, diferentemente do que se entende para os casos de contrato sem negócio jurídico, entende-se que não haveria contrato formado, mas que as negociações estariam em estágio tão avançado que a boa-fé objetiva imporia – não o reconhecimento de efeitos contratuais ao comportamento, como se o próprio contrato já estivesse firmado –, mas um dever de concluir o negócio final almejado.

Com efeito, atualmente, alguns doutrinadores defendem que, em situações excepcionais, a confiança gerada pelas tratativas seria de tamanha densidade que se constituiria, aos contraentes, um excepcional dever de contratar. Em outros termos, admitir-se-ia, em certos casos, a partir da interpretação das circunstâncias negociais e do comportamento dos contraentes, que a confiança na conclusão do contrato teria se avolumado de tal modo que a liberdade de não contratar deixaria de ser tutelada, não se autorizando mais à parte afastar-se das negociações.[83]

Nesses casos, vislumbra-se a existência de situações em que presente "uma 'zona gris', em que a densificação das negociações fundamenta um dever de contratar ou de conclusão do contrato, ainda que não se possa vislumbrar a existência formal de um instrumento contratual". São situações em que "a recondução ao regime negocial ou ao pré-negocial não é tão clara". Realmente, tratam-se de hipóteses em que uma análise circunstancial permite concluir "por uma densificação da confiança para além da proteção da expectativa quanto à conclusão do negócio jurídico ou do contrato".[84]

Contudo, a admissibilidade de um "dever de contratar" é controvertida na doutrina, existindo quem defenda sua incompatibilidade com os valores ditados

---

inocente poderá requerer em juízo, como regra, a execução específica do ajuste, obtendo uma sentença que valerá como a declaração de vontade prometida. Caso a execução específica não seja possível, a conversão em perdas e danos abrangerá não apenas o interesse contratual negativo, mas, também, o interesse contratual positivo, devendo a parte lesada ser posta na situação em que estaria se o contrato prometido tivesse sido celebrado e devidamente cumprido" (STEINER, Renata C. *Reparação de danos*: interesse positivo e interesse negativo. São Paulo: Quartier Latin, 2018, p. 323). Como leciona Luiza Lourenço Bianchini, "tais situações [casos muito excepcionais em que há a densificação da confiança nas tratativas e se entende pela possibilidade de indenização pelo interesse positivo] se aproximam da existência de um verdadeiro contrato preliminar, em que já há, como dito, o liame obrigacional que adstringe às partes a celebração do negócio prometido" (BIANCHINI, Luiza Lourenço. *Contrato preliminar*: conteúdo mínimo e execução. Porto Alegre: Arquipélago Editorial, 2017, p. 107).

83. Alguns critérios que podem auxiliar o intérprete na identificação do dever de contratar no caso concreto serão desenvolvidos no item 3.3 abaixo.

84. STEINER, Renata C. *Reparação de danos*: interesse positivo e interesse negativo. São Paulo: Quartier Latin, 2018, p. 266.

pelo ordenamento jurídico brasileiro.[85] Nesse sentido, registra Karina Nunes Fritz que, "no direito brasileiro, a grande maioria dos doutrinadores adota postura contrária à ideia de um direito à contratação, o que extrapola em muito a finalidade da responsabilidade pré-contratual", já que "aceitar o contrário seria admitir a *impossibilidade de ruptura das negociações*, o que contraria não somente o princípio da liberdade contratual, mas também o próprio sentido das negociações", as quais buscam formar um juízo de conveniência acerca do contrato e não seriam aptas a gerar nenhum dever de prestação, na medida em que o negócio jurídico só efetivamente se concretizaria a partir do acordo de vontades.[86]

Além disso, segundo a autora, eventual obrigatoriedade de contratação, mesmo contra a vontade de um dos pretensos contratantes, em função das negociações, "conduziria certamente a grave entrave no comércio, pois as partes sentir-se-iam inseguras e temerosas de iniciar negociações", sendo que "o mais razoável é, de fato, a imposição de responsabilidade por decorrência da ruptura, ou seja, daquilo que o lesado perdeu e do que deixou efetivamente de lucrar".[87]

Na doutrina portuguesa, se encontra posicionamento similar. Mário Júlio de Almeida Costa, por exemplo, sustenta que "não se oferecem dúvidas quanto a não surgir durante a fase negociatória uma absoluta obrigação de celebração do contrato, quer dizer, sobre a existência de uma radical impossibilidade de ruptura, inclusive traduzida em execução específica".[88]

Há, inclusive, quem defenda que a existência de uma obrigação de contratar constituiria uma "contradição em termos", na medida em que, estando as negociações em fase final, e já definidos os pontos essenciais do contrato, não haveria mais tratativas, mas sim o próprio contrato formado ou, ao menos, caso não respeitada a forma prevista em lei, um contrato preliminar. E, assim, havendo o descumprimento do dever, haveria o inadimplemento de uma obrigação contratual, sendo, então, discutível a recondução à responsabilidade pré-negocial.[89]

Para quem entende pela admissibilidade de um dever de contratar, todavia, a interrupção das negociações, nessas hipóteses, poderia ensejar a reparação pelo

---

85. A controvérsia existente a esse respeito é sintetizada, com detalhes, em: PRATA, Ana. *Responsabilidade pré-contratual*: uma perspectiva comparada dos direitos brasileiro e português. Coimbra: Almedina, 2018, p. 218 e ss.
86. FRITZ, Karina Nunes. *Boa-fé objetiva na fase pré-contratual*: a responsabilidade pré-contratual por ruptura injustificada das negociações. Curitiba: Juruá, 2008, p. 291-292.
87. FRITZ, Karina Nunes. *Boa-fé objetiva na fase pré-contratual*. Curitiba: Juruá, 2008, p. 292.
88. COSTA, Mário Júlio de Almeida. *Responsabilidade civil pela ruptura das negociações preparatórias*. Lisboa: Coimbra Editora, 1984, p. 31.
89. ZANETTI, Cristiano de Sousa. *Responsabilidade pela ruptura das negociações*. São Paulo: Juarez de Oliveira, 2005, p. 148.

interesse positivo.[90] Isso porque, "não fosse a violação do dever de contratar ou concluir o contrato, o pacto teria sido firmado".[91]

Nessa esteira, Paulo Mota Pinto entende que, a princípio, no caso de não conclusão ou de recusa de celebração do contrato, "o comportamento que conduz à indemnização é apenas a *criação* da confiança, e não a violação de qualquer dever de contratar ou a própria ruptura", de modo que a indenização deve corresponder, em regra, ao interesse contratual negativo. Entretanto, "em casos assumidamente *excepcionais*, quando se possa afirmar a existência de um verdadeiro *dever de conclusão* do contrato – ou, de outra perspectiva, um direito a essa conclusão –,

---

90. Como registra Paulo Mota Pinto: "Muitos autores admitem, porém, que nalguns casos a indemnização deva corresponder ao interesse contratual positivo, seja por existir um dever de concluir o contrato (...)" (PINTO, Paulo Mota. *Interesse contratual negativo e interesse contratual positivo*. Coimbra: Coimbra Editora, 2008, v. II, p. 1.324).

91. STEINER, Renata C. *Reparação de danos*: interesse positivo e interesse negativo. São Paulo: Quartier Latin, 2018, p. 312. Há, inclusive, quem entende pela possibilidade de execução específica nessas hipóteses, aplicando-se, por analogia, o regime jurídico do contrato preliminar, como Paulo Mota Pinto (PINTO, Paulo Mota. *Interesse contratual negativo e interesse contratual positivo*. Coimbra: Coimbra Editora, 2008, v. II, p. 1.349) e Carlyle Popp (POPP, Carlyle. *Responsabilidade civil pré-negocial*: o rompimento das tratativas. Curitiba: Juruá, 2001, p. 288-289). Esse entendimento, porém, é refutado pela doutrina majoritária, conforme leciona Renato Grecco: "A posição de Carlos Alberto da Mota Pinto, Meruzzi e Popp não nos parece que deve prosperar – e, como detalhado por Zanetti, tais orientações não encontram acolhimento da doutrina ou jurisprudência aqui ou alhures. (...) Afora o contrassenso já apontado e o descabimento frente à autonomia privada, aceitar a conclusão forçada de um contrato seria atentar contra todo o sistema do direito privado e as bases do direito contratual. A transformação recente do direito contratual e o deslocamento do '*eixo central das obrigações da tutela da vontade à tutela da confiança*' não podem ser negados; contudo, o desaparecimento da autodeterminação e da liberdade contratual das partes não é – nem pode ser – admitido no direito privado, sob pena de negar as bases que sustentam o sistema. A violação à liberdade decorrente de uma contratação forçada é muito mais gravosa para a paz social do que a ruptura da confiança derivada da não contratação – cujos prejuízos, aliás, já possuem remédio adequado, qual seja a tutela indenizatória" (GRECCO, Renato. *O momento de formação do contrato*: das negociações preliminares ao vínculo contratual. São Paulo: Almedina, 2019, p. 155-156). Também nesse sentido: PEREIRA, Regis Fichtner. *A responsabilidade civil pré-contratual*: teoria geral e responsabilidade pela ruptura das negociações contratuais. Rio de Janeiro: Renovar, 2001, p. 103-104; GARCIA, Enéas Costa. *Responsabilidade pré e pós-contratual à luz da boa-fé*. São Paulo: Juarez de Oliveira, 2003, p. 296; ZANETTI, Cristiano de Sousa. *Responsabilidade pela ruptura das negociações*. São Paulo: Juarez de Oliveira, 2005, p. 150. Ainda pertinentes são as considerações de Anderson Schreiber: "Aspecto relevante da responsabilidade por ruptura das negociações preliminares está em que, por toda parte, se afirma a impossibilidade de coagir alguém a celebrar um contrato. A contradição, representada pela ruptura das negociações preliminares, tem como única consequência a reparação das perdas e danos. Pode-se dizer que, aqui, ao contrário do que normalmente acontece, o *nemo potest venire contra factum proprium* atua apenas com efeito reparatório. A incidência do princípio em seu efeito impeditivo não é admitida. Entende-se mais gravosa para a paz social a violação à liberdade que decorreria de uma contratação forçada, que a ruptura da confiança derivada da não contratação, para a qual a reparação dos prejuízos parece remédio adequado. Tal ponderação, contudo, não deve ser tida como absoluta, devendo-se analisar as circunstâncias do caso concreto, antes de excluir, de todo, a possibilidade de se impedir a ruptura das negociações preliminares a um contrato" (SCHREIBER, Anderson. *A proibição de comportamento contraditório*: tutela da confiança e *venire contra factum proprium*. 3. ed. Rio de Janeiro: Renovar, 2012, p. 251).

a obrigação de indemnização de quem rompeu as negociações, recusando-se a prossegui-las, ou de quem se recusou a celebrar o contrato, poderá corresponder ao interesse positivo (na conclusão do contrato)".[92]

Desse modo, segundo o jurista português, em regra, "não existe *qualquer dever* de conclusão do contrato, e, antes, pelo contrário, as partes mantêm, durante as negociações até celebrar o contrato, a liberdade de recusar tal celebração, podendo até utilizar esse poder como derradeiro instrumento negocial (no confronto da contraparte e de terceiros, em negociações paralelas)". Entretanto, em algumas situações muito excepcionais é possível "que a indenização se não limit[e] ao interesse negativo, desde que a vinculação pré-contratual se *tenha densificado já ao ponto de ter surgido um verdadeiro dever de conclusão do contrato,* de tal modo que o 'evento que obriga a reparação' passa a ser, justamente, a *não conclusão* do contrato". Em tais casos, então, "poderá, pois existir uma indemnização em dinheiro, medida pelo interesse positivo na conclusão".[93]

Em sentido similar, Fábio Queiroz Pereira destaca que existem algumas ocasiões "extraordinárias", "em que a confiança é de tal monta, que chega a materializar verdadeira hipótese de dever de contratação". Nessas hipóteses, "a confiança da parte na contratação só poderá ser adequadamente ressarcida se lhe for conferida uma indenização que tenha por fundamento o interesse contratual positivo, ou seja, o interesse no cumprimento".[94]

Desse modo, como leciona o autor, "a lesão aos deveres acessórios emanados da boa-fé objetiva, concretizada numa ruptura negocial, pode ter a sua salvaguarda atrelada ao interesse contratual negativo e, excepcionalmente ao interesse contratual positivo". E, "[t]al realidade acaba por lançar por terra a tradicional concepção que compreende na *culpa in contrahendo* apenas a possibilidade de efetivação de um *quantum* indenizatório sopesado no interesse contratual negativo".[95]

Buscar-se-ia, nessas hipóteses, colocar o lesado na posição em que estaria se aquelas tratativas tivessem sido concluídas e as obrigações contratuais firmadas e cumpridas, conduzindo as partes, assim, a um *status ad quem,* e não na situação

---

92. PINTO, Paulo Mota. *Interesse contratual negativo e interesse contratual positivo.* Coimbra: Coimbra Editora, 2008, v. II, p. 1.346.
93. PINTO, Paulo Mota. *Interesse contratual negativo e interesse contratual positivo.* Coimbra: Coimbra Editora, 2008, v. II, p. 1.346-1.347. Segundo o autor, em tais situações, a vítima teria "alguma possibilidade de escolha entre os dois fundamentos da sua pretensão", apesar de ser "evidentemente excluída qualquer cumulação das pretensões" (PINTO, Paulo Mota. *Interesse contratual negativo e interesse contratual positivo.* Coimbra: Coimbra Editora, 2008, v. II, p. 1.359, nota de rodapé 3.783).
94. PEREIRA, Fabio Queiroz. *O ressarcimento do dano pré-contratual*: interesse negativo e interesse positivo. São Paulo: Almedina, 2017, p. 260.
95. PEREIRA, Fabio Queiroz. *O ressarcimento do dano pré-contratual*: interesse negativo e interesse positivo. São Paulo: Almedina, 2017, p. 261.

em que estaria se não tivesse ingressado nas negociações.[96] A indenização pelo interesse positivo, conforme se mencionou no item 2.2, também abrange os danos emergentes e os lucros cessantes, entretanto, esses são medidos com base na comutatividade contratual, de forma que para seu cálculo é necessário que se tome em consideração as peculiaridades do contrato que não se concluiu, para que se vislumbre as despesas relacionadas à sua conclusão – danos emergentes – e os proveitos que deles adviriam – lucros cessantes.

A propósito, vale o estudo de julgado pioneiro no Brasil sobre a temática da responsabilidade pré-contratual, vulgarmente conhecido como "Caso dos Tomates", em que o Tribunal de Justiça do Rio Grande do Sul determinou a reparação de danos por ruptura injustificada de negociações, utilizando como fundamento justamente o interesse positivo.[97]

No caso, pequenos agricultores gaúchos possuíam relação comercial com a Companhia Industrial de Conservas Alimentícias (Cica), que adquiria, durante muitos anos, a integralidade da safra de tomates por eles produzidos. A Companhia, porém, apesar de ter fornecido as sementes para plantação, desistiu de adquirir a safra de determinado período. Diante disso, um dos agricultores ajuizou ação de cobrança pleiteando indenização pelas despesas decorrentes da perda da produção.

Após julgamento de total procedência pelo juízo de primeira instância, a Sociedade apelou e a 5ª Câmara Cível, em acórdão de relatoria do então Desembargador Ruy Rosado de Aguiar Júnior, concluiu pelo provimento parcial do recurso, mantendo a condenação da Cica ao pagamento do preço relativo ao excedente da safra, reduzindo, entretanto, o *quantum* indenizatório pela metade, já que parte da produção havia sido, de fato, comercializada, mesmo que para outrem.

---

96. PEREIRA, Fabio Queiroz. *O ressarcimento do dano pré-contratual*: interesse negativo e interesse positivo. São Paulo: Almedina, 2017, p. 259-261; STEINER, Renata C. *Reparação de danos*: interesse positivo e interesse negativo. São Paulo: Quartier Latin, 2018, p. 323-328. Também: "O dever de contratar *ex bona fide* conduz, quando quebrado e com abaixo afirmado, a uma indemnização pelo interesse positivo (...). Nessa eventualidade, o devedor de contratar impõe-se tendo, como contraface, a ilicitude da interrupção injustificada das negociações. A indemnização que daí, eventualmente, decorra será calculada de acordo com o interesse positivo" (MENEZES CORDEIRO, António. *Tratado de direito civil*. 4. ed. Lisboa: Almedina, 2014, v. II, p. 229-230). Também entendendo pela possibilidade de indenização pelo interesse positivo nos casos de existência de um dever de contratar: GRECCO, Renato. *O momento de formação do contrato*: das negociações preliminares ao vínculo contratual. São Paulo: Almedina, 2019, p. 150-152.

97. TJRS, Apelação Cível 591028295, 5ª Câmara Cível, Rel. Des. Ruy Rosado de Aguiar Júnior, j. 06.06.1991. Para uma análise detalhada do caso, confira-se: CORRÊA, André Rodrigues. Sobre um punhado de tomates, de novo (uma pequena reflexão sobre um grande caso). In: BENETTI, Giovana et. al. (Org.). *Direito, cultura, método*: leituras da obra de Judith Martins-Costa. Rio de Janeiro: Editora GZ, 2019.

Apesar de o julgado não fazer menção à distinção entre a indenização pelo interesse positivo ou negativo, entende-se que a indenização conferida se confunde com o cumprimento do contrato de compra e venda dos tomates.[98] De fato, a concessão de reparação equivalente àquilo que a Cica pagaria para adquirir os tomates – reduzida daquilo que foi vendido a terceiro – equivale à uma situação em que as negociações teriam avançado e o contrato teria sido concluído e adimplido, correspondente, então, ao interesse positivo.

Mais recentemente, no âmbito do Tribunal de Justiça de São Paulo, a 1ª Câmara Reservada de Direito Empresarial proferiu decisão em sentido similar. No caso, Cavalera Comércio e Confecções Ltda. e outra ingressaram com ação para declaração de existência de negócio jurídico (para produção de linha de roupas em parceria) e indenização por perdas e danos contra Alok Achkar Peres Petrillo e outro.[99]

Após sentença de improcedência pelo juízo de primeira instância, a 1ª Câmara Reservada de Direito Empresarial entendeu que o réu Alok teria faltado com seu dever de lealdade pré-contratual, já que "[d]urante longos sete meses alegando resistência de seus 'sócios' e, desenvolvendo, paralelamente, negociações junto a outras marcas seguiu enviando fortes sinais positivos à Cavalera, estimulando-a despender seus recursos", sendo que "[s]omente às vésperas do lançamento da linha de roupas, desistiu do negócio".

Segundo o voto do Desembargador Relator, apesar de o contrato não ter sido celebrado e que "somente tenha havido tratativas pré-contratuais", elas "estavam tão avançadas, como demonstrado e decorre da revelia, que o Tribunal, ao reformar a sentença apelada e afirmar sua ruptura por culpa de Alok, condena-o a indenizar plenamente a parte contrária". Assim, aquela Corte determinou o pagamento de danos emergentes consistentes "em tudo o que despenderam com

---

98. Nesse sentido: "A decisão do Tribunal de Justiça do Rio Grande do Sul não transparece uma solução pautada no interesse contratual negativo, mas, contrariamente, percebe-se que o acórdão caminhou no sentido de reconhecer a existência de uma responsabilidade pelo interesse contratual positivo, condenando a empresa CICA ao pagamento de toda a safra de tomates. Ou seja, a condenação acabou por materializar situação em que o que teve que ser pago a título de indenização equivalia ao próprio valor que seria ganho com o futuro contrato. Trata-se, portanto, de uma determinação judicial pautada no interesse positivo, uma vez que está ligada à própria ideia de adimplemento de um pacto prometido" (PEREIRA, Fabio Queiroz. *O ressarcimento do dano pré-contratual*: interesse negativo e interesse positivo. São Paulo: Almedina, 2017, p. 192). Ainda: STEINER, Renata C. *Reparação de danos*: interesse positivo e interesse negativo. São Paulo: Quartier Latin, 2018, p. 324-325. Em sentido contrário, entendendo que o *quantum* teria sido fixado em consonância com o interesse negativo: PEREIRA, Regis Fichtner. *A responsabilidade civil pré-contratual*: teoria geral e responsabilidade pela ruptura das negociações contratuais. Rio de Janeiro: Renovar, 2001, p. 242.

99. TJSP, Apelação Cível 1035420-82.2019.8.26.0002, 1ª Câmara Reservada de Direito Empresarial, Rel. Des. Cesar Ciampolini, j. 10.03.2021.

o desenvolvimento da coleção" e de lucros cessantes "estipulando-se o lucro que as autoras deixaram de auferir em razão da perda de um ganho esperado com vendas da coleção".

Em que pese os danos emergentes tenham sido arbitrados, ao que parece, tomando-se em consideração o interesse negativo – já que determinou-se a indenização dos gastos havidos na negociação, colocando-se os autores na situação em que estariam se não tivessem ocorrido aquelas tratativas –, os lucros cessantes parecem se referir ao interesse positivo, na medida em que levam em conta o cenário de conclusão e adimplemento do contrato, com a venda das peças cuja produção e comercialização constituiriam seu objeto.

Embora não se entenda como admissível a combinação de indenização pelo interesse negativo com a indenização pelo interesse positivo, por conta da incongruência lógica de se colocar a vítima ao mesmo tempo em uma situação de não conclusão e de conclusão e cumprimento do contrato – conforme se registrou no item 2.3 –, parece, pela fundamentação do julgado, que o Tribunal reconheceu a existência de um dever de contratar e almejava que a indenização correspondesse ao interesse positivo, na medida em que se concluiu ter havido avanço substancial nas negociações, inclusive com gastos expressivos, que privaria a possibilidade de retração pelas partes.[100]

Partindo-se do exposto, percebe-se que o que se busca solucionar com o desenvolvimento da doutrina das relações contratuais fáticas e com a concepção de um dever de contratar são problemas comuns, referentes ao fato de que, no âmbito das tratativas, não existe uma fronteira bem delimitada entre o "não contrato" e o "contrato", mas sim um verdadeiro "gradiente" entre tais fenômenos, a indicar a necessidade de tutelas diversas ao longo do percurso atravessado pelos agentes.

Tratam-se, ambos os casos, de cenários em que há indícios fortes de uma maior proximidade dos agentes com uma situação de conclusão do negócio jurídico almejado do que com uma situação de um contato social inicial em que

---

100. Cabe mencionar que, em Portugal, o Supremo Tribunal de Justiça também já entendeu pela possibilidade de ressarcimento pelo interesse positivo em função de ruptura das negociações. O caso girava em torno de negociação para financiamento bancário para compra de imóvel que, após ter sido aprovado, foi recusado pelo banco que faria o financiamento sem motivo razoável. Na hipótese, a Corte entendeu que "prestes o contrato a ficar formalmente concluído e só na predita medida imperfeito, é (...) de considerar já existente autêntico dever de conclusão e ser, por isso, de indemnizar o interesse no cumprimento" (Supremo Tribunal de Justiça, Proc. 4063/05, de 26/01/2006). Como anota Menezes Cordeiro, na jurisprudência portuguesa anotam-se outros casos que seguem esse raciocínio: "Não faltam, todavia, excelentes espécies que apelam para uma solução mais lata, afirmando, designadamente, que para além do negativo, pode ser considerado o positivo, designadamente quando se tiver chegado a um ponto tal que houvesse já o dever de celebrar o contrato definitivo: RPt 05.03.1996, RLx 29.10.1998, REv 11.11.1999, RPt 27.02.2003, STJ 28.04.2009, RLx 07.10.2010 e STJ 16.12.2010" (MENEZES CORDEIRO, António. *Tratado de direito civil*. 4. ed. Lisboa: Almedina, 2014, v. II, p. 285).

a ruptura das tratativas poderia ser considerada legítima, caso houvesse justificativa razoável.

Nesse diapasão, nos casos do dever de contratar, ainda não haveria, entre os pretensos contratantes, um acordo substantivo bastante para se considerar que existe um conteúdo contratual na hipótese, mas que também não se teria a possibilidade de se invocar justificativa legítima o suficiente para romper as tratativas sem ter que indenizar pelo interesse positivo. Já nas relações contratuais de fato, parece se tratar de situações em que os comportamentos das partes indicam que se foi mais adiante nas tratativas, com a consolidação de um conteúdo contratual significativo, mas que teria faltado uma formalização da vontade relativa à tal acordo e, então, a ausência de tal formalização não deveria ser suficiente para afastar efeitos tipicamente contratuais.

Ao que parece, então, ambos os institutos tratam de estratégias diversas, concebidas para lidar com problemas semelhantes, deixando-se evidente que a vontade não é fonte jurígena por si só e que, para que ela possa gerar efeitos, é necessário que se passe pelo crivo do ordenamento jurídico, de modo que há efeitos heterônomos do contrato que não decorrem da vontade e que, mesmo existente a vontade, por vezes ela não é idônea o suficiente para produzir efeitos.

Dessa forma, é essencial identificar-se critérios para se verificar a existência das mencionadas situações e, assim, conferir à vítima solução adequada à sua situação concreta específica.

3.3 ESBOÇO DE PARÂMETROS PARA IDENTIFICAÇÃO DO INTERESSE REPARÁVEL: BOA-FÉ OBJETIVA, USOS E COSTUMES E CIRCUNSTÂNCIAS

Conforme mencionado acima, tradicionalmente, entende-se que o reconhecimento da responsabilidade pré-contratual acarreta indenização estritamente pelo interesse negativo, já que a inexistência de contrato importaria na rejeição da configuração de descumprimento contratual e, assim, da possibilidade de se obter reparação equivalente ao resultado esperado com o negócio não concluído.[101]

Entretanto, como registrado, deve-se evitar ligações aprioristicas entre o evento danoso e o interesse a ser reparado, em função da heterogeneidade que marca as relações pré-negociais, sobretudo quando se leva em consideração a

---

101. STEINER, Renata C. *Reparação de danos*: interesse positivo e interesse negativo. São Paulo: Quartier Latin, 2018, p. 265.

premência, em negociações complexas, do fenômeno da formação progressiva do contrato.[102]

De fato, via de regra, em casos de ruptura das tratativas, deve-se calcular a indenização tomando-se por parâmetro o interesse negativo, até porque "a imposição do dever de reparar não pode, por via oblíqua, impor ao lesante o cumprimento do contrato não formado, máxime porque ele não estava obrigado à sua conclusão".[103] Em certos casos, contudo, é possível se vislumbrar a necessidade de indenização pelo interesse positivo, mesmo na fase pré-negocial, à luz do exame do evento lesivo específico que leva à configuração do dever de reparar.

Para que se consiga determinar à qual situação hipotética a vítima deve ser direcionada com a indenização – se para aquela que abstrai a ocorrência do contrato ou se para aquela que leva em conta que o negócio pretendido foi firmado e cumprido – é necessária a identificação do evento lesivo *in concreto*, para além do momento em que ocorrido o dano, isto é, se durante a fase de formação do negócio jurídico.

Com efeito, como se mencionou, a função da responsabilidade civil é de colocar a vítima de um dano na situação em que estaria não fosse o evento lesivo. E, para essa construção da situação hipotética sem o dano, o ponto de partida do intérprete é a identificação do dever violado, na medida em que é a partir dela que se pode vislumbrar o que teria ocorrido se não houvesse a violação. Entretanto, a fronteira para identificação da existência de uma ou de outra situação nem sempre é clara. Pelo contrário, o período pré-contratual, como já se disse, consiste em zona *gris,* cujos contornos e limites não são facilmente identificáveis.

Assim sendo, a "resposta à questão de saber se a indemnização em caso de ruptura de negociações pode corresponder ao interesse contratual positivo, e não apenas ao interesse negativo, parece-nos, pois, dever ser procurada antes" e "não apenas no lado das consequências jurídicas, nem tanto na falta de causalidade da ruptura para o dano da não conclusão do contrato e o ressarcimento do interesse

---

102. "Esse caráter heterogêneo – quiçá insuperável em um tema tão amplo e fluido como a responsabilidade civil, máxime aquela pré-negocial – reforça a conclusão quanto a não ser possível definir a responsabilidade advinda da fase formativa a partir de seu resultado lesivo, ou seja, circunscrevê-la à reparação do interesse negativo" (STEINER, Renata C. *Reparação de danos*: interesse positivo e interesse negativo. São Paulo: Quartier Latin, 2018, p. 267).

103. GRECCO, Renato. *O momento de formação do contrato*: das negociações preliminares ao vínculo contratual. São Paulo: Almedina, 2019, p. 59. Em exemplo bastante ilustrativo, tomando-se por base metáfora de Melvin Eisenberg, Renato Grecco reconhece "a formação do contrato como um processo, a conclusão do contrato, por mais importante que seja, é apenas um *frame* de uma série de *frames* que constitui o processo de formação do contrato" e assim, "a menos que o direito responda por todo o fundo, não irá capturar a realidade contratual" (GRECCO, Renato. *O momento de formação do contrato*: das negociações preliminares ao vínculo contratual. São Paulo: Almedina, 2019, p. 62).

contratual, positivo". A identificação do interesse reparável no caso de ruptura das tratativas deve ser buscada, assim, na *"caracterização exacta da previsão* ou não hipótese (no *Tatbestand* ou *facti espécies*) de responsabilidade, de forma a conciliar as necessidades de proteção da confiança e o valor da autonomia privada".[104] Tal análise, conforme se nota, é essencial para que se confira à vítima proteção efetiva frente aos danos sofridos.[105]

Por sua vez, a identificação do evento lesivo demanda, assim como o reconhecimento de qualquer fato social, juízo de interpretação e qualificação das atividades desenvolvidas durante as tratativas.[106] De fato, em função das diversas figuras com natureza e eficácia distintas que a permeia, "a fase das tratativas exige cuidadoso juízo de qualificação por parte do intérprete".[107] Como registra Gustavo

---

104. PINTO, Paulo Mota. *Interesse contratual negativo e interesse contratual positivo*. Coimbra: Coimbra Editora, 2008, v. II, p. 1.342-1.343.

105. O papel da responsabilidade civil contemporaneamente encontra-se justamente na proteção da vítima de um dano injusto: "Na atualidade, o afastamento da função sancionatória da responsabilidade civil se torna ainda mais contundente à luz da Constituição da República de 1988 que, além de ratificar sua função reparatória, consolida o papel central da reparação civil na proteção à vítima ao prever, em seu art. 1º, III, a dignidade da pessoa humana como fundamento da República Federativa do Brasil, e consagrar, no art. 3º, I, o princípio da solidariedade social. Desloca-se, em definitivo, o foco da responsabilidade civil do agente causador do dano para a vítima, revelando que seu escopo fundamental não é a repressão de condutas negligentes, mas a reparação de danos" (TEPEDINO, Gustavo; TERRA, Aline de Miranda Valverde; GUEDES, Gisela Sampaio da Cruz. *Fundamentos do direito civil*: responsabilidade civil. 2. ed. Rio de Janeiro: Forense, 2021, v. 4, p. 2). Em razão da multiplicidade de "hipóteses concretas" de rompimento das tratativas, Carlyle Popp sugere cinco categorias para enquadramento da reparação: "A ruptura pode ser então, de cinco ordens: a) legítima, sem qualquer dever indenizatório; b) legítima, com dever indenizatório; b) legítima, com dever indenizatório limitado ao interesse negativo; c) ilegítima, com dever indenizatório abrangendo o interesse positivo; d) legítima, com dever indenizatório abrangendo o interesse positivo e a possibilidade de execução específica" (POPP, Carlyle. *Responsabilidade civil pré-negocial*: o rompimento das tratativas. Curitiba: Juruá, 2001, p. 290). De acordo com Paulo Mota Pinto: "A aplicação das referidas regras gerais – e em particular – depende antes de mais nada se apurar qual é precisamente, na hipótese de responsabilidade em questão, o *evento que obriga à reparação*'. Segundo tais regras, se esse evento consistir *tão só na criação* (nomeadamente, em violação de um dever de informação, lealdade ou cuidado) da confiança na contraparte de que as negociações chegaram a bom termo e o contrato seguramente será concluído, aquela apenas pode pretender ser colocada na situação em que estaria se não lhe tivesse sido criada essa confiança, isto é, apenas pode pretender um ressarcimento correspondente ao negativo. Já se o evento que obriga à reparação consiste na *própria recusa* de conclusão do contrato, por virtude da ruptura de negociações, a consequência seria a inversa, se se provar que o contrato teria sido concluído na situação hipotética que existiria sem esse evento lesivo – e isto, quer esse evento constitua verdadeiramente um acto ilícito, quer não" (PINTO, Paulo Mota. *Interesse contratual negativo e interesse contratual positivo*. Coimbra: Coimbra Editora, 2008, v. II, p. 1.341).

106. Nas palavras de Renata Steiner, "a definição do direcionamento da indenização devida não se vincula à natureza da responsabilidade que fundamenta o pedido de reparação de danos: somente o evento lesivo permite definir o sentido da indenização, ou seja, ele é o ponto de partida da construção da situação hipotética sem dano" (STEINER, Renata C. *Reparação de danos*: interesse positivo e interesse negativo. São Paulo: Quartier Latin, 2018, p. 268).

107. MARTINS-COSTA, Judith. *A boa-fé no direito privado*: critérios para a sua aplicação. São Paulo: Marcial Pons, 2015, p. 429.

Tepedino, "[n]o exame do suporte fático, a tarefa de identificar o que configura – e em que medida – o vínculo obrigacional na fase das tratativas assume por vezes grande complexidade".[108]

A interpretação consiste na atividade de "reconhecer e valorar o fato social e normativo em sincronia com o tráfego jurídico corrente" ao passo em que qualificar significa "dar contornos à situação jurídica subjetiva para aplicação da tutela jurídica mais adequada".[109] A interpretação do fato e sua qualificação configuram processo indivisível, no qual problema concreto e o ordenamento jurídico são indissolúveis e compreensíveis, de forma unitária e não em fases separadas.[110] Nesse sentido, como registra a doutrina, "não se trata, por evidente, de um instante cronológico único", mas sim "do reconhecimento de que fato e norma se influenciam mutuamente e, por isso, nenhum momento do processo decisório deixa de consistir em uma interpretação".[111]

Como se disse no item 3.2, é possível que, em determinados casos, se verifique que, na etapa de formação do negócio jurídico, já existe propriamente atividade contratual, extrapolando-se, com relação aos contratos (sem negócio) formados, a fase pré-negocial, ou que se encontre configurado um (excepcional) dever de contratar. Conforme se mencionou, o que se busca demonstrar com ambas as noções é que inexiste uma divisa clara entre o "não contrato" e o "contrato", mas um gradiente que liga um fenômeno ao outro, a indicar a necessidade de tutelas diversas à vítima de um dano ocorrido nesse percurso. Os institutos deixam claro, contudo, que a vontade não é fonte jurígena por si só, devendo ser valorada de acordo com os demais princípios do ordenamento jurídico.

Decerto, se não se mostra simples a identificação da existência de responsabilidade pela ruptura das negociações preliminares – cuja caracterização depende do preenchimento de requisitos que contam, em sua fórmula, com conceitos vagos, conforme se mencionou no item 1.2 – mais tormentosa ainda se torna a tarefa de, num cenário de formação progressiva delineado sobretudo em operações mais sofisticadas (em que as partes, além de trocarem informações, firmam uma série de documentos com propósitos distintos), identificar a densificação da confiança a tal nível capaz de se permitir vislumbrar a existência

---

108. TEPEDINO, Gustavo. Formação progressiva dos contratos e responsabilidade pré-contratual: notas para uma sistematização. In: BENETTI, Giovana et. al. (Org.). *Direito, cultura, método*: leituras da obra de Judith Martins-Costa. Rio de Janeiro: Editora GZ, 2019, p. 595.

109. PEDREIRA DA SILVA, Juliana. *Contratos sem negócio jurídico*: crítica das relações contratuais de fato. São Paulo: Atlas, 2011, p. 69-70.

110. AMARAL, Francisco. *Direito civil*: introdução. 10. ed. São Paulo: Saraiva, 2018, p. 184.

111. SOUZA, Eduardo Nunes de. Critérios distintivos do intérprete civil-constitucional. In: MENEZES, Joyceane Bezerra de; CICCO, Maria Cristina de; RODRIGUES, Francisco Luciano Lima (Coord.). *Direito civil na legalidade constitucional*: algumas aplicações. São Paulo: Foco, 2021, p. 82.

de um excepcional dever de contratar ou, ainda, para vislumbrar a existência de comportamentos socialmente típicos instauradores de uma relação contratual sem negócio jurídico. Nessa linha, não se revela singela a tarefa de se discernir a existência de umas ou de outras situações.

Nessa esteira, a identificação, no caso concreto, de se determinadas obrigações efetivamente se formaram – ultrapassando-se a fase negociatória –, bem como se nasceu um dever de contratar, ou seja, se a relação entre as partes se encontra, no gradiente existente entre o "contrato" e o "não contrato", mais próxima ao "contrato", afigura-se facilitada pela utilização de determinados critérios, como a boa-fé objetiva, os usos e costumes e as circunstâncias do caso.[112]

Tais instrumentos, como se passará a demonstrar, permitem compreender os objetivos almejados pelos agentes durante a atividade desenvolvida nas tratativas, alcançando um exame daquela atividade e da formação do negócio a partir da tutela da confiança dos pretensos contratantes, valorizando, assim, a proteção das legítimas expectativas criadas.

Em outras palavras, esses instrumentais, aliados a uma análise da formação do contrato como um processo encadeado de etapas e atos dirigidos a obtenção do consenso sobre a existência e conteúdo do negócio, são elementos que podem auxiliar na compreensão e interpretação do objetivo comum das partes e, daí, verificar os contornos do evento lesivo que enseja a obrigação de indenizar e, assim, buscar a definição de qual interesse deve ser reparado no caso concreto, se o positivo ou negativo, sem ter que recorrer a aspectos psicológicos dos agentes.

A partir desses elementos, é possível, por exemplo, que se identifique que a mesma confiança que confere substrato à ruptura das tratativas foi densificada a tal ponto que fundamentaria o mencionado dever de contratar. Permitem, igualmente, que se visualize o encadeamento de comportamentos socialmente típicos que traduzem, em sua unidade, atividade formadora de contratos sem negócio. Isso, sem que se tenha que recorrer a aspectos psicológicos ou subjetivos do agente, como "do mero querer inconsciente e do desejo de se realizar o negócio jurídico".[113]

---

112. Como registra a doutrina, "[a] vinculação a critérios afigura-se essencial à fundamentação da responsabilidade pré-contratual, exigindo-se para tanto 'rigoroso juízo sobre as circunstâncias do caso, alicerçado em dados concretos e inequívocos acerca da legitimidade da expectativa suscitada na outra parte negociatória de que o contrato seria concluído'" (TEPEDINO, Gustavo. Formação progressiva dos contratos e responsabilidade pré-contratual: notas para uma sistematização. In: BENETTI, Giovana et. al. (Org.). *Direito, cultura, método*: leituras da obra de Judith Martins-Costa, Rio de Janeiro: Editora GZ, 2019, p. 595).

113. Nesse sentido, tratando de um "estágio final" das negociações, "em que razoavelmente as partes esperam a conclusão do negócio", Carlyle Popp aduz que: "Nesse caso, havendo rompimento inopinado das tratativas, será o caso de reparação dos danos emergentes e dos lucros cessantes. Além disso, de-

Ressalta-se, todavia, que, à luz de tais parâmetros, não se pretende delimitar uma linha divisória bem evidente entre os possíveis fenômenos que podem ocorrer na fase pré-contratual, mas apenas contribuir com alguns critérios para essa identificação *in concreto*.

Como se aludiu no primeiro capítulo, a importância do papel da boa-fé objetiva, como cláusula geral aplicável a todo o período das tratativas e de formação do vínculo contratual, é inegável. Com efeito, na fase pré-contratual, a boa-fé objetiva atua em sua tríplice função, servindo como critério hermenêutico, fonte de deveres de conduta e como norma limitadora do exercício de direitos subjetivos.

Nessa esteira, no curso das negociações, a boa-fé objetiva cria, dentre outros, deveres de lealdade, de informação, de esclarecimento e de proteção, obrigando-se que os sujeitos preservem a confiança que uma parte deposita na outra. Por tais deveres, "os negociadores obrigam-se a não assumir comportamentos que se desviem de uma negociação correta e honesta, bem como preservar o escopo da formação válida de um contrato e a atuar de forma consequente".[114] Estabelece-se, assim, um padrão mínimo de previsão e segurança que permita às partes planejar suas operações, "sob pena de um indesejado – e atrasado – ambiente de imprevisibilidade e insegurança jurídica, negocial e econômica".[115]

Em sua função limitadora do exercício de direitos subjetivos, a boa-fé objetiva impede, durante as tratativas, "o exercício de direitos em contrariedade à recíproca lealdade e confiança que deve imperar nas relações privadas", de modo que são vedados comportamentos que, apesar de aparentemente lícitos, "não se conformam aos *standards* impostos pela cláusula geral".[116] Por essas razões, aliás, como se mencionou, é que não se deve interromper abrupta e injustificadamente uma negociação, após incutir na outra parte a legítima expectativa de que ela será concluída.

---

pendendo da situação concreta, será possível a reparação do interesse positivo e, neste caso, inclusive pode nascer o direito à celebração do contrato. Ocorre que, a partir de certo momento no âmbito das negociações, a expectativa das partes se altera. Essa mutação não é fruto do mero querer inconsciente e do desejo de se realizar o negócio jurídico, mas sim, do comportamento da parte contrária. Esta mudança comportamental, aliada ao progresso das tratativas, faz com que de uma obrigação de não fazer, nasça às partes uma obrigação de fazer, ou seja, de celebrar o negócio jurídico. A verdade é que neste momento as negociações atingiram tal estágio, termos negociais foram firmados, minutas realizadas, e pouco a pouco, todos os pontos em que havia divergência foram sanados, que não é mais possível recuar. O direito à realização do negócio já integra a esfera jurídica das partes" (POPP, Carlyle. *Responsabilidade civil pré-negocial*: o rompimento das tratativas. Curitiba: Juruá, 2001, p. 232).

114. GRECCO, Renato. *O momento de formação do contrato*: das negociações preliminares ao vínculo contratual. São Paulo: Almedina, 2019, p. 133.

115. GRECCO, Renato. *O momento de formação do contrato*: das negociações preliminares ao vínculo contratual. São Paulo: Almedina, 2019, p. 141.

116. SCHREIBER, Anderson. *A proibição de comportamento contraditório*: tutela da confiança e *venire contra factum proprium*. 4. ed. São Paulo: Atlas, 2016, p. 56.

A boa-fé objetiva, como se disse, legitima a existência de uma relação jurídica especial de confiança durante as tratativas, que se mostra diferente de uma relação decorrente do simples contato social. Aqueles que se envolvem em uma negociação, "em razão desta, adotam comportamentos que não seriam usuais não fosse a confiança que essa fase de tratativas inspira".[117]

Essa relação de confiança que atravessa as negociações não se revela estática. Em realidade, naturalmente, com a progressão das tratativas a confiança e as expectativas geradas são intensificadas, assim como os efeitos da boa-fé objetiva e seus deveres, que permeiam as interações.[118] Nesse sentido, inclusive, aduz-se que, apesar de, em regra, os instrumentos celebrados na etapa pré-negocial, não vincularem à celebração do contrato definitivo, eles são "indicativos da progressão das negociações e da intensificação do contrato" e, em consequência da evolução das tratativas, "observa-se uma relação crescente de confiança entre as partes com base na cláusula geral de boa-fé objetiva, a qual prescreve certos deveres de conduta e responsabilidades, vedando-se comportamentos contraditórios, desleais ou desonestos".[119]

Nessa esteira, a teoria dos contatos sociais, mencionada anteriormente, auxilia na compreensão de que entre o grau mais distante da interação social – decorrente da convivência em sociedade – e o grau mais próximo – o contrato – existe uma série de situações intermediárias que orbitam as tratativas e nas quais a intensidade das trocas entre os sujeitos vai se avolumando na medida em que as partes vão se aproximando e alcançando o objetivo visado pelas negociações.

Decerto, entre os pontos mais distantes e mais próximos dos contatos sociais, "se verifica uma série de graus intermediários de contato, ocorrendo entre todos os graus, uma certa unidade, geradora de efeitos também, e proporcionalmente, mensuráveis por graus, os quais se refletem no iter formativo da relação jurídica

---

117. GARCIA, Enéas Costa. *Responsabilidade pré e pós-contratual à luz da boa-fé*. São Paulo: Juarez de Oliveira, 2003, p. 61.
118. GRECCO, Renato. *O momento de formação do contrato*: das negociações preliminares ao vínculo contratual. São Paulo: Almedina, 2019, p. 135.
119. GRECCO, Renato. *O momento de formação do contrato*: das negociações preliminares ao vínculo contratual. São Paulo: Almedina, 2019, p. 135. Ainda: "Em verdade, o valor jurídico destes instrumentos preenche-se essencialmente com o fato de que a sua adoção ao longo das negociações inegavelmente atesta um maior comprometimento das partes com a negociação, de que resulta, consequentemente, uma maior – e legítima – expectativa acerca da conclusão do contrato final. Por esta razão é que se entende que a assinatura de uma carta de intenção *stricto sensu* vem reforçar a intensidade do dever geral de boa-fé consagrado na lei" (MORAES, Mariana Assunção de. *Acordos pré-contratuais*: um estudo sobre seus efeitos jurídicos e sua relevância. Dissertação de Mestrado. Lisboa: Universidade de Lisboa, 2016, p. 85).

obrigacional".[120] Por essa razão, "quanto mais próximo da formação de um contrato, maior a intensidade com que o direito deve influir e tutelar essa relação".[121]

Dessa forma, a incidência da boa-fé objetiva – que, como se afirmou, varia de acordo com cada relação jurídica *in concreto* – se revela distinta durante o progresso das tratativas. Em função disso, é possível vislumbrar a "densificação" da confiança – e, consequentemente, das legítimas expectativas – a que a doutrina se refere para defender a existência de um dever (bastante excepcional) de contratar durante as tratativas.

Como registra a mencionada doutrina, relativamente à obrigação de contratar, "para não surgir, efetivamente, como um contrassenso contrário à autonomia privada, deve ser apoiada em valores estruturantes do sistema". É possível, como sustenta António Menezes Cordeiro, que o dever de contratar ocorra *ex bona fide*. Para tanto, exige-se "uma forte situação de confiança, imputável à contraparte, de que o contrato em jogo iria ser celebrado e isso ao ponto de o interessado ter realizado um considerável investimento de confiança".[122]

A boa-fé objetiva assume especial relevância, também, para identificação dos contratos sem negócio jurídicos.[123] Nesses casos, "o princípio da boa-fé objetiva poderá servir de fundamento principal para vinculação, a partir da confiança despertada para o implemento da atividade ligando-se à coordenação de conduta entre os centros de interesse de forma a revelar e dar conteúdo aos respectivos deveres de conduta".[124] Em tais hipóteses, como se disse, entende-se que a boa-fé, para além de criar deveres de proteção, é, ela própria, a fonte criadora dos próprios deveres de prestação, exigíveis em tais casos.[125]

---

120. MARTINS-COSTA, Judith. As cartas de intenção no processo formativo da contratação internacional: os graus de eficácia dos contratos e a responsabilidade pré-negocial. *Revista da Faculdade de Direito da UFRGS*, Porto Alegre, n. 10, p. 39-55, jul. 1994, p. 45.

121. GRECCO, Renato. *O momento de formação do contrato*: das negociações preliminares ao vínculo contratual. São Paulo: Almedina, 2019, p. 135.

122. MENEZES CORDEIRO, António. *Tratado de direito civil*. 4. ed. Coimbra: Almedina, 2014, t. II, p. 229.

123. "Quer como componente conceitual, quer, ainda, como requisito de exigibilidade e de vinculação desses contratos, a boa-fé se apresenta em papel de inequívoco destaque no estudo dos contratos de fato (sem negócio jurídico e, consequentemente, desprovidos do aspecto volitivo) (...) Verdadeiramente, o princípio da boa-fé tem o condão de fazer surgir deveres e obrigações que transcendam os limites da prestação central do vínculo intersubjetivo. Entretanto, para a hipótese dos contratos fáticos, este princípio pode ser o responsável pela formação do próprio objeto fundamental da relação obrigacional – neste caso, é a boa-fé que preenche o espaço vazio deixado pela ausência de vinculação volitiva dos contratos fáticos, alheios à existência de negócio jurídico fundante" (SIRENA, Hugo Cremonez. Direito dos Contratos: relações contratuais de fato e o princípio da boa-fé. *Revista Jurídica da Procuradoria Geral do Estado do Paraná*. n. 5, p. 231-232. 2014).

124. CHEDIEK, Juliana da Silva Ribeiro Gomes. In: COSTA, Ilton Garcia da; DIAS, Clara Angélica Gonçalves; FIUZA, César Augusto de Castro. *Direito civil constitucional*. Atividade e tutela dos contratos sem negócio jurídico fundante. Florianópolis: CONPEDI, 2015, p. 111.

125. "A intensidade desse contato, ainda que não culmine na celebração de negócio jurídico, pode resultar em diversas consequências, sendo uma delas o estabelecimento de contrato sem negócio jurídico. Em

Não se revela simples, porém, a identificação da vinculação gerada pelas negociações, a qual apenas pode ser aferida à luz do caso concreto, a partir da identificação da intenção das partes, para o que se mostra de especial valia a utilização da boa-fé objetiva em sua função interpretativa.

Apesar de normalmente se mencionar a função hermenêutica da boa-fé objetiva para se exigir que "a interpretação de cláusulas contratuais privilegie sempre o sentido mais conforme à lealdade e à honestidade entre as partes" – até porque textualmente prevista no artigo 113 do Código Civil como parâmetro de interpretação dos negócios jurídicos –,[126] a mencionada cláusula geral "não está cingida aos negócios contratuais, podendo infletir em atos e manifestações frequentemente presentes na fase pré-contratual".[127]

Nesse diapasão, para além de funcionar como mecanismo para extrair o significado mais leal e honesto dos documentos eventualmente produzidos no período de negociações, a boa-fé visa a tutelar o agente que, receptor de certa declaração, nela confiou quando lhe foi declarada, e com base nela nutriu legítimas expectativas.[128] Aquele que faz certa declaração ou adota certo comportamento, assim, "tem que arcar com o ônus da confiança que desperta nos outros".[129]

Dessa forma, a boa-fé impõe que na interpretação das atividades que se desenrolam nas tratativas, inclusive nos documentos firmados e comunicações trocadas, o intérprete busque a vontade comum dos contratantes, que é aquela que suscita em ambos uma compreensão compartilhada quanto às consequências de suas manifestações – a qual seria a única capaz de gerar legítimas expectativas.[130]

---

ambiente tão inebriado de interesses latentes é possível que as condutas dos centros de interesses se coordenem e sejam típicas, de maneira a desempenharem, concatenadas, uma função social, configurando, assim, contrato sem negócio jurídico. O princípio da boa-fé, nesse caso, poderá ser invocado como um dos fundamentos para tutela referido contrato. Assim, a boa-fé assume, além da função interpretativa e da função limitativa do exercício de direitos subjetivos, a função de criação de deveres jurídicos. Esses deveres podem ser laterais, como já sustentado em doutrina, ou principais, a ponto de ensejar contrato sem negócio" (PEDREIRA DA SILVA, Juliana. *Contratos sem negócio jurídico*: crítica das relações contratuais de fato. São Paulo: Atlas, 2011, p. 32-33). Ainda nesse sentido: SIRENA, Hugo Cremonez. Direito dos Contratos: relações contratuais de fato e o princípio da boa-fé. *Revista Jurídica da Procuradoria Geral do Estado do Paraná*. 2014, n. 5, p. 227.

126. SCHREIBER, Anderson. *A proibição de comportamento contraditório*: tutela da confiança e *venire contra factum proprium*. 4. ed. São Paulo: Atlas, 2016, p. 56.

127. MARTINS-COSTA, Judith. *A boa-fé no direito privado*: critérios para a sua aplicação. São Paulo: Marcial Pons, 2015, p. 402.

128. BANDEIRA, Paula Greco. As cláusulas de *hardship* e o dever da boa-fé objetiva na renegociação dos contratos. *Pensar – Revista de Ciências Jurídicas*, v. 21, p. 1031-1054, p. 1046, 2016.

129. VENCESLAU, Rose. O negócio jurídico e suas modalidades. In: TEPEDINO, Gustavo (Coord.). *A parte geral do novo Código Civil*: estudos na perspectiva civil-constitucional, Rio de Janeiro: Renovar, 2007, p. 191.

130. GOMES, Orlando. *Introdução ao direito civil*. 20. ed. Rio de Janeiro: Forense, 2010, p. 354. Ainda: NITSCHKE, Guilherme Carneiro Monteiro. *Lacunas contratuais e interpretação*. São Paulo: Quartier

Aponta-se, desse modo, que a percepção subjetiva ou psicológica, pertencente a apenas parcela dos contraentes e que não foi manifestada (ainda que dotada de plausibilidade), seria irrelevante para a extração da intenção comum.[131]

Nessa esteira, para se identificar, funcionalmente, os objetivos que as partes almejam com seus comportamentos e eventuais negócios intermediários – sem ter que se recorrer a indesejáveis critérios subjetivos –, caminham, lado a lado com a boa-fé, os usos e costumes e as circunstâncias do caso.

Aliás, há indicativo no Código Civil da utilidade de tais instrumentos para valoração das condutas dos pretensos contraentes, quando se estabelece, no artigo 111, que é possível extrair anuência quanto à celebração de determinado negócio jurídico do silêncio, desde que "as circunstâncias ou os usos o autorizarem, e não for necessária a declaração de vontade expressa", ou quando prevê o artigo 427 que a proposta de contrato obriga o proponente, "se o contrário não resultar dos termos dela, da natureza do negócio, ou das circunstâncias do caso".

A ligação entre a boa-fé e os usos e costumes também vem antevista no artigo 113 do Código Civil, que estabelece uma coligação textual, para fins hermenêuticos, entre tais elementos, a indicar que "ao menos *prima facie* o sentido deverá corresponder ao que é usual e corriqueiro no mercado, ou ao específico setor que situa, contextualmente, aquele concreto negócio jurídico interpretado".[132]

Os usos e costumes consubstanciam-se em manifestações sociais espontâneas, levadas a efeito por meio de comportamentos reiterados, revelando-se como elementos de interesse para interpretação e integração de declarações de vontade, sendo comum que, nas relações econômicas e empresariais, a repetição de determinadas práticas confira estabilidade às relações.[133]

Latin, 2019, p. 452-453; ROSENVALD, Nelson. Da interpretação do negócio jurídico. In: LOTUFO, Renan; NANNI, Giovanni Ettore (Coord.). *Teoria geral do direito civil*. São Paulo: Atlas, 2008, p. 415.

131. MAXIMILIANO, Carlos. *Hermenêutica e Aplicação do Direito*. 22. ed. Rio de Janeiro: Forense, 2020, p. 303.

132. MARTINS-COSTA, Judith. *A boa-fé no direito privado*: critérios para a sua aplicação. São Paulo: Marcial Pons, 2015, p. 451 e ss. Análise semelhante é feita por Karl Larenz, com base no art. 157 do código alemão: "La 'buena fe' exige que cada parte admita el contrato tal como ha de entenderse por contratantes honestos según la idea básica y la finalidad dei mismo, tomando en consideración los usos dei tráfico. La remisión al uso dei tráfico se explica por la presunción dei legislador de que, si no existe motivo para apartarse dei mismo, las partes estarán de acuerdo generalmente en la regulación usual en el tráfico en tales casos" (LARENZ, Karl. *Derecho civil*: parte general. Madri: Revista del Derecho Privado, 1978, p. 745). Também a esse respeito: LUDWIG, Marcos de Campos. *Usos e costumes no processo obrigacional*. São Paulo: Ed. RT, 2005, p. 106.

133. COMIRAN, Giovana Cunha. *Os usos comerciais*: da formação do tipo à interpretação e integração dos contratos. São Paulo: Quartier Latin, 2019, p. 55. Noutros termos, "o recurso aos usos valoriza a normalidade e tipicidade do agir privado" (MARTINS-COSTA, Judith. *A boa-fé no direito privado*: critérios para a sua aplicação. São Paulo: Marcial Pons, 2015, p. 476).

Dentro da categoria de "usos e costumes", a doutrina identifica três tipos diferentes de praxes reiteradas: os "usos", os "costumes" e as "práticas individuais". Apesar de se diferenciarem estruturalmente, todos servem – ao que interessa ao presente estudo – como critérios para identificação da vinculação entre as partes, funcionando como parâmetro hermenêutico dos atos, comportamentos e instrumentos presentes nas tratativas.

A distinção entre "usos" e "costumes" reside no fato de que, enquanto os primeiros se referem a condutas habituais e reiteradas em certos grupos (sociais ou econômicos) que servem para esclarecer significados e colmatar lacunas contratuais, os últimos, apesar de também dizerem respeito à prática constante, notória e repetida, se consubstanciariam em fonte de direito, em caráter suplementar à lei escrita, já que contariam com presença de um ingrediente extra, a *opinio iuris necessitatis,* fundado na ideia de vinculação dos sujeitos aos usos da prática com característica de norma jurídica.[134] Destaca-se que, no âmbito obrigacional, tanto os usos quanto os costumes atuam como parâmetro interpretativo das atividades e comportamentos ocorridos durante as negociações e dos negócios jurídicos, como se mencionou.[135]

As práticas (também referidas como "usos individuais"), por sua vez, se diferenciam dos usos por serem dotadas de caráter individualizador e dinâmico,

---

134. GOMES, Orlando. *Introdução ao direito civil.* 20. ed. Rio de Janeiro: Forense, 2010, p. 361; COMIRAN, Giovana Cunha. *Os usos comerciais*: da formação do tipo à interpretação e integração dos contratos. São Paulo: Quartier Latin, 2019, p. 61-62. A doutrina comumente distingue os costumes em três espécies: os contrários à lei (*consuetudo contra legem*), os conforme a lei (*consuetudo secundum legem*) e os complementares à previsão legal (*consuetudo praeter legem*). Como fonte normativa suplementar, admite-se a validade apenas dos costumes *praeter legem*, que cuidam de suprimir as lacunas aparentes do direito positivo, regendo aspectos da vida não expressamente regulados. Sua aplicação adquire relevância especialmente em certos setores do direito em que a atividade econômica, por seu dinamismo, se adianta ao legislador, afirmando-se espontaneamente, bem como no caso de práticas sociais não reguladas, como as filas para compra de ingressos. Os costumes *contra legem*, por sua vez, seriam repelidos, atuando o legislador com a finalidade de exterminar práticas consideradas nocivas à sociedade, e os *secundum legem* seriam ociosos, já que disciplinados pela lei, v. TEPEDINO, Gustavo; OLIVA, Milena Donato. *Fundamentos do direito civil*: teoria geral do direito civil. 2. ed. Rio de Janeiro: Forense, 2021, v. 1, p. 71-72.

135. Como leciona Paula Greco Bandeira, os costumes, previstos no art. 4º das Normas de Introdução ao Direito brasileiro, podem ser compreendidos, no âmbito contratual, como usos contratuais, v. BANDEIRA, Paula Greco. *Contrato incompleto.* São Paulo: Atlas, 2015, p. 208. Ainda: "Os usos que se alçaram a costumes não deixam, porém, de funcionar também como critério de interpretação *stricto sensu.*" NITSCHKE, Guilherme Carneiro Monteiro. Usos e costumes no direito contratual brasileiro (ou, sobre a precisão da doutrina face à imprecisão do legislador). In: BENETTI, Giovana et. al. (Org.). *Direito, cultura, método*: leituras da obra de Judith Martins-Costa. Rio de Janeiro: Editora GZ, 2019, p. 618-654, p. 633. Como ensina Pontes de Miranda, os usos e costumes "quer se trate de usos e costumes regras jurídicas, quer se trate de simples usos e costumes que enchem conteúdo de negócios jurídicos como elemento do suporte fático, podem ser interpretativos". Dessa forma, conclui o autor, os usos "ou são regras jurídicas de interpretação, ou são enunciados que dizem como se entendem as manifestações de vontade" (PONTES DE MIRANDA, Francisco Cavalcanti. *Tratado de direito privado.* São Paulo: Ed. RT, 2012, t. XXXVIII, p. 176).

isto é, se referem a condutas adotadas por partes específicas de determinada relação jurídica, seja na atividade objeto de interpretação, seja em negociações ou negócios anteriormente firmados, e acompanham a vida do negócio, enquanto os usos possuem um caráter transindividual e estático, na medida em que dizem respeito a um setor econômico, ou a uma localidade ou a uma profissão, e são fixos quanto à relação que se está especificamente a analisar.[136]

Igualmente aos usos e aos costumes, as práticas também auxiliam na interpretação e integração das manifestações e comportamentos adotados pelos pretensos contratantes, em função do princípio da confiança, que impõe a necessidade de proteção às legítimas expectativas decorrentes da regularidade de certa conduta entre as partes.[137] Entende-se, inclusive, que a adoção de determinada conduta pelos contratantes, se contrária a certo uso vigente, é capaz de afastar a sua aplicação naquela relação *in concreto*, a depender das circunstâncias do caso.[138]

Como parâmetro hermenêutico, os usos e costumes remetem ao que é habitual em determinado setor da vida social, econômica, profissional, comercial etc., servindo para aclarar o significado de alguma declaração ou de certo comportamento dos pretensos contratantes, ou para preencher lacunas contratuais, abrangendo tanto elementos de fato implicitamente considerados na declaração de vontade, quanto às práticas de um determinado campo, ou cláusulas habitualmente utilizadas.[139] De fato, como aduz Paula Forgioni, a objetivação social dos

---

136. MARTINS-COSTA, Judith. *A boa-fé no direito privado*: critérios para a sua aplicação. São Paulo: Marcial Pons, 2015, p. 471-472. Como registra Orlando Gomes, "[o]s usos podem se instaurar no curso de uma relação contratual, como se verifica quando as duas partes observam, durante muito tempo, conduta uniforme a que se atribui habitualmente determinada significação" (GOMES, Orlando. *Introdução ao direito civil*. 20. ed. Rio de Janeiro: Forense, 2010, p. 361). As práticas podem, mediante procedimento de imitação, abranger uma generalidade de indivíduos que realizam operações similares e, a depender dos múltiplos fatores que agem na sociedade (incluindo a necessidade de adequação da conduta aos valores do ordenamento jurídico, sobretudo previstos na Constituição), se tornarem usos e costumes, como registra COMIRAN, Giovana Cunha. *Os usos comerciais*: da formação do tipo à interpretação e integração dos contratos. São Paulo: Quartier Latin, 2019, p. 57-60.

137. MARTINS-COSTA, Judith. *A boa-fé no direito privado*: critérios para a sua aplicação. São Paulo: Marcial Pons, 2015, p. 472. Nesse sentido, o enunciado n. 409 da V Jornada de Direito Civil: "Os negócios jurídicos devem ser interpretados, conforme a boa-fé, os usos do lugar de sua celebração e as práticas estabelecidas entre as partes". A Lei de Liberdade econômica no inciso III do novo § 1º do art. 113 previu expressamente os usos, os costumes e as práticas de mercado como critérios hermenêuticos.

138. COMIRAN, Giovana Cunha. *Os usos comerciais*: da formação do tipo à interpretação e integração dos contratos. São Paulo: Quartier Latin, 2019, p. 60-61.

139. Destaca-se que apesar de o caput do art. 113 do Código Civil limitar a aplicabilidade dos usos ao critério espacial, a doutrina registra que sua aplicação vai além, os tendo também como práticas de determinado ramo do mercado, como os bancários, e, ainda, as que transbordam fronteiras estatais e encontram-se atreladas a setores específicos da economia, cf., p. ex., NITSCHKE, Guilherme Carneiro Monteiro. Usos e costumes no direito contratual brasileiro (ou, sobre a precisão da doutrina face à imprecisão do legislador). In: BENETTI, Giovana et. al. (Org.). *Direito, cultura, método: leituras da obra de Judith Martins-Costa*, Rio de Janeiro: Editora GZ, 2019, p. 620-621.

efeitos típicos do acordo torna-os previamente reconhecidos e desejados pelos contratantes, autorizando a interpretação conforme o que costuma acontecer em determinado setor, beneficiando a segurança e a previsibilidade.[140]

Como modelos jurídicos, os usos revelam normas prescritivas, que, assim como aquelas emanadas pela boa-fé objetiva, não confrontam com a autonomia privada, mas a conforma aos demais valores do ordenamento jurídico.[141] As normas derivadas dos usos e costumes, assim, integram o conteúdo das manifestações e comportamentos adotados pelas partes, determinando que se obedeça ao que é usual em dado campo, local ou mercado, em razão da necessidade de se adotar um comportamento coerente com as legítimas expectativas geradas no *alter*.[142] Os usos e costumes, assim, criam obrigações para os contratantes, agregando-se à disciplina contratual ao lado da vontade declarada.[143]

Ainda, os usos e costumes auxiliam no alcance dos *standards* de conduta gerados pela boa-fé objetiva. Em outras palavras, para averiguar qual o comportamento adequado e esperado em determinado caso concreto, o intérprete

---

140. FORGIONI, Paula A. *Contratos empresariais*: teoria geral e aplicação. 3. ed. São Paulo: Thomson Reuters Brasil, 2018, p. 246-247.

141. TEPEDINO, Gustavo; KONDER, Carlos Nelson; BANDEIRA, Paula Greco. *Fundamentos do direito civil*: obrigações. 2. ed. Rio de Janeiro: Forense, 2021, v. 3, p. 33-34. Ainda: "Entretanto, os usos e costumes genericamente considerados são externos ao comportamento das partes, fazendo depender a regulação e complementação essencialmente da eficácia normativa do comportamento das partes frente aos instrumentos contratuais celebrados no passado, do contexto e das práticas sociais de um determinado tempo e local. Do mesmo modo, a incidência da boa-fé como fonte de obrigações de cooperação, informação etc., é inafastável, assim como também é o seu sentido negativo criando a obrigação de comportamento coerente. Na mesma linha, o reconhecimento dos usos e costumes, usos do lugar e outros elementos costumeiros relacionados a práticas sociais possuem uma eficácia normativa indiscutível, sendo certa a sua incidência nos processos de interpretação e integração dos contratos tanto para impor comportamentos segundo expectativas legítimas criadas pelo contexto quando para impedir comportamentos a essas mesmas expectativas. Nessas hipóteses, porém, se está diante de um fenômeno normativo externo às partes, pois ainda que conexos com a autonomia privada, tanto a boa-fé objetiva quanto os usos e costumes caracterizam regulamentação cuja fonte de modo mediato deriva da lei, seja do disposto no art. 422 ou do art. 113 do Código Civil" (BRANCO, Gerson Luiz Carlos. Efeitos normativos das práticas negociais: atos de autonomia privada ou de heterocomposição? In: BENETTI, Giovana et. al. (Org.). *Direito, cultura, método: leituras da obra de Judith Martins-Costa*, Rio de Janeiro: Editora GZ, 2019, p. 707). Ainda: "Os exemplos citados evidenciam o amplo espectro de situações em que os usos e costumes podem auxiliar o intérprete a suprir lacunas contratuais (integração *supletiva*), sem, de qualquer forma, afrontar a autonomia negocial" (WILLCOX, Victor. Integração dos contratos na perspectiva civil constitucional. *Revista Fórum de Direito Civil – RFDC*, Belo Horizonte, ano 10, n. 28, p. 13-32, set./dez. 2021, p. 26).

142. HAICAL, Gustavo. Os usos do tráfico como modelo jurídico e hermenêutico no código civil de 2002. *Revista de Direito Privado*. São Paulo: Ed. RT, v. 50, p. 9, 2012 [v. eletrônica]. Sobre a criação de legítimas expectativas pelos usos, v. IÓRA, Natália Inez. *Os Usos Negociais e os Contratos Empresariais*: o conteúdo, as funções e o alcance dos usos no processo contratual. São Paulo: Quartier Latin, 2020, p. 206.

143. BANDEIRA, Paula Greco. As cláusulas de *hardship* e o dever da boa-fé objetiva na renegociação dos contratos. *Pensar – Revista de Ciências Jurídicas*, v. 21, p. 1046-1047. 2016.

deve servir-se dos usos e costumes em vigor, para se vislumbrar o cumprimento ou não, pelos contraentes, do dever de conduta, à luz do que seria normalmente esperado naquelas negociações conforme as práticas vigentes, evitando-se que o preenchimento do conteúdo de tais deveres seja atribuído "ao bom senso do magistrado, permitindo-lhe valoração subjetiva 'à moda do jeitão".[144]

No processo paulatino de formação do contrato, aduz-se que o intérprete deve atentar "para o papel desempenhado pelas práticas contratuais anteriores das partes, que tenham eventualmente mantido e sirvam para elucidar o significado de suas condutas, e pelos usos daquele setor da economia, que se constituem em normas prescritivas, servindo para padronizar condutas".[145] A utilização de tais elementos "contribui para a compreensão das legítimas expectativas e para a proteção da confiança incutida a cada parte, permitindo assim percepção mais clara do significado dos atos praticados no *iter* formativo do contrato".[146]

Nessa esteira, no campo das tratativas, o intérprete deve se "atentar, prioritariamente, se existe 'um grau razoável de probabilidade de sua conclusão', ou 'se diversamente, segundo a prática seguida pelos negociadores ou os usos do setor, se trata de mera prospecção".[147] Com efeito, não raro, "o início da execução, de um lado, ou, de outro, os usos do setor, indicarão se contrato ainda não há, ou se, diversamente, o contrato já está formado, ainda que sem forma escrita, pelo efetivo encontro entre proposta e aceitação, já tendo havido definição sobre os elementos essenciais do negócio".[148]

Desse modo, no processo de formação dos contratos, a aplicação dos usos e costumes, além de fornecer subsidiários a identificação *in concreto* dos deveres de proteção, funciona como critério para identificar a existência de um excepcional dever de contratar, bem como para definir eventual vinculação das partes a despeito da existência de negócio jurídico.

---

144. TEPEDINO, Gustavo. Formação progressiva dos contratos e responsabilidade pré-contratual: notas para uma sistematização. In: BENETTI, Giovana et. al. (Org.). *Direito, cultura, método: leituras da obra de Judith Martins-Costa*, Rio de Janeiro: Editora GZ, 2019, p. 584-602, p. 596; HAICAL, Gustavo. Os usos do tráfico como modelo jurídico e hermenêutico no código civil de 2002. *Revista de Direito Privado*. São Paulo: Ed. RT, v. 50, p. 7. 2012.

145. TEPEDINO, Gustavo; KONDER, Carlos Nelson. Qualificação e disciplina do contrato preliminar no Código Civil Brasileiro. In: BARBOSA, Henrique; SILVA, Jorge Cesa Ferreira da (Coord.). *A evolução do direito empresarial e obrigacional*: 18 anos do Código Civil. São Paulo: Quartier Latin, 2021, v. 2, p. 38.

146. TEPEDINO, Gustavo; KONDER, Carlos Nelson. Qualificação e disciplina do contrato preliminar no Código Civil Brasileiro. In: BARBOSA, Henrique; SILVA, Jorge Cesa Ferreira da (Coord.). *A evolução do direito empresarial e obrigacional*: 18 anos do Código Civil. São Paulo: Quartier Latin, 2021, v. 2, p. 39.

147. TEPEDINO, Gustavo. Formação progressiva dos contratos e responsabilidade pré-contratual: notas para uma sistematização. In: BENETTI, Giovana et. al. (Org.). *Direito, cultura, método: leituras da obra de Judith Martins-Costa*, Rio de Janeiro: Editora GZ, 2019, p. 59.

148. MARTINS-COSTA, Judith. *A boa-fé no direito privado*: critérios para a sua aplicação. São Paulo: Marcial Pons, 2015, p. 392.

De fato, as práticas usualmente adotadas em dado seio social ou mercado podem auxiliar na constatação de que, em certa hipótese, a confiança se densificou a ponto de que, à luz do que comumente ocorre, não seria mais permitida a ruptura das tratativas sem a obrigação de ressarcir pelo interesse positivo. Em outras palavras, os atos praticados e os documentos firmados em determinada negociação, analisados tomando-se como parâmetro o que é usualmente adotado em certos mercados, pode indiciar a existência de expectativas legítimas da vítima de que o contrato certamente seria celebrado, a configurar um excepcional dever de contratar.

No âmbito dos contratos sem negócio jurídico, como se disse, é justamente o reconhecimento social que confere aos comportamentos das partes a aptidão para serem caracterizados como atividade contratual e, nessa medida, as práticas usualmente adotadas por certas pessoas naquele mercado ou em determinado seio social ou econômico serve como indício da tipicidade social das condutas, assim como para identificar a existência de "vontade contratual" derivada de tais condutas.[149] De fato, as práticas habitualmente realizadas podem indicar se a existência de certos comportamentos demonstra que as partes, independentemente da vontade negocial, efetivamente ingressaram em relação contratual, ou, se tais comportamentos não são suficientes para demonstrar a existência de um contrato sem negócio.

Com efeito, entende-se que "[h]á de se ter, dentro dessa lógica do contato social, uma compatibilização entre os elementos de conduta social típica, usos do tráfego e princípio da boa-fé", sendo "[i]mprescindível o preenchimento de tais requisitos para que se possa vislumbrar a consolidação de um contrato fático derivado do contrato social e, consequentemente, que se possa demandar uma reparação também contratual de seu descumprimento".[150]

---

149. Karl Larenz destaca que seriam os usos e costumes a fonte dos comportamentos socialmente típicos: "O efeito obrigatório do comportamento do usuário não se baseia, repetindo mais uma vez, no fato de ele ser imputado ao sujeito como expressão de vontade própria de obrigar-se, mas sim no fato de que, sem levar em conta a vontade do agente, o comportamento será entendido, de acordo com os usos do tráfego, como justificador de uma obrigação" (LARENZ, Karl. O estabelecimento de relações obrigacionais por meio de comportamento social típico. *Revista Direito GV*. São Paulo: FGV Direito SP, 2006, v. 2, n. 1, p. 60).

150. SIRENA, Hugo Cremonez. Direito dos Contratos: relações contratuais de fato e o princípio da boa-fé. *Revista Jurídica da Procuradoria Geral do Estado do Paraná*. 2014, n. 5, p. 221. "Todavia, a fase pré-negocial pode se revelar ainda mais complexa, uma vez que determinados comportamentos humanos, observados nessa fase, embora não configurem verdadeiras declarações de vontade, a ponto de concluírem um negócio jurídico, podem ser considerados típicos e correspondentes, no sentido de que, conforme as condições gerais do tráfego, tais comportamentos estarão ligados a uma consequência obrigacional. Nasce, então, uma relação contratual de fato, ou contrato sem negócio" (PEDREIRA DA SILVA, Juliana. *Contratos sem negócio jurídico*: crítica das relações contratuais de fato. São Paulo: Atlas, 2011, p. 35).

Os usos e costumes devem ser percebidos sempre à luz das peculiaridades do caso concreto (levando-se em conta, por exemplo, os sujeitos envolvidos, sua capacidade econômica, *expertise*, mercado em que atuam etc.) sendo necessário que se observe qual o padrão de conduta que se espera na atividade específica levada a efeito por sujeitos dotados de especialidade semelhante àquela dos agentes e que atuem no mesmo mercado.[151]

Em outros termos, os usos e costumes devem ser aplicados sempre que a relação das partes indicar que suas intenções se voltam ao usual em dado mercado ou região, independente do desejo subjetivo das partes de a eles se submeterem ou não. Contudo, o intérprete deve analisar uma série de circunstâncias antes de proceder à aplicação de determinado uso, como as declarações expressas dos contratantes, a sua conduta durante a execução do contrato, a qualificação das partes.[152]

Diante disso, revelam-se fundamentais para o esclarecimento dos objetivos e propósitos das partes em negociação e, assim, para o exame das expectativas criadas pelos comportamentos adotados, em conjunto com os demais parâmetros interpretativos, as chamadas circunstâncias do caso.[153]

As circunstâncias do caso estabelecem critérios, modos de raciocínio e de argumentação, que conferem às declarações e às condutas o seu significado no contexto concreto, possuindo também relevância na colmatação das vontades, em busca de solução harmônica com a operação econômica desenvolvida em seu conjunto (mesmo que o significado alcançado não resulte imediatamente do teor dos instrumentos firmados).[154]

Nesse sentido, o intérprete, ao analisar determinada relação jurídica, tem que levar em consideração uma série de elementos que a circundam, enxergando-a em sua "concreta circunstancialidade".[155] A esse respeito, leciona Pietro Perlingieri que a "[a] investigação da 'comum intenção' não pode significar levar-se em conta apenas as palavras, porque a 'comum intenção' é justamente o que se trata de individualizar; significa, portanto, que se deve ter em conta, além do senso literal das palavras, os outros elementos que sirvam a revelá-la". De fato, como aponta, "[as] palavras expressas podem revelarem-se não confiáveis,

---

151. BANDEIRA, Paula Greco. *Contrato incompleto*. São Paulo: Atlas, 2015, p. 208-209.
152. BANDEIRA, Paula Greco. *Contrato incompleto*. São Paulo: Atlas, 2015, p. 249-251.
153. AMARAL, Francisco. *Direito civil*: introdução. 10. ed. São Paulo: Saraiva, 2018, p. 517.
154. KIRCHNER, Felipe. *Intepretação contratual*: hermenêutica e concreção. Curitiba: Juruá, 2016, p. 213-214.
155. MARTINS-COSTA, Judith. O método da concreção e interpretação dos contratos: primeiras notas de uma leitura suscitada pelo Código Civil. In: NANNI, Giovanni Ettore (Coord.). *Temas relevantes do direito civil contemporâneo*: reflexões sobre os cinco anos do Código Civil. Estudos em homenagem ao Professor Renan Lotufo. São Paulo: Atlas, 2008, p. 484-485.

isto é, assumirem um significado diverso segundo o contexto, as circunstâncias, o particular modo de expressão das partes e os interesses conflitantes que, em regra, são portadoras".[156]

Nessa esteira, na medida em que a interpretação é polarizada por um problema prático a ser resolvido, o intérprete não deve buscar, abstratamente, como seria uma interpretação segundo a boa-fé e os usos, mas deve encontrar uma resposta adequada a problemas inseridos em um contexto concreto e singular. As circunstâncias (os fatos, as condutas, as finalidades) se consubstanciam, assim, como registra Judith Martins-Costa, na moldura e envoltório que trazem os limites e a perspectiva para a interpretação.[157]

Com efeito, o exame das circunstâncias do caso coliga-se à noção de que o intérprete não deve se ater apenas ao sentido literal das comunicações e documentos, que se revela, em muitos casos, insuficiente ao esclarecimento da vontade e dos objetivos das partes.[158] A exegese literal, embora necessária e relevante, mostra-se inábil para resolver todas as particularidades do caso concreto, sendo a linguagem sempre conotada e sujeita a ambiguidades.[159]

O intérprete, assim, deve tomar a manifestação em relação a todo o contexto (inclusive, anterior e posterior às manifestações), avaliando-se os efeitos que o comportamento provoca na esfera jurídica alheia, concretamente apreciada, por conta do princípio da confiança.[160] Diante disso, aduz-se que a omissão quanto

---

156. PERLINGIERI, Pietro. *Autonomia negoziale e autonomia contrattuale*. 2. ed. Napoli: Edizioni Scientifiche Italiane, 2000, p. 435 – trad. livre. "A arte da interpretação, consiste, precisamente, em ter em consideração todas estas circunstâncias do caso; só que dêste modo, penetrando nos mais delicados pormenores do caso concreto – mas sem se importar para nada com a vontade interna que pode ter levado as partes a agir – investigue o sentido da declaração de vontade estudada, poderá chegar a um resultado justo e em harmonia com o sentimento geral do Direito. Só o resultado assim obtido satisfará as exigências *da declaração de vontade a que se refere o Código civil*" (DANZ, Erich. *A interpretação dos negócios jurídicos*. São Paulo: Saraiva, 1942, p. 72).
157. MARTINS-COSTA, Judith. *A boa-fé no direito privado*: critérios para a sua aplicação. São Paulo: Marcial Pons, 2015, p. 448.
158. PEREIRA, Caio Mário da Silva. *Instituições de direito civil*: introdução ao direito civil. 26. ed. Rio de Janeiro: Forense, 2013, v. I, p. 420-421.
159. MARTINS-COSTA, Judith. *A boa-fé no direito privado*: critérios para a sua aplicação. São Paulo: Marcial Pons, 2015, p. 453.
160. MARTINS-COSTA, Judith. Princípio da confiança legítima e princípio da boa-fé objetiva. Termo de compromisso de cessação (TCC) ajustado com o CADE. Critérios da interpretação contratual: os 'sistemas de referência extracontratuais ('circunstâncias do caso') e sua função no quadro semântico da conduta devida. Princípio da unidade ou coerência hermenêutica e 'usos do tráfego'. Adimplemento contratual, *Revista dos Tribunais*, v. 852, p. 87-126, p. 9, out. 2006 [v. eletrônica]. A esse respeito, confira-se também: "A uma interpretação meramente gramatical e atômica que levaria a isolar a declaração do marco de circunstâncias socialmente influentes no qual foi emitida, e a colocar a letra por cima do espírito, se contrapõe outra interpretação, que integra a consideração da declaração, enquadrando-a no total dos comportamentos recíprocos e no conjunto de circunstâncias, e que se desenvolve iluminando

à análise de quaisquer das circunstâncias relevantes é capaz de alterar o sentido da declaração, resultando em um possível efeito jurídico falso.[161]

Refere-se, nesse sentido, ao cânone da totalidade hermenêutica, que evidenciando o "círculo de reciprocidade hermenêutica que corre entre a unidade do todo e os singulares elementos de uma obra",[162] revela que o intérprete deve considerar a declaração enquadrada no conjunto contratual, compreensivo de todas as circunstâncias fáticas e normativas relevantes para o caso.[163] A interpretação, portanto, deve considerar a formação do negócio como um todo unitário, de forma a deduzir da totalidade a noção mais adequada aos valores do ordenamento jurídico e às finalidades dos agentes.[164]

Com efeito, no processo de formação do contrato, todos os comportamentos, declarações e instrumentos que os permeiam devem ser considerados no ambiente que os circundam. Não se afigura viável apartá-los da realidade em que insertos, tornando-os peça estéril de atribuições de obrigações desconexas da realidade.[165] São as circunstâncias que formam o ecossistema concreto de cada relação obrigacional. De fato, como alude a doutrina, cada relação representa uma realidade própria, de tal modo que o significado e alcance de suas atribuições resultam tanto dos sinais empregados quanto da conjuntura e contexto em que

---

o espírito e o fim prático que estava na consciência de ambas as partes" (BETTI, Emilio. *Teoria Geral do Negócio Jurídico*. Campinas: LZN, 2003, t. 2, p. 210-211).

161. KIRCHNER, Felipe. *Intepretação contratual*: hermenêutica e concreção. Curitiba: Juruá, 2016, p. 214; DANZ, Erich. *A interpretação dos negócios jurídicos*. São Paulo: Saraiva, 1942, p. 97.

162. BETTI, Emilio. *Interpretação da lei e dos atos jurídicos*. São Paulo: Martins Fontes, 2007, p. XLVI-XLVII.

163. MARTINS-COSTA, Judith. *A boa-fé no direito privado*: critérios para a sua aplicação. São Paulo: Marcial Pons, 2015, p. 453-454.

164. VICENZI, Marcelo. *Interpretação do contrato*: ponderação de interesses e solução de conflitos. São Paulo: Ed. RT, 2011, p. 107. Ainda, confira-se: "Ao invés, o significado da maioria das palavras releva uma maior ou menor amplitude de variação; qual seja o significado que aqui foi levado em conta ou que aqui se haja de entender resulta, não em pequeno grau, do posicionamento da palavra na frase e, ainda mais, da conexão total de sentido adentro da qual ela surja, em tal lugar do discurso ou do texto. Daí resulta uma especificidade do processo do compreender que é conhecida sob a denominação de «círculo hermenêutico». Por tal, dizendo de modo simplificado, pretende expressar-se o seguinte: uma vez que o significado das palavras em cada caso só pode inferir-se da conexão de sentido do texto e este, por sua vez, em última análise, apenas do significado – que aqui seja pertinente – das palavras que o formam e da combinação de palavras, então terá o intérprete – e, em geral, todo aquele que queira compreender um texto coerente ou um discurso – de, em relação a cada palavra, tomar em perspectiva previamente o sentido da frase por ele esperado e o sentido do texto no seu conjunto; e a partir daí, sempre que surjam dúvidas, retroceder ao significado da palavra primeiramente aceita e, conforme o caso, rectificar este ou a sua ulterior compreensão do texto, tanto quanto seja preciso, de modo a resultar uma concordância sem falhas. Para isso, terá de lançar mão, como controlo e auxiliares interpretativos, das mencionadas «circunstâncias hermeneuticamente relevantes»" (LARENZ, Karl. *Metodologia da ciência do direito*. 8. ed. Fundação Calouste Gulbenkian: Lisboa, 2019, p. 286).

165. FORGIONI, Paula A. *Contratos empresariais*: teoria geral e aplicação. 3. ed. São Paulo: Thomson Reuters Brasil, 2018, p. 157-158.

foram manifestados, de forma que para a atividade hermenêutica o que importa é sua apreciação objetiva e concreta.[166]

Não há como se estabelecer uma definição das circunstâncias que devem ser observadas pelo intérprete em cada caso específico, na medida em que "a isso se opõe a infinita e incessante variabilidade que a vida oferece".[167] Em rol meramente explicativo, porém, Francisco Marino aduz – tratando-se do negócio jurídico, mas sendo possível trazer os conceitos para as circunstâncias que devem ser observadas nas tratativas – que devem ser observados, além dos usos e costumes, o tempo e o lugar das tratativas, as qualidades das partes envolvidas e eventual relação existente entre elas, o comportamento das partes (inclusive anterior e posterior às tratativas), as qualidades da coisa e a matéria ou natureza e objeto do negócio jurídico almejado.[168] A valoração de tais elementos deve se dar de forma conjunta pelo intérprete, a partir de um juízo de razoabilidade.[169]

Como aponta a doutrina, uma das maiores dificuldades com relação à formação dos contratos, "está em perceber a evolução de uma fase para outra, pois não se trata de mera ultrapassagem mecânica ou temporal, mas sim, de aspectos aliados, sobretudo, ao comportamento de ambas as partes". Para superar tal obstáculo, "deve o intérprete estar atento às peculiaridades concretas, não hesitando em usar o método tópico- sistemático".[170]

Dessa forma, de acordo com Judith Martins-Costa, "conforme os elementos do caso, contrastados com a «confiança que criam na contraparte e do correspondente grau de autonomia da vontade que se justifica reconhecer aos seus autores» os atos situados na fase pré-contratual" podem assumir diferentes relevâncias à luz do ordenamento jurídico.[171]

---

166. VICENZI, Marcelo. *Interpretação do contrato*: ponderação de interesses e solução de conflitos. São Paulo: Ed. RT, 2011, p. 105.

167. DANZ, Erich. *A interpretação dos negócios jurídicos*. São Paulo: Saraiva, 1942, p. 59.

168. MARINO, Francisco Paulo de Crescenzo. *Intepretação do negócio jurídico*. São Paulo: Saraiva, 2011, p. 116.

169. KIRCHNER, Felipe. *Intepretação contratual*: hermenêutica e concreção. Curitiba: Juruá, 2016, p. 218-219. Como registra Pietro Perlingieri: "Na interpretação é necessário, portanto, levar em conta a disciplina específica de cada negócio, com a consequente relativização do procedimento hermenêutico. A intepretação depende dos diversos métodos hermenêuticos, da disciplina da responsabilidade e da confiança (*affidamento*), do quanto de objetivo e reconhecível possui o ato em relação a cada composição de interesses, da importância e qualidade da qualidade da diligência exigível, do círculo social do disponente, das condições econômicas e sociais dos sujeitos, isto é, de uma série de aspectos heterogêneos e concorrentes na individuação da disciplina do ato" (PERLINGIERI, Pietro. *O direito civil na legalidade constitucional*. Rio de Janeiro: Renovar, 2008, p. p. 654-655).

170. POPP, Carlyle. *Responsabilidade civil pré-negocial*: o rompimento das tratativas. Curitiba: Juruá, 2001, p. 232-233.

171. MARTINS-COSTA, Judith. *A boa-fé no direito privado*: critérios para a sua aplicação. 2. ed. São Paulo: Saraiva Jur, 2018, p. 422 [E-book].

A análise das circunstâncias auxilia o intérprete a discernir, na formação progressiva do contrato, quais atos implicam formação do contrato sem negócio, quais geram um dever de contratar e quais ficam no plano de mero projeto, destituídos de eficácia contratual.

Nessa esteira, a doutrina registra que a análise do comportamento das partes assume especial relevância na fase pré-contratual, para que se enxergue a relação que entre elas se estabelece. Aliás, sustenta-se que, especialmente, no caso de formação progressiva do contrato, "deve ser feita uma análise da conduta das partes, a fim de diferenciar a hipótese de meras tratativas da hipótese de contrato já formado".[172]

Assim, por exemplo, se no âmbito das negociações uma das partes informa a outra que está de acordo com a proposta por esta formulada, mas a depender de aprovação pelo conselho daquela empresa, deixando claro que, de acordo com as normas internas da sociedade, é necessária tal autorização para pactuação do negócio pretendido, inexistirá legítima expectativa de que o contrato esteja muito próximo a ser formado. Pelo contrário, nesse caso, há "proposta sujeita à condição, e não é «legítima» a expectativa à conclusão do contrato independentemente da autorização do conselho diretivo".[173]

Por outro lado, se após as partes acordarem todos os pontos da operação, estabelecendo negociação intensa – ou, ao menos, todos os pontos essenciais – uma parte informar que quem estava negociando não detinha poderes para negociar, sem que isso nunca antes tivesse sido mencionado, e se recusar a assinar o documento, pode-se entender que, em função dos comportamentos das partes e da boa-fé objetiva, haveria um dever de contratar, ou que o contrato já estaria formado, mesmo sem aquela assinatura.

Também exemplificativamente, se, de acordo com as práticas seguidas pelas partes, os contratos entre elas normalmente são formados sem que seja necessária sua documentação por escrito, não é possível, a princípio, alegar a inexistência de confiança legítima se todos os demais elementos do negócio constam definidos, salvo se outras circunstâncias derem a entender que a contratação se faria mediante a expressão do pacto em instrumento contratual.[174]

---

172. GRECCO, Renato. *O momento de formação do contrato*: das negociações preliminares ao vínculo contratual. São Paulo: Almedina, 2019, p. 66.
173. MARTINS-COSTA, Judith. *A boa-fé no direito privado*: critérios para a sua aplicação. São Paulo: Marcial Pons, 2015, p. 403.
174. MARTINS-COSTA, Judith. *A boa-fé no direito privado*: critérios para a sua aplicação. São Paulo: Marcial Pons, 2015, p. 403.

Nessa linha, Renata Steiner aponta que a existência ou não de um dever de contratar, especialmente nas hipóteses em que não exista instrumento probatório objetivo, deve ser "obtida pela análise da atuação das partes diante da relação jurídica pré-negocial" e, mesmo que se conclua pela existência do contrato, "o caminho trilhado é substancialmente focado nos comportamentos prévios a ele".[175]

No "caso dos tomates", mencionado acima, inclusive, foi justamente o comportamento das partes durante a negociação específica, com os atos praticados pela Cica e pelos agricultores, e em relações anteriores estabelecidas entre as mesmas partes, que justificou a existência de obrigatoriedade de indenização pelo interesse positivo.

No mesmo sentido, Paulo Mota Pinto ressalta que é precisamente o exame das circunstâncias concretas que permite a identificação da densificação da confiança em um dever de conclusão do contrato na fase pré-contratual. O jurista menciona, exemplificativamente, como "circunstâncias particularmente intensificadoras da vinculação logo numa fase pré-contratual": "uma repetida garantia verbal (não formalmente relevante) de que o contrato será celebrado assim que houver acordo sobre todos os pontos, tendo este sido alcançado, ou de que a decisão de concluir o contrato era firme e estava já tomada" ou, ainda a *"irreversibilidade do investimento* da confiança da outra parte e a *insuficiência da indemnização pelo interesse negativo* para a sua recuperação".[176]

O momento em que se encontram as negociações – aliado às demais circunstâncias do caso – também pode ser relevante para aferição do vínculo formado.[177] Decerto, como se disse, reconhece-se que "a relação pré-contratual – e, assim, a forma como o direito incide, notadamente por meio da cláusula geral de boa-fé – não é idêntica" caso se leve em consideração o "estágio mais inicial do período negociatório, no qual os interessados instauram conversações e analisam a conveniência de submeterem ao vínculo contratual" e o "estágio mais avançado

---

175. STEINER, Renata C. *Reparação de danos*: interesse positivo e interesse negativo. São Paulo: Quartier Latin, 2018, p. 312.

176. PINTO, Paulo Mota. *Interesse contratual negativo e interesse contratual positivo*. Coimbra: Coimbra Editora, 2008, v. II, p. 1.348-1.349.

177. "Assim, não se pode deixar de reconhecer que, se nos primeiros momentos das tratativas iniciadas as partes efetivamente não estão vinculadas à celebração do contrato e buscam somente proteger o interesse da confiança, não se pode manter tal raciocínio para os momentos futuros dos tratos. Assim, na medida em que eles se desenvolvem, o interesse das partes começa a cambiar. A celebração do contrato já passa a ser vista como algo próximo e natural. A obrigação de não fazer altera-se para uma de fazer, ou seja, de celebrar o contrato. Isto porém, somente acontece quando a carga de intensidade da confiança for de tal ordem que a efetivação do contrato já é algo garantido, pelo menos na convicção das partes" (POPP, Carlyle. *Responsabilidade civil pré-negocial*: o rompimento das tratativas. Curitiba: Juruá, 2001, p. 286).

das negociações, quando as partes já definiram elementos do futuro contrato e estão próximas do consenso".[178]

Além disso, como se mencionou, com a crescente importância da fase negociatória, é natural que, cada vez mais, as partes prefiram colocar por escrito os elementos negociados, alocar as responsabilidades eventualmente decorrentes da fase pré-contratual ou registrar suas intenções no que tange à contratação definitiva, sendo possível que tais acordos encontrem-se consubstanciados em uma série de documentos, tais como minutas, memorandos de entendimentos e cartas de intenção.[179] Essas documentações devem ser analisadas sempre à luz das circunstâncias do caso, para que seja possível a identificação de seus efeitos.

De fato, via de regra, conforme mencionou-se no item 1.2, tais instrumentos não geram vinculação negocial (com relação ao contrato principal almejado pelas partes). Entretanto, esses documentos consistem em "importantes indicativos do estágio das negociações e das condutas (concretas ou esperadas) das partes em negociação" e, assim, servem como elementos para identificação da confiança gerada nas tratativas.[180]

Em outras palavras, apesar de, em princípio, não servirem para constituir o vínculo definitivo almejado pelas partes, os documentos produzidos durante as tratativas podem, a depender do conteúdo, das práticas usualmente adotadas e das circunstâncias, representar que as partes possuíam confiança legítima na

---

178. GRECCO, Renato. *O momento de formação do contrato*: das negociações preliminares ao vínculo contratual. São Paulo: Almedina, 2019, p. 36.

179. BIANCHINI, Luiza Lourenço. *Contrato preliminar*: conteúdo mínimo e execução. Porto Alegre: Arquipélago Editorial, 2017, p. 48-49; GRECCO, Renato. *O momento de formação do contrato*: das negociações preliminares ao vínculo contratual. São Paulo: Almedina, 2019, p. 75.

180. GRECCO, Renato. *O momento de formação do contrato*: das negociações preliminares ao vínculo contratual. São Paulo: Almedina, 2019, p. 129. Além disso, o autor leciona que a celebração de documentos pré-contratuais não cria um vínculo jurídico automático, de modo que tais documentos, em regra, não configuram o negócio jurídico final ou dão direito à sua celebração. Entretanto, "[o] que pode ocorrer, isso sim, é a recondução de uma figura que, em primeiro momento, poderia não ser vinculante, a uma verdadeiro contrato. Ou, ainda, determinado documento que aparentava não constituir um contrato (em razão do seu *nomen juris*, por exemplo), demonstrar sê-lo. Em qualquer hipótese, contudo, sempre como consequência da vontade declarada (expressa ou tacitamente) pelas partes e *não* do estágio das negociações, do *nomen juris* de um documento ou de qualquer outro fator diverso da vontade declarada. (...) A identificação de tal declaração passa, necessariamente, por um exercício de interpretação dos atos das partes em negociação. Tal exercício poderá demonstrar, por exemplo, que em determinados casos uma carta de intenções tratar-se-á, na verdade, de um contrato preliminar ou do próprio contrato definitivo. (...) E, em tais circunstâncias, a recusa de uma das partes em cumprir o quanto avençado no contrato formado – seja tal avença refletida em uma carta de intenções, minuta ou ainda não reduzida a documento escrito completo – significará verdadeiro inadimplemento contratual (cuja consequência é a responsabilidade contratual e a aplicação dos remédios contratuais respectivos (cuja consequência seria, diversamente, a responsabilidade pré-contratual)" (GRECCO, Renato. *O momento de formação do contrato*: das negociações preliminares ao vínculo contratual. São Paulo: Almedina, 2019, p. 127).

celebração do negócio – inclusive com a configuração de um dever de contratar – ou, ainda, que o contrato – entendido como atividade contratual – já se encontra formado.

Nesse diapasão, é possível que, por meio de tais instrumentos, as partes firmem verdadeiras obrigações com conteúdo contratual que convivem com as negociações a respeito de outros pontos da operação globalmente considerada.[181] Nesse cenário, a investigação da conduta adotada pelos contratantes durante as negociações, assim como sua correspondência aos usos e costumes daquele setor, podem indicar a existência de comportamentos socialmente típicos que geram obrigações contratuais, a despeito da vontade do negócio jurídico final.

Por certo, como se mencionou no item 1.2, não é incomum que, no âmbito da formação progressiva do contrato, as partes estabeleçam obrigações de confidencialidade e exclusividade, que geram direitos e deveres exequíveis a despeito da falta de formalização do negócio jurídico definitivo.[182] Decerto, apesar de eventualmente inexistir vontade negocial para ultimar o negócio final almejado pelas partes, tais pactos revelam a existência de vontade contratual, decorrente do encontro dos centros de interesse e da adoção de comportamento socialmente aceito pelas partes.[183] Entende-se, inclusive, que a violação a tais direitos e deveres, em função de sua natureza contratual, acarreta direito à vítima ao recebimento de indenização pelo interesse positivo.

---

181. "Por este diapasão, à medida em que a negociação para a celebração do contrato não mais se resolve de modo estático e facilmente determinável, o intérprete pode se deparar com situações verdadeiramente tormentosas. Em dado momento, pode surpreender-se imerso em "zona cinzenta" entre o antes consagrado espaço das 'negociações preliminares' e o contrato propriamente dito, fonte de obrigações especificadas pelas partes" (REIS JÚNIOR, Antonio dos. O problema da execução do contrato preliminar: esboço de sistematização em perspectiva civil-constitucional. *Civilistica.com*. Rio de Janeiro, a. 6, n. 1, 2017. Disponível em: http://civilistica.com/o-problema-da-execucao-do-contrato-preliminar/. Acesso em: 5 jan. 2023).

182. TEPEDINO, Gustavo; KONDER, Carlos Nelson; BANDEIRA, Paula Greco. *Fundamentos do direito civil*: contratos. 2. ed. Rio de Janeiro: Forense, 2021, v. 3, p. 93.

183. "É possível, portanto, que em matéria de negociações preliminares sejam realizados verdadeiros contratos intermediários, tendo uma função econômica e social totalmente distinta do contrato definitivo. Aliás, essa função econômica e social dos acordos intermediários está, em muito, associada à uma função econômica das relações travadas no mercado. Tais acordos cumprem uma função extremamente relevante de dar segurança e certa previsibilidade às relações prévias à criação de um vínculo obrigacional. Há, portanto, uma função de segurança e proteção eu não pode deixar de ser considerada sob o ponto de vista econômico e jurídico" (FERNANDES, Wanderley. O processo de formação do contrato. In: FERNANDES, Wanderley (Coord.). *Fundamentos e princípios dos contratos empresariais*. 2. ed. São Paulo: Saraiva, 2012, p. 246). Em sentido similar: GRECCO, Renato. *O momento de formação do contrato*: das negociações preliminares ao vínculo contratual. São Paulo: Almedina, 2019, p. 78; MIZOGUTI, Samanta Mitiko. *Fusões e aquisições*: efeitos jurídicos das negociações. São Paulo: Almedina, 2022, p. 137-140.

Além de serem passíveis de decorrer da autonomia privada – e, portanto, constarem de instrumentos firmados pelas partes, como das cartas de intenção, ou de instrumentos autônomos, como os chamados "contratos temporários" –,[184] tais obrigações podem advir da boa-fé, à luz da qualificação dos comportamentos das partes e demais circunstâncias e, assim, serem qualificáveis como obrigações integralmente exequíveis, à mingua de negócio jurídico que as formalize.[185] Nessas hipóteses, então, a boa-fé será a fonte das obrigações, por assim dizer, principais.[186] Como assinala a doutrina, o "descumprimento desses deveres contratuais implicará a responsabilidade civil contratual da parte inadimplente".[187]

Decerto, "o valor de tais documentos – seja para indicar em que estágio das negociações as partes se encontram ou, ainda, até mesmo para indicar (ou negar) a própria conclusão de um contrato definitivo ou preliminar – dependerá unicamente das circunstâncias negociais em que se inseriram".[188]

Assim, para uma acurada identificação de seus efeitos, deve o intérprete ir além do que literalmente consta de documentos produzidos durante as tratativas, verificando, até mesmo, se efetivamente o *nomen iuris* que a eles foi dado corresponde à real intenção e aos objetivos das partes quando da sua confecção.

Exemplificativamente, como se mencionou, as minutas servem para registrar os pontos já acordados entre as partes e aqueles sobre os quais ainda não se chegou a um acordo, facilitando o prosseguimento das negociações. Destarte, em regra, "[c]onstituindo apenas o registro escrito das tratativas, a minuta não tem natureza contratual, o que significa que as partes não estão vinculadas a seu

---

184. ZANETTI, Cristiano de Sousa. *Responsabilidade pela ruptura das negociações*. São Paulo: Juarez de Oliveira, 2005, p. 22.

185. MIZOGUTI, Samanta Mitiko. *Fusões e aquisições*: efeitos jurídicos das negociações. São Paulo: Almedina, 2022, p. 114 e p, 136.

186. A dificuldade, nesses casos, encontra-se na quantificação do prejuízo causado pelo inadimplemento de tais obrigações, a não ser que haja estipulação de cláusula penal, estabelecendo valor ou forma de cálculo específicas para o caso – o que, evidentemente, não é possível acontecer nas hipóteses em que tais acordos decorrerem de fontes heterônomas e não de estipulação das partes, v. MIZOGUTI, Samanta Mitiko. *Fusões e aquisições*: efeitos jurídicos das negociações. São Paulo: Almedina, 2022, p. 141.

187. BIANCHINI, Luiza Lourenço. *Contrato preliminar*: conteúdo mínimo e execução. Porto Alegre: Arquipélago Editorial, 2017, p. 113. O entendimento, porém, não é unanime. Maristela Basso, por exemplo, entende que pactos de confidencialidade não teriam natureza contratual na medida em que "a consagração de tal compromisso no acordo de negociação nada mais é do que a concretização do dever de negociar de boa-fé, de informar e minimizar prejuízos. Assim, sua violação ensejará a obrigação, por parte do inadimplente, de ressarcir o outro contratante com base no interesse contratual-negativo, mas nenhuma responsabilidade *ex contractu* se levantará" (BASSO, Maristela. *Contratos internacionais do comércio*: negociação, conclusão, prática. 3. ed. Porto Alegre: Ed. Livraria do Advogado, 2002, p. 189-190).

188. GRECCO, Renato. *O momento de formação do contrato*: das negociações preliminares ao vínculo contratual. São Paulo: Almedina, 2019, p. 71.

conteúdo". Entretanto, "nada impede que, no caso concreto, as partes já demonstrem a intenção de se vincular contratualmente, ainda que estejam em aberto determinados pontos objeto da negociação".[189]

Dessa forma, consiste em "questão de interpretação" saber se o acordo sobre determinados pontos em negociação tem poder vinculante ou se, no caso, é necessário um acordo global de todos os aspectos. Aduz-se, desse modo, que cabe ao intérprete "se valer dos meios exegéticos admitidos pelo direito" para que consiga constatar "se as partes já pretendiam, em concreto, se obrigar aos acordos sobre determinados pontos do contrato, sem que ainda fossem definidos todos os aspectos em negociação" ou se as partes resolveram "deixar para formar o vínculo contratual em um momento posterior, quando todos os pontos tratados venham a ser determinados por elas".[190]

Nessa tarefa, o modo como redigido o documento pode auxiliar o intérprete a discernir o pretendido pelas partes. Por exemplo, se se estiver diante de uma "simples punctuação de cláusulas, com redação sintética, haverá uma presunção de que as partes ainda não pretenderam constituir ainda o vínculo contratual".[191] Essa presunção, porém, pode ser ilidida por prova em sentido contrário, quando, por exemplo, as práticas adotadas pelas partes indicarem que aquela era a redação usualmente adotada por elas ou que os usos daquele setor indicam que aquela forma de escrita demonstraria a intenção de vinculação.

Diante disso, apesar de as minutas não serem, em regra, vinculantes, e terem o condão de reforçar o dever de atuação conforme a boa-fé objetiva – sendo, consequentemente, úteis para eventual da responsabilidade pré-contratual, já que comprovam a existência das tratativas e o estado em que se encontravam quando da ruptura –, uma análise exegética pode revelar a existência de um dever de contratar ou de já se estar diante de um contrato sem negócio jurídico.

O mesmo fenômeno pode ocorrer com as cartas de intenção. Como se mencionou anteriormente, as cartas de intenção são elaboradas no curso das negociações e tem conteúdo variável, estabelecendo, em regra, normas para a negociação de um ulterior contrato – que poderá ou não se celebrado, conforme êxito das tratativas. Tais documentos não servem, a princípio, para vincular às partes a celebração do negócio jurídico final almejado. Entretanto, conforme atenta a doutrina, os efeitos jurídicos de tais instrumentos são incertos, "depen-

---

189. BIANCHINI, Luiza Lourenço. *Contrato preliminar*: conteúdo mínimo e execução. Porto Alegre: Arquipélago Editorial, 2017, p. 108.
190. BIANCHINI, Luiza Lourenço. *Contrato preliminar*: conteúdo mínimo e execução. Porto Alegre: Arquipélago Editorial, 2017, p. 110.
191. BIANCHINI, Luiza Lourenço. *Contrato preliminar*: conteúdo mínimo e execução. Porto Alegre: Arquipélago Editorial, 2017, p. 111.

dendo da análise casuística de seu conteúdo e do comportamento das partes, para a sua correta determinação".[192]

De fato, do mesmo modo que ocorre com as minutas e com os demais documentos produzidos nas tratativas, o intérprete não deve se vincular ao nome conferido à carta de intenção, necessitando analisar se seu conteúdo, bem como se a intenção das partes, corresponde àquilo que elas buscaram estabelecer. Em outras palavras, "indiferente o *nomen juris* de cada documento; o que importa, em realidade, é a análise do conteúdo e do contexto em que esse se insere, a fim de corretamente identificar seu significado, seus efeitos e assegurar seu verdadeiro valor jurídico".[193]

Nessa esteira, "somente da análise do caso, de suas concretas circunstâncias examinadas, à luz dos critérios fornecidos pela Dogmática obrigacional e pelos usos" e "dos particulares elementos objetivos que o compõem" é que "se poderá determinar se é caso, ou não, de configurar-se o dever de indenizar, e por qual regime a responsabilidade civil será regida". Dessa forma, o intérprete tem que se atentar "às fases de desenvolvimento das tratativas, somente detectável quando se atende «ao alcance ou conteúdo dos actos que o integram e, consequentemente, ao diverso significado de que se se revestem na ponderação dos interesses há pouco equacionados» (isto é, a proteção à liberdade e a tutela da boa-fé)".[194]

Assim, a depender dos elementos concretos e dos usos, é possível que se identifique se tais atos praticados durante as negociações "ou (a) devem ser dissociados de eficácia jurídica; ou (b) devem ser tidos como atos geradores de eficácia de vinculação a dever de proteção; ou, ainda, (c) ser equiparados a atos dotados de eficácia negocial, se caracterizado o acordo de natureza contratual".[195]

É necessário, por conseguinte, que se observe atentamente a relação que se estabelece entre as partes na fase pré-negocial, visto que, como anota Juliana Pedreira da Silva, conforme a natureza dos comportamentos adotados, desdobramentos diversos podem ser observados: "(a) considerado socialmente típico

---

192. BIANCHINI, Luiza Lourenço. *Contrato preliminar*: conteúdo mínimo e execução. Porto Alegre: Arquipélago Editorial, 2017, p. 112-113. Ainda: "A carta de intenções, por sua pluralidade de formas e feitos, acaba por ser instrumento a congregar as diversas figuras pré-contratuais (...). Como tanto, a fim de se compreender os efeitos de uma carta de intenções ou de outros acordos parciais, necessário se fazer seu exame no caso concreto, vez que impossível identificar de antemão um padrão de efeitos e consequências desses documentos em hipótese" (GRECCO, Renato. *O momento de formação do contrato*: das negociações preliminares ao vínculo contratual. São Paulo: Almedina, 2019, p. 121).

193. GRECCO, Renato. *O momento de formação do contrato*: das negociações preliminares ao vínculo contratual. São Paulo: Almedina, 2019, p. 123.

194. MARTINS-COSTA, Judith. *A boa-fé no direito privado*: critérios para a sua aplicação. São Paulo: Marcial Pons, 2015, p. 396.

195. MARTINS-COSTA, Judith. *A boa-fé no direito privado*: critérios para a sua aplicação. 2. ed. São Paulo: Saraiva Jur, 2018, p. 422 [E-book].

o comportamento, será reconhecida a relação jurídica sobre a qual será imputada eficácia obrigacional (obrigação originária de prestar), a despeito da ausência de vontade individual para instauração do contrato" e "(b) não sendo considerado socialmente típico o comportamento, mas suficiente para despertar na contraparte a confiança na conclusão do negócio jurídico, recairá sobre o autor da conduta a responsabilidade civil pré-negocial pelos danos causados àquele que confiou".[196]

Dessa maneira, a utilização de tais parâmetros permite uma análise das tratativas sob perspectiva funcional, propiciando que se compreenda mais adequadamente os riscos e objetivos assumidos pelas partes, com suas condutas e eventuais documentos que antecedem a celebração do negócio definitivo.[197]

Em outros termos, à luz dos critérios elencados, viabiliza-se que a análise do processo de formação do contrato seja feita não a partir da investigação de eventual intenção subjetiva das partes, mas, sim, de um exame seu de forma objetiva, alicerçado na identificação dos comportamentos exteriorizados pelos agentes e seus efeitos nos demais, considerando o contexto em que inseridos, as condutas habitualmente adotadas e os *standards* de probidade exigíveis, à luz dos valores do ordenamento jurídico.[198]

---

196. PEDREIRA DA SILVA, Juliana. *Contratos sem negócio jurídico*: crítica das relações contratuais de fato. São Paulo: Atlas, 2011, p. 36-37.

197. TEPEDINO, Gustavo; KONDER, Carlos Nelson. Qualificação e disciplina do contrato preliminar no Código Civil Brasileiro. In: BARBOSA, Henrique; SILVA, Jorge Cesa Ferreira da (Coord.). *A evolução do direito empresarial e obrigacional*: 18 anos do Código Civil. São Paulo: Quartier Latin, 2021, v. 2, p. 38.

198. KONDER, Carlos Nelson; GLATT, Michel. Critérios de interpretação das cláusulas compromissórias: usos e costumes, boa-fé e circunstâncias In: BARBOZA, Heloisa Helena (Coord.). *20 anos do Código Civil*: perspectivas presentes e futuras. Rio de Janeiro: Processo, 2022, p. 210.

CONCLUSÃO

Se é possível afirmar que, no período histórico em que vigia um liberalismo acentuado, a vítima do rompimento injustificado das tratativas não teria direito ao recebimento de qualquer indenização, contemporaneamente, esse entendimento parece ter sido superado à luz do atual ordenamento jurídico brasileiro.

Com efeito, a partir da consagração, pela Constituição Federal, do valor da solidariedade social, com o consectário desenvolvimento do princípio da boa-fé objetiva, sustenta-se que os sujeitos que entabulam tratativas ingressam em uma relação de confiança, derivada do contato social qualificado que se origina das trocas de informações e do desembolso de recursos durante a atividade pela qual as partes buscam a eventual celebração de negócio jurídico, de forma voluntária e consensual.

Em função disso, incide sobre os pretensos contratantes uma série de deveres de conduta, que lhes impõe a proteção e não violação das legítimas expectativas despertadas durante as negociações preliminares. Desse modo, se a ruptura das tratativas causar prejuízos a uma das partes, desde que preenchidos os requisitos mencionados no item 1.3, restará configurada a responsabilidade pré-contratual, com a consectária obrigação de reparação dos danos. Diante da omissão legislativa acerca do tema, debate-se, em doutrina e jurisprudência, como deve ser calculada a indenização devida à vítima nesses casos: se pelo interesse contratual negativo ou se pelo interesse contratual positivo.

Tradicionalmente, entende-se que o pretenso contratante, em função do rompimento imotivado das negociações, apenas teria direito ao recebimento dos eventuais gastos realizados durante as tratativas, desde que tido após a formação da confiança na celebração do contrato, e aos valores que teria obtido se tivesse, comprovadamente, realizado negócios alternativos, ou seja, a vítima deveria ser colocada na situação que estaria caso não tivesse ingressado naquelas negociações, o que corresponde ao interesse negativo. O prejudicado não teria, então, direito a ser colocado em uma situação que considerasse que aquele contrato visado tivesse sido concluído e adimplido, sob pena de violação ao princípio da liberdade contratual, isto é, não se poderia indenizá-lo tomando-se em conta o chamado interesse positivo, o qual somente poderia ser utilizado como parâmetro indenizatório para os casos em que o negócio jurídico já tivesse sido celebrado.

Nessa esteira, parece plausível afirmar que a incidência dos conceitos de interesse contratual positivo e de interesse contratual negativo surgiu atrelada a hipóteses lesivas específicas, sendo aquele destinado aos casos de celebração de um contrato e este às hipóteses de não formação do negócio ou de sua formação sem o preenchimento dos requisitos legais.

Contemporaneamente, é igualmente verdadeiro que o *par conceitual* adquiriu certa autonomia, de modo que a aplicação de um ou de outro conceito deve ser analisada à luz do caso concreto, e, assim, do evento danoso particular. De fato, é a hipótese lesiva *in concreto* que deve direcionar o sentido da reparação à vítima, se para uma situação de cumprimento do contrato ou de inexistência das negociações.

Dessa forma, assim como todo conceito jurídico, o interesse contratual (positivo e negativo) deve ser aplicado tomando-se em consideração a unidade do ordenamento jurídico e as premissas que afirmam a inexistência de instituto jurídico imune às alterações sociais e que possa ser empregado a determinada hipótese, de forma abstrata e dissociada dos demais preceitos normativos.

Como se mencionou, a norma jurídica não traduz unidade lógica isolada empiricamente, ou seja, sua existência não se dá de forma desintegrada do ordenamento jurídico. Pelo contrário, a norma é sempre fruto de sua colocação dentro do sistema e, assim, nesse ambiente, é que ela exerce sua função.

Essa premissa revela a insuficiência do método subsuntivo, pelo qual "o intérprete se restringiria a reconduzir o fato social à previsão genérica e abstrata, estabelecendo-se, assim, falsa perspectiva binária entre o Direito e a realidade social", e, assim, limitaria "a aplicação do direito ao mero enquadramento do fato (localizado no plano fenomenológico do mundo real) à disposição normativa (localizada no plano deontológico do direito)".[1]

O procedimento hermenêutico, ao revés, é unitário, de modo que interpretação e aplicação constituem um momento único, considerando a necessidade de sua adaptação aos valores constitucionais e a dialética contínua entre fato e norma, não se admitindo esse fracionamento.[2] Noutros termos, a interpretação

---

1. TEPEDINO, Gustavo; OLIVA, Milena Donato. *Fundamentos do direito civil*: teoria geral do direito civil, 2. ed. Rio de Janeiro: Forense, 2021, v. 1. p. 74-75.
2. "Por efeito de tal imperativo, a subsunção – mecanismo silogístico de aplicação da lei ao fato da vida – resta superada. Nas nuances do caso concreto, cabe ao intérprete superar a análise meramente estrutural (o que é?), para privilegiar a funcionalização dos interesses irradiados (para que servem?), por meio de interpretação aplicativa dos comandos infraconstitucionais à luz da Carta Magna ou pela aplicação direta dos princípios e valores constitucionais.15-16 A aplicação e a interpretação do Direito constituem, como já assentado, operação unitária e sobreposta" (MONTEIRO FILHO, Carlos Edison do Rêgo. Reflexões metodológicas: a construção do observatório de jurisprudência no âmbito da pesquisa jurídica. *Revista Brasileira de Direito Civil*, v. 9, 2016, p. 13). Ainda a esse respeito: "Compreendido como um

da lei e do fato, bem como a qualificação normativa do fato configuram processo indivisível, no qual problema concreto e o ordenamento jurídico são indissolúveis e compreensíveis, não em fases separadas, mas de forma unitária.[3]

Essas observações impõem ao intérprete, portanto, levar em consideração a totalidade do ordenamento no momento de interpretar e aplicar os conceitos jurídicos (como interesse positivo e interesse negativo), de modo que a norma do caso concreto seja definida pelas circunstâncias fáticas nas quais pretende seja aplicada.

Nesse sentido, considerando-se as transformações pelas quais o processo de formação do contrato tem passado na contemporaneidade, assim como a dinamicidade e complexidade envolvidas nas tratativas, mostra-se imprescindível que a identificação do interesse a ser reparado em função da ruptura das negociações preliminares observe a hipótese concreta específica, à luz dos singulares interesses merecedores de tutela.

Com base nessas premissas, pelo presente trabalho, buscou-se demonstrar que, nos dias de hoje, o processo de formação dos contratos revela-se heterogêneo, muitas vezes ocorrendo de forma progressiva, com a prática de diversos atos e celebração de variados – e, por vezes, sofisticados – instrumentos pelos pretensos contratantes, de modo que, em determinadas situações, é possível que se vislumbre a existência de um dever de contratar baseado na densificação das confianças ou mesmo que o contrato, entendido como atividade, já encontra-se formado, mesmo que inexista propriamente uma vontade negocial de ambas as partes. Nessas hipóteses, parece plausível admitir a possibilidade de ressarcimento pelo interesse positivo, mesmo em caso de ruptura das negociações.

Essas situações denotam que, atualmente, diante da complexidade que determinadas negociações assumem, não se pode afirmar que há uma delimitação bem acurada entre a existência ou não de um contrato. O que se percebe é que, especialmente nos casos de formação progressiva do contrato, existe um gradiente

---

todo unitário (embora composto por fontes legislativas potencialmente conflituosas), entende-se que o ordenamento exige um tratamento uno também no que tange à sua interpretação e aplicação. A cada momento em que o intérprete se põe diante de um caso concreto, cumpre-lhe aplicar, não esta regra ou tal princípio, mas a ordem jurídica como um todo (o que equivale a afirmar que nenhuma norma pode ter seu sentido apreendido isoladamente sem a consideração global do sistema). (...) Em outros termos, na metodologia civil-constitucional, o ordenamento apenas se completa quando encontra os próprios elementos do caso; só existe o Direito à luz de certa hipótese fática concreta, com suas peculiaridades e características – ideia que se costuma designar como *ordenamento do caso concreto*" (SOUZA, Eduardo Nunes de. Merecimento de tutela: a nova fronteira da legalidade no direito civil. In: MORAES, Carlos Eduardo Guerra de; RIBEIRO, Ricardo Lodi (Coord.). *Direito Civil*. Rio de Janeiro: Freitas Bastos, 2015, p. 77).

3. AMARAL, Francisco. *Direito civil*: introdução. 10. ed. São Paulo: Saraiva, 2018, p. 184.

que liga um fenômeno ao outro, a indicar a necessidade de tutelas diversas à vítima de um dano ocorrido nesse percurso, a depender do caso concreto.

Diante desse contexto, buscou-se esboçar, no presente trabalho, alguns critérios que podem auxiliar o intérprete na identificação da concreta situação entre as partes durante as negociações preliminares para que, à luz da apreensão do evento lesivo específico e dos danos sofridos, se possa determinar qual o interesse a ser reparável.

Nesse cenário, assumem destaque a boa-fé objetiva, os usos e costumes e as circunstâncias, que consistem em sólidos critérios para averiguação da fase das tratativas, valorizando uma interpretação que, em vez de se atentar para aspectos psicológicos dos agentes, busque delimitar o consentimento dos pretensos contratantes, a partir da tutela da confiança.

Tais parâmetros permitem, assim, que se examine o evento lesivo não tomando-se em consideração a eventual intenção subjetiva de cada uma das partes, ou, ainda, de forma restrita ao exame literal de eventuais documentos elaborados no decorrer das negociações, mas uma investigação sua de forma objetiva, por meio da identificação dos comportamentos exteriorizados pelos agentes e seus efeitos nos demais, considerando-se a complexidade e totalidade pré-negocial, as condutas usualmente adotadas e os padrões de probidade exigíveis, à luz dos valores do ordenamento jurídico.

REFERÊNCIAS

AGUIAR JÚNIOR, Ruy Rosado de. A boa-fé na relação de consumo. *Revista de Direito do Consumidor*. São Paulo: Ed. RT, p. 20-27, abr./jun. 1995.

AGUIAR JÚNIOR, Ruy Rosado de. *Comentários ao novo Código Civil*. In: TEIXEIRA, Sálvio de Figueiredo (Coord.). Rio de Janeiro: Forense, 2011. v. VI, t. II.

AGUIAR JÚNIOR, Ruy Rosado de. Novos danos na responsabilidade civil. A perda de uma chance. In: SALOMÃO, Luis Felipe; TARTUCE, Flávio (Coord.). *Direito civil*: diálogos entre a doutrina e a jurisprudência. São Paulo: Atlas, 2018.

AGUIAR JÚNIOR, Ruy Rosado. *Extinção dos contratos por incumprimento do devedor*. Rio de Janeiro: AIDE, 2003.

ALVIM, Agostinho. *Da inexecução das obrigações e suas consequências*. 4. ed. São Paulo: Saraiva, 1972.

AMARAL, Francisco. *Direito civil*: introdução. 10. ed. São Paulo: Saraiva, 2018.

ANDRADE, Fábio Siebeneichler de; RUAS, Celiana Diehl. Mitigação de prejuízo no direito brasileiro: entre concretização do princípio da boa-fé e consequência dos pressupostos da responsabilidade contratual. *Revista de direito civil contemporâneo*. v. 7. ano 3. p. 117-144. São Paulo: Ed. RT, abr.-jun. 2016.

ASCENSÃO, José de Oliveira. *Direito civil*: teoria geral. 3 ed. São Paulo: Saraiva, 2010. v. 2.

ASSIS, Araken de. Dano positivo e dano negativo na resolução do contrato. *Revista da Associação dos Juízes do Rio Grande do Sul (Ajuris)*. n. 60, março 1994.

AZEVEDO, Antonio Junqueira de. Insuficiências, deficiências e desatualização do projeto no Código Civil (atualmente, código aprovado) na questão da boa-fé objetiva nos contratos. *Estudos e Pareceres de Direito Privado*. São Paulo: Saraiva, 2004.

AZEVEDO, Antônio Junqueira de. Responsabilidade pré-contratual no Código de Defesa do Consumidor: estudo comparativo com a responsabilidade pré-contratual no direito comum. *Revista de Direito do Consumidor*. n 18. abr./jun. 1996.

BANDEIRA, Paula Greco. As cláusulas de *hardship* e o dever da boa-fé objetiva na renegociação dos contratos. *Pensar – Revista de Ciências Jurídicas*, v. 21, 2016.

BANDEIRA, Paula Greco. *Contrato incompleto*. São Paulo: Atlas, 2015.

BASSO, Maristela. *Contratos internacionais do comércio*: negociação, conclusão, prática. 3 ed. Porto Alegre: Ed. Livraria do Advogado, 2002.

BENATTI, Francesco. *Responsabilidade pré-contratual* (com correspondência entre os preceitos do direito italiano e do português). Coimbra: Almedina, 1970.

BETTI, Emilio. *Teoria geral do negócio jurídico*. Campinas: LZN, 2003. t. II.

BIANCHINI, Luiza Lourenço. *Contrato preliminar:* conteúdo mínimo e execução. Porto Alegre: Arquipélago Editorial, 2017.

BRAGA NETTO, Felipe; FARIAS, Cristiano Chaves de; ROSENVALD, Nelson. *Novo tratado de responsabilidade civil.* 2. ed. São Paulo: Saraiva, 2018.

BRANCO, Gerson Luiz Carlos. Efeitos normativos das práticas negociais: atos de autonomia privada ou de heterocomposição? In: BENETTI, Giovana et. al. (Org.). *Direito, cultura, método:* leituras da obra de Judith Martins-Costa. Rio de Janeiro: Editora GZ, 2019.

BRANCO, Gerson Luiz Carlos; MARTINS-COSTA, Judith. *Diretrizes teóricas do novo código civil brasileiro.* São Paulo: Saraiva, 2002.

CAPPELARI, Récio Eduardo. *Responsabilidade pré-contratual:* aplicabilidade ao Direito brasileiro. Porto Alegre: Livraria do Advogado, 1995.

CAVALIERI FILHO, Sergio. *Programa de responsabilidade civil.* 10. ed. São Paulo: Atlas, 2012.

CHAVES, Antônio. *Responsabilidade pré-contratual.* 2. ed. São Paulo: Lejus, 1997.

CHEDIEK, Juliana da Silva Ribeiro Gomes. In: COSTA, Ilton Garcia da; DIAS, Clara Angélica Gonçalves; FIUZA, César Augusto de Castro. *Direito civil constitucional.* Atividade e tutela dos contratos sem negócio jurídico fundante. Florianópolis: CONPEDI, 2015.

COMIRAN, Giovana Cunha. *Os usos comerciais:* da formação do tipo à interpretação e integração dos contratos. São Paulo: Quartier Latin, 2019.

COMPARATO, Fábio Konder. Reflexões sobre as promessas de cessão de controle societário. *Novos ensaios e pareceres de direito empresarial.* Rio de Janeiro: Forense, 1981.

CORRÊA, André Rodrigues. Sobre um punhado de tomates, de novo (uma pequena reflexão sobre um grande caso). In: BENETTI, Giovana et. al. (Org.). *Direito, cultura, método:* leituras da obra de Judith Martins-Costa. Rio de Janeiro: Editora GZ, 2019.

COSTA, Mariana Fontes da. *Ruptura das negociações pré-contratuais e cartas de intenção.* Coimbra: Coimbra Editora, 2011.

COSTA, Mário Julio de Almeida. *Direito das obrigações.* 10. ed. Coimbra: Almedina, 2006.

COSTA, Mário Júlio de Almeida. *Responsabilidade civil pela ruptura das negociações preparatórias de um contrato.* Coimbra: Coimbra Editora, 1984.

CRUZ, Gisela Sampaio da. *O problema do nexo causal na responsabilidade civil.* Rio de Janeiro: Renovar, 2005.

DANZ, Erich. *A interpretação dos negócios jurídicos.* São Paulo: Saraiva, 1942.

DEPERON, Mariana Pazianotto. *Reponsabilidade civil pela ruptura ilegítima das tratativas.* Curitiba: Juruá, 2009.

DIAS, Daniel. *Mitigação de danos na responsabilidade civil.* São Paulo: Thomson Reuters Brasil, 2020.

DINIZ, Maria Helena. *Curso de direito civil brasileiro.* São Paulo: Saraiva, 2014. v. 3.

DONNINI, Rogério. *Culpa post factum finitum e culpa in contrahendo:* responsabilidade aquiliana ou contratual? *Revista Forense,* v. 395, jan./fev. 2008.

FACHIN, Luiz Edson. O *aggiornamento* do Direito Civil brasileiro e a confiança negocial. *Sciencia Juris,* v. 2/3 Londrina, 1998/1999.

FAJNGOLD, Leonardo. Premissas para aplicação da responsabilidade por perda de uma chance. *Revista de Direito Privado*, São Paulo, v. 69, set. 2016.

FAORO, Guilherme de Mello Franco. *A pós-eficácia hermenêutica dos documentos pré-contratuais não vinculantes.* Dissertação de Mestrado. Rio de Janeiro: Universidade do Estado do Rio de Janeiro, 2019.

FARIA, Cristiano Chaves de; ROSENVALD, Nelson. *Curso de direito civil*: contratos. 8. ed. Salvador: Ed. JusPodivm, 2018.

FERNANDES, Wanderley. Formação de contrato preliminar suscetível de adjudicação compulsória. *Revista de direito mercantil, industrial, econômico e financeiro*, v. 80, out./dez. 1990.

FERNANDES, Wanderley. O processo de formação do contrato. In: FERNANDES, Wanderley (Coord.). *Fundamentos e princípios dos contratos empresariais*. 2. ed. São Paulo: Saraiva, 2012.

FERREIRA, Carlos Almeida de. *Contratos*: conceito, fontes, formação. 6 ed. Almedina: Lisboa, 2018. v. 2.

FISCHER, Hans Albrecht. *A reparação dos danos no direito civil.* São Paulo: Saraiva, 1938.

FORGIONI, Paula A. *Contratos empresariais*: teoria geral e aplicação. 3. ed. São Paulo: Thomson Reuters Brasil, 2018.

FRADA, Manuel António de Castro Portugal Carneiro da. *Teoria da confiança e responsabilidade civil.* Coimbra: Almedina, 2007.

FRADERA, Vera Maria Jacob de. Dano pré-contratual: uma análise comparativa a partir de três sistemas jurídicos, o continental europeu, o latino-americano e o americano do norte. *Revista de Informação Legislativa*, Brasília, v. 34, n. 136, p. 169-179, out./dez. 1997.

FRADERA, Véra Maria Jacob de. Pode o credor ser instado a diminuir o próprio prejuízo? *Revista trimestral de direito civil.* v. 19, p. 109-119. Rio de Janeiro: Padma, jul./set. 2004.

FRITZ, Karina Nunes. A culpa in contrahendo no direito alemão: um contributo para reflexões em torno da responsabilidade pré-contratual. *Revista de Direito Civil Contemporâneo – RDDC,* São Paulo, v. 15, abr./jun. 2018.

FRITZ, Karina Nunes. A responsabilidade pré-contratual por ruptura injustificada das negociações. *Civilistica.com.* a. 1. n. 2. 2012.

FRITZ, Karina Nunes. *Boa-fé objetiva na fase pré-contratual*: a responsabilidade pré-contratual por ruptura injustificada das negociações. Curitiba: Juruá, 2008.

FRITZ, Karina Nunes. Relação obrigacional sem obrigação? Ensaio em homenagem ao Prof. Dr. Francisco Paes Landim. In: BRITO, Dante Ponte de; LIMA, Éfren Paulo Porfirio de Sá (Org.). *Novos paradigmas da ordem privada*: contratos de adesão eletrônicos. Teresina: EDUFPI, 2022.

FULLER, L.L; PERDUE JR., William R. The reliance interest in contract damages. *Yale Law Journal,* New Haven, v. 46, 1936.

GARCIA, Enéas Costa. *Responsabilidade pré e pós-contratual à luz da boa-fé*. São Paulo: Juarez de Oliveira, 2003.

GOMES, Luiz Roldão de Freitas. *Elementos de responsabilidade civil*. Rio de Janeiro: Renovar, 2000.

GOMES, Orlando. Acordo preparatório e contrato preliminar. In: GOMES, Orlando. *Novas questões de direito civil*. São Paulo: Saraiva, 1979.

GOMES, Orlando. *Introdução ao direito civil*. 20 ed. Rio de Janeiro: Forense, 2010.

GRECO, Renato. *O momento de formação do contrato*: das negociações preliminares ao vínculo contratual. São Paulo: Almedina, 2019.

GUEDES, Gisela Sampaio da Cruz. *Lucros cessantes*: do bom senso ao postulado normativo da razoabilidade. São Paulo: Ed. RT, 2011.

GUERRA, Alexandre Dartanhan de Mello. Interesse contratual positivo e negativo: reflexões sobre o inadimplemento do contrato e indenização do interesse contratual positivo. *Revista IBERC*, Minas Gerais, v. 2, n. 2, mar./jun. 2019.

GUIMARÃES, Paulo Jorge Scartezzini. Responsabilidade civil e interesse contratual positivo e negativo (em caso de descumprimento contratual). In: GUERRA, Alexandre Dartanhan de Mello; BENACCHIO, Marcelo (Coord.). *Responsabilidade civil*. São Paulo: Escola Paulista da Magistratura, 2015.

HAICAL, Gustavo. Os usos do tráfico como modelo jurídico e hermenêutico no Código Civil de 2002. *Revista de Direito Privado*. São Paulo: Ed. RT, 2002. v. 50.

HESPANHA, António Manuel. *A cultura jurídica europeia*: síntese de um milênio. Coimbra: Almedina, 2012.

IÓRA, Natália Inez. *Os Usos Negociais e os Contratos Empresariais*: o conteúdo, as funções e o alcance dos usos no processo contratual. São Paulo: Quartier Latin, 2020.

JHERING, Rudof von. *Culpa in Contrahendo ou indemnização pelos contratos nulos ou não chegados a perfeição*. Coimbra: Almedina, 2008.

JORGE, Fernando Pessoa. *Ensaio sobre os pressupostos da responsabilidade civil*. Coimbra: Almedina, 1999.

KIRCHNER, Felipe. *Intepretação contratual*: hermenêutica e concreção. Curitiba: Juruá, 2016.

KONDER, Carlos Nelson. Apontamentos iniciais sobre a contingencialidade dos institutos de direito civil. In: MORAES, Carlos Eduardo Guerra de; RIBEIRO, Ricardo Lodi (Coord.). *Direito Civil*. Rio de Janeiro: Freitas Bastos, 2015.

KONDER, Carlos Nelson. Boa-fé objetiva, violação positiva do contrato e prescrição: repercussões práticas da contratualização dos deveres anexos no julgamento do Resp. 1.277. *Revista Trimestral de Direito Civil – RTDC*, v. 50. 2012.

KONDER, Carlos Nelson. *Contratos conexos, grupo de contratos, redes contratuais e contratos coligados*. Rio de Janeiro: Renovar, 2006.

KONDER, Carlos Nelson. Princípios contratuais e exigência de fundamentação das decisões: boa-fé e função social do contrato à luz do CPC/2015. *Revista Opinião Jurídica*. Fortaleza: Unichristus, jul.-dez. 2016, ano 14, n. 19.

KONDER, Carlos Nelson; GLATT, Michel. Critérios de interpretação das cláusulas compromissórias: usos e costumes, boa-fé e circunstâncias In: BARBOZA, Heloisa Helena (Coord.). *20 anos do Código Civil*: perspectivas presentes e futuras. Rio de Janeiro: Processo, 2022.

KONDER, Carlos Nelson; SCHILLER, Cristiano O. S. B. Cláusula penal e indenização à luz da dicotomia entre interesse positivo e negativo: o exemplo do contrato de permuta no local In: GAMA, Guilherme Calmon; NEVES, Thiago (Coord.). *20 anos do Código Civil*: relações privadas no início do século XXI. Indaiatuba, SP: Foco, 2022.

LARENZ, Karl. *Derecho civil*: parte general. Madri: Revista del Derecho Privado, 1978.

LARENZ, Karl. *Derecho de Obligaciones*. Madrid: Revista de Derecho Privado, 1958. t. I.

LARENZ, Karl. *Metodologia da ciência do direito*. 8. ed. Fundação Calouste Gulbenkian: Lisboa, 2019.

LARENZ, Karl. O estabelecimento de relações obrigacionais por meio de comportamento social típico. *Revista Direito GV*. São Paulo: FGV Direito SP, v. 2, n. 1, p. 55-63, 2006.

LENZ, Carlos Eduardo Thompson Flores. Considerações sobre a indenização dos lucros cessantes. *Revista da Procuradoria Geral da República*, n. 4, 1993.

LÔBO, Paulo. Boa-fé entre o princípio jurídico e o dever geral de conduta obrigacional. *Revista Jurídica Luso Brasileira – RJLC*, n. 3, 2017.

LOPES, Christian Sahb Batista. *Responsabilidade pré-contratual*: subsídios para o direito brasileiro das negociações. Belo Horizonte, Del Rey, 2011.

LOPES, Miguel Maria de Serpa. *Curso de direito civil:* fonte das obrigações, contratos. Rio de Janeiro: Freitas Bastos, 1954. v. 3.

LOUREIRO, Francisco Eduardo; BDINE, Hamid. Responsabilidade pela ruptura das negociações. In: GUERRA, Alexandre et. al. (Coord.). *Da estrutura à função da responsabilidade civil*: uma homenagem do Instituto Brasileiro de Estudos de Responsabilidade Civil (IBERC) ao Professor Renan Lotufo. Indaiatuba: Foco, 2021.

LUDWIG, Marcos de Campos. *Usos e costumes no processo obrigacional*. São Paulo: Ed. RT, 2005.

MARINO, Francisco Paulo de Crescenzo. *Intepretação do negócio jurídico*. São Paulo: Saraiva, 2011.

MARTINS, António Carvalho. *Responsabilidade pré-contratual*. Coimbra: Coimbra Editora, 2002.

MARTINS, Raphael Manhães. A normatização das relações pré-contratuais. *Revista dos Tribunais*, v. 996. São Paulo: Ed. RT, out. 2018.

MARTINS-COSTA, Judith. *A boa-fé no direito privado*: critérios para a sua aplicação. São Paulo: Marcial Pons, 2015.

MARTINS-COSTA, Judith. *A boa-fé no direito privado*: critérios para sua aplicação. 2 ed. São Paulo: Saraiva Jur, 2018.

MARTINS-COSTA, Judith. As cartas de intenção no processo formativo da contratação internacional: os graus de eficácia dos contratos e a responsabilidade pré-negocial. *Revista da Faculdade de Direito da UFRGS,* Porto Alegre, n. 10, p. 39-55, jul. 1994.

MARTINS-COSTA, Judith. *Comentários ao novo Código Civil.* In: TEIXEIRA, Sálvio de Figueiredo (Coord.). Rio de Janeiro: Forense, 2003. v. V, t. II.

MARTINS-COSTA, Judith. Critérios para aplicação do princípio da boa-fé objetiva (com ênfase nas relações empresariais). In: MARTINS-COSTA, Judith; FRADERA, Véra Jacob de (Org.). *Estudos de direito privado e processual civil*: em homenagem a Clóvis do Couto e Silva. São Paulo: Ed. RT, 2014.

MARTINS-COSTA, Judith. Mercado e solidariedade social entre cosmos e taxis: a boa-fé nas relações de consumo. In: MARTINS-COSTA, Judith (Org.). *A reconstrução do Direito Privado*: reflexos dos princípios, diretrizes e direitos fundamentais constitucionais no direito privado. São Paulo: Ed. RT, 2002.

MARTINS-COSTA, Judith. O árbitro e o cálculo do montante da indenização. In: CARMONA, Carlos Alberto; LEMES, Selma Ferreira; MARTINS, Pedro Batista (Coord.). *20 anos da Lei de Arbitragem:* homenagem a Petrônio R. Muniz. São Paulo: Atlas, 2017.

MARTINS-COSTA, Judith. O método da concreção e interpretação dos contratos: primeiras notas de uma leitura suscitada pelo Código Civil. In: NANNI, Giovanni Ettore (Coord.). *Temas relevantes do direito civil contemporâneo*: reflexões sobre os cinco anos do Código Civil. Estudos em homenagem ao Professor Renan Lotufo. São Paulo: Atlas, 2008.

MARTINS-COSTA, Judith. Princípio da confiança legítima e princípio da boa-fé objetiva. Termo de compromisso de cessação (TCC) ajustado com o CADE. Critérios da interpretação contratual: os 'sistemas de referência extracontratuais' ('circunstâncias do caso') e sua função no quadro semântico da conduta devida. Princípio da unidade ou coerência hermenêutica e 'usos do tráfego'. Adimplemento contratual. *Revista dos Tribunais*, v. 852, p. 87-126, out. 2006.

MARTINS-COSTA, Judith. Responsabilidade civil contratual. Lucros cessantes. Interesse positivo e interesse negativo. Distinção entre lucros cessantes e lucros hipotéticos. Dever de mitigar o próprio dano. Dano moral e pessoa jurídica. In: LOTUFO, Renan; NANNI, Giovanni Ettore (Coord.). *Temas relevantes do direito civil contemporâneo*: reflexões sobre os 10 anos do Código Civil. São Paulo: Atlas, 2012.

MARTINS-COSTA, Judith. Um aspecto da obrigação de indenizar: notas para uma sistematização dos deveres pré-negociais de proteção no Direito Civil brasileiro. *Revista dos Tribunais*, São Paulo, v. 97, n. 867, p. 11-51, jan. 2008.

MAXIMILIANO, Carlos. *Hermenêutica e Aplicação do Direito.* 22. ed. Rio de Janeiro: Forense, 2020.

MENEZES CORDEIRO, António. *Da boa-fé no direito civil.* Coimbra: Almedina, 2001.

MENEZES CORDEIRO, António. *Tratado de direito civil.* 4. ed. Lisboa: Almedina, 2014. t. II.

MIZOGUTI, Samanta Mitiko. *Fusões e aquisições:* efeitos jurídicos das negociações. São Paulo: Almedina, 2022.

MONTEIRO FILHO, Carlos Edison do Rêgo. Limites ao princípio da reparação integral no direito brasileiro. *Civilistica.com*, ano 7, n. 1, 2018.

MONTEIRO FILHO, Carlos Edison do Rêgo. Reflexões metodológicas: a construção do observatório de jurisprudência no âmbito da pesquisa jurídica. *Revista Brasileira de Direito Civil*, v. 9, 2016.

MONTEIRO FILHO, Carlos Edison do Rêgo. *Responsabilidade contratual e extracontratual*: contrastes e convergências no direito civil contemporâneo. Rio de Janeiro: Processo, 2016.

MORAES, Bruno Terra de. *O dever de mitigar o próprio dano*: fundamento e parâmetros no direito brasileiro. Rio de Janeiro: Lumen Juris, 2019.

MORAES, Maria Celina Bodin de. Notas sobre a promessa de doação. *Civilistica.com*, v. 2, n. 3, p. 1-19. Disponível em: http://civilistica.com/wp-content/uploads/2015/02/Bodin-de--Moraes-civilistica.com-a.2.n.3.2013.pdf.

MORAES, Mariana Assunção de. *Acordos pré-contratuais*: um estudo sobre seus efeitos jurídicos e sua relevância. Dissertação de Mestrado. Lisboa: Universidade de Lisboa, 2016.

NAMACCHIO, Marcelo. *Responsabilidade civil contratual*. São Paulo: Saraiva, 2011.

NANNI, Giovanni Ettore. Desconto de Proveitos ("compensatio lucri cum damno"). In: GUERRA, Alexandre et. al. (Coord.). *Da estrutura à função da responsabilidade civil*: uma homenagem do Instituto Brasileiro de Estudos de Responsabilidade Civil (IBERC) ao Professor Renan Lotufo. Indaiatuba, SP: Foco, 2021.

NANNI, Giovanni Ettore. *Inadimplemento absoluto e resolução contratual*: requisitos e efeitos. São Paulo: Thomson Reuters Brasil, 2021.

NEGREIROS, Teresa. *Fundamentos para uma interpretação constitucional do princípio da boa-fé*. Rio de Janeiro: Renovar, 1998.

NEGREIROS, Teresa. *Teoria do contrato*: novos paradigmas. 2. ed. Rio de Janeiro: Renovar, 2006.

NERY JÚNIOR, Nelson. Contratos no Código Civil: apontamentos gerais. In: FRANCIULLI NETTO, Domingos e al. (Coord.). *O novo Código Civil*: estudos em homenagem ao Prof. Miguel Reale. São Paulo: LTR, 2003.

NEVES, José Roberto de Castro. *Obrigações*. 5. ed. Rio de Janeiro: GZ, 2014.

NEVES, José Roberto de Castro. *Teoria geral dos contratos*. Rio de Janeiro: GZ, 2021.

NITSCHKE, Guilherme Carneiro Monteiro. *Lacunas contratuais e interpretação*. São Paulo: Quartier Latin, 2019.

NITSCHKE, Guilherme Carneiro Monteiro. Usos e costumes no direito contratual brasileiro (ou, sobre a precisão da doutrina face à imprecisão do legislador). In: BENETTI, Giovana et. al. (Org.). *Direito, cultura, método*: leituras da obra de Judith Martins-Costa. Rio de Janeiro: Editora GZ, 2019.

NORONHA, Fernando. *Direito das obrigações*. 4. ed. São Paulo: Saraiva, 2013.

NORONHA, Fernando. *O direito dos contratos e seus princípios fundamentais*: autonomia privada, boa-fé, justiça contratual. São Paulo: Saraiva, 1994.

PEDREIRA DA SILVA, Juliana. *Contratos sem Negócio Jurídico*: Crítica das Relações Contratuais de Fato. São Paulo: Atlas, 2011.

PEREIRA, Caio Mário da Silva. *Instituições de direito civil*. 17. ed. Rio de Janeiro: Forense, 2013. v. III.

PEREIRA, Caio Mário da Silva. *Instituições de direito civil*: introdução ao direito civil. 26. ed. Rio de Janeiro: Forense, 2013. v. I.

PEREIRA, Caio Mário da Silva. *Responsabilidade Civil*. 12. ed. Rio de Janeiro: Forense, 2018.

PEREIRA, Fabio Queiroz. *O ressarcimento do dano pré-contratual*: interesse negativo e interesse positivo. São Paulo: Almedina, 2017.

PEREIRA, Regis Fichtner. *A responsabilidade civil pré-contratual*: teoria geral e responsabilidade pela ruptura das negociações contratuais. Rio de Janeiro: Renovar, 2001.

PERLINGIERI, Pietro. *Autonomia negoziale e autonomia contrattuale*. 2. ed. Napoli: Edizioni Scientifiche Italiane, 2000.

PERLINGIERI, Pietro. *O direito civil na legalidade constitucional*. Rio de Janeiro: Renovar, 2008.

PERLINGIERI, Pietro. *Perfis do direito civil*: introdução ao direito civil constitucional. 3. ed. Rio de Janeiro: Renovar, 2002.

PINTO, Carlos Alberto da Mota. *Cessão da posição contratual*. Coimbra: Almedina, 1982.

PINTO, Paulo Mota. *Interesse contratual negativo e interesse contratual positivo*. Coimbra: Coimbra Editora, 2008. v. I.

PINTO, Paulo Mota. *Interesse contratual negativo e interesse contratual positivo*. Coimbra: Coimbra Editora, 2008. v. II.

PONTES DE MIRANDA, Francisco Cavalcanti. *Tratado de direito privado*. 3. ed. Rio de Janeiro: Borsoi, 1970. t. IV.

PONTES DE MIRANDA, Francisco Cavalcanti. *Tratado de Direito Privado*. 3. ed. Rio de Janeiro: Borsoi, 1971. t. XXVI.

PONTES DE MIRANDA, Francisco Cavalcanti. *Tratado de direito privado*. 3. ed. São Paulo: Ed. RT, 1984. t. XXXVIII.

POPP, Carlyle. *Responsabilidade civil pré-negocial*: o rompimento das tratativas. Curitiba: Juruá: 2001.

PRATA, Ana. *O contrato-promessa e seu regime civil*. Coimbra: Almedina, 2001.

PRATA, Ana. *Responsabilidade pré-contratual*: uma perspectiva comparada dos direitos brasileiro e português. Coimbra: Almedina, 2018.

REIS JÚNIOR, Antonio dos. O problema da execução do contrato preliminar: esboço de sistematização em perspectiva civil-constitucional. *Civilistica.com*. Rio de Janeiro, a. 6, n. 1, 2017. Disponível em: http://civilistica.com/o-problema-da-execucao-do-contrato--preliminar/.

RIZZARDO, Arnaldo. *Direito das Obrigações*. 7. ed. Rio de Janeiro: Forense, 2011.

ROCHA, Silvio Luis Ferreira da. Interesse contratual negativo. In: GUERRA, Alexandre et. al. (Coord.). *Da estrutura à função da responsabilidade civil*: uma homenagem do Instituto Brasileiro de Estudos de Responsabilidade Civil (IBERC) ao Professor Renan Lotufo. Indaiatuba: Foco, 2021.

ROPPO, Enzo. *O contrato*. Coimbra: Almedina, 2009.

ROSENVALD, Nelson. Da interpretação do negócio jurídico. In: LOTUFO, Renan; NANNI, Giovanni Ettore (Coord.). *Teoria geral do direito civil*. São Paulo: Atlas, 2008.

SANSEVERINO, Paulo de Tarso Vieira. *Princípio da reparação integral*: indenização no Código Civil. São Paulo: Saraiva, 2010.

SANTOS, Deborah Pereira Pinto dos. *Indenização e resolução contratual*. São Paulo: Almedina, 2022.

SANTOS, J. M. de Carvalho. *Código civil brasileiro interpretado*. 5. ed. Rio de Janeiro: Freitas Bastos, 1960. v. VI.

SAVI, Sérgio. *Responsabilidade civil por perda de uma chance*. São Paulo: Atlas, 2006.

SCHREIBER, Anderson. *A proibição de comportamento contraditório*: tutela da confiança e *venire contra factum proprium*. 3. ed. Rio de Janeiro: Renovar, 2012.

SCHREIBER, Anderson. *A proibição de comportamento contraditório*: tutela da confiança e *venire contra factum proprium*. 4. ed. São Paulo: Atlas, 2016.

SCHREIBER, Anderson. A tríplice transformação do adimplemento: adimplemento substancial, inadimplemento antecipado e outras figuras. *Revista Trimestral de Direito Civil*: RTDC. Rio de Janeiro, n. 32, out. 2007.

SCHREIBER, Anderson. *Novos paradigmas da responsabilidade civil*: da erosão dos filtros da reparação à diluição dos danos. 2. ed. São Paulo: Atlas, 2009.

SERRA, Adriano Paes da Silva Vaz. Obrigação de indemnização (colocação, fontes, dano, nexo causal, extensão, espécies de indemnização). Direito da abstenção e de remoção. *Separata do Boletim do Ministério da Justiça*, ns. 83 e 84, Lisboa, 1959.

SILVA, Clóvis do Couto e. *A obrigação como processo*. São Paulo: FGV Editora, 2013.

SILVA, Clóvis do Couto e. O conceito de dano no direito brasileiro e comparado. In: FRADERA, Vera (Org.) *O direito privado brasileiro na visão de Clóvis do Couto e Silva*. Porto Alegre: Livraria do Advogado, 1997.

SILVA, Clóvis do Couto. *Princípios fundamentais da responsabilidade civil em direito brasileiro e comparado*. Porto Alegre: Sérgio Antonio Fabris, 2022.

SILVA, Eva Sónia Moreira da. *Da responsabilidade pré-contratual por violação dos deveres de informação*. Coimbra: Almedina, 2006.

SILVA, Jorge Cesa Ferreira da. *A boa-fé e a violação positiva do contrato*. Rio de Janeiro: Renovar, 2002.

SILVA, Jorge Cesa Ferreira da. Inadimplemento das obrigações. In: REALE, Miguel; MARTINS-COSTA, Judith (Coord.). *Coleção biblioteca de Direito Civil*: estudos em homenagem ao Professor Miguel Reale. São Paulo: Ed. RT, 2007. v. 6.

SILVA, Rafael Peteffi da. *Responsabilidade civil pela perda de uma chance:* uma análise do direito comparado e brasileiro. 3. ed. São Paulo: Atlas, 2013.

SILVA, Rodrigo da Guia. Compensatio lucri cum damno no direito brasileiro: estudo a partir da jurisprudência do Superior Tribunal de Justiça sobre o pagamento do DPVAT. *Revista Brasileira de Direito Civil – RBDCilvil*, Belo Horizonte, v. 16, p. 139-165, abr./jun. 2018.

SILVA, Rodrigo da Guia. Interesse contratual positivo e interesse contratual negativo: influxos da distinção no âmbito da resolução do contrato por inadimplemento. *Revista IBERC*, Minas Gerais, v. 3, n. 1, p. 1-37, jan./abr. 2020.

SIRENA, Hugo Cremonez. Direito dos Contratos: relações contratuais de fato e o princípio da boa-fé. *Revista Jurídica da Procuradoria Geral do Estado do Paraná*, n. 5. 2014.

SOUZA, Eduardo Nunes de. Critérios distintivos do intérprete civil-constitucional. In: MENEZES, Joyceane Bezerra de; CICCO, Maria Cristina de; RODRIGUES, Francisco Luciano Lima (Coord.). *Direito civil na legalidade constitucional:* algumas aplicações. São Paulo: Foco, 2021.

SOUZA, Eduardo Nunes de. Merecimento de tutela: a nova fronteira da legalidade no direito civil. In: MORAES, Carlos Eduardo Guerra de; RIBEIRO, Ricardo Lodi (Coord.). *Direito Civil*. Rio de Janeiro: Freitas Bastos, 2015.

STEINER, Renata C. *Reparação de danos:* interesse positivo e interesse negativo. São Paulo: Quartier Latin, 2018.

SZTAJNBOK, Felipe. A indenização pelo interesse positivo como forma de tutela do interesse do credor nas hipóteses de inadimplemento culposo da obrigação. *Civilística.com*. Rio de Janeiro, a. 3, n. 2, jul./dez. 2014.

TELLES, Inocêncio Galvão. *Direito das Obrigações*. 7. ed. Lisboa: Coimbra Editora, 1997.

TELLES, Inocêncio Galvão. *Manual dos contratos em geral*. 4. ed. Lisboa: Coimbra, 2002.

TEPEDINO, Gustavo. Esboço de uma classificação funcional dos atos jurídicos. *Revista Brasileira de Direito Civil – RBDCivil*, Belo Horizonte, v. 1, jul./set. 2014.

TEPEDINO, Gustavo. Formação progressiva dos contratos e responsabilidade pré-contratual: notas para uma sistematização. In: BENETTI, Giovana et. al. (Org.). *Direito, cultura, método*: leituras da obra de Judith Martins-Costa. Rio de Janeiro: Editora GZ, 2019.

TEPEDINO, Gustavo. Normas constitucionais e relações de direito civil na experiência brasileira. In: TEPEDINO, Gustavo. *Temas de direito civil*. Rio de Janeiro: Renovar, 2006. t. II.

TEPEDINO, Gustavo. Novos princípios contratuais e a teoria da confiança: a exegese da cláusula *to the best knowledge of the sellers*. *Temas de direito civil*. Rio de Janeiro: Renovar, 2006. t. 2.

TEPEDINO, Gustavo. O papel da vontade na interpretação dos contratos. *Revista Interdisciplinar de Direito*, v. 16, n. 1, jun. 2018.

TEPEDINO, Gustavo. Premissas metodológicas para a constitucionalização do direito civil. *Temas de direito civil*. 4. ed. Rio de Janeiro: Renovar, 2008. t. I.

TEPEDINO, Gustavo; BARBOZA, Heloisa Helena; MORAES, Maria Celina Bodin de. *Código civil interpretado conforme a constituição da república*. 2. ed. Rio de Janeiro: Renovar, 2012. v. II.

TEPEDINO, Gustavo; KONDER, Carlos Nelson. Qualificação e disciplina do contrato preliminar no Código Civil Brasileiro. In: BARBOSA, Henrique; SILVA, Jorge Cesa Ferreira da (Coord.). *A evolução do direito empresarial e obrigacional*: 18 anos do Código Civil. São Paulo: Quartier Latin, 2021. v. 2.

TEPEDINO, Gustavo; KONDER, Carlos Nelson; BANDEIRA, Paula Greco. *Fundamentos do direito civil*: contratos. 2 ed. Rio de Janeiro: Forense, 2021. v. 3.

TEPEDINO, Gustavo; OLIVA, Milena Donato. *Fundamentos do direito civil*: teoria geral do direito civil. 2. ed. Rio de Janeiro: Forense, 2021. v. 1.

TEPEDINO, Gustavo; SCHREIBER, Anderson. *Fundamentos do direito civil*: obrigações. 2 ed. Rio de Janeiro: Forense, 2021. v. 2.

TEPEDINO, Gustavo; SCHREIBER, Anderson. O princípio da boa-fé objetiva no Código Civil e no Código de Defesa do Consumidor. In: TEPEDINO, Gustavo (Coord.). *Obrigações*: Estudos na perspectiva civil-constitucional. Rio de Janeiro: Renovar, 2005.

TEPEDINO, Gustavo; TERRA, Aline de Miranda Valverde; GUEDES, Gisela Sampaio da Cruz. *Fundamentos do direito civil*: responsabilidade civil. 2 ed. Rio de Janeiro: Forense, 2021. v. 4.

TERRA, Aline de Miranda Valverde. A questionável utilidade da violação positiva do contrato no direito brasileiro. *Revista de Direito do Consumidor*, v. 101, p. 181-205, out. 2015.

TERRA, Aline de Miranda Valverde. Autonomia contratual: da estrutura à função. *Revista Jurídica Eletrônica da Universidade Federal do Piauí*. v. 2, n. 2, jul./dez. 2015.

TERRA, Aline de Miranda Valverde. *Cláusula resolutiva expressa*. Belo Horizonte: Fórum, 2017.

TERRA, Aline de Miranda Valverde; GUEDES, Gisela Sampaio da Cruz. Resolução por inadimplemento: o retorno ao *status quo ante* e a coerente indenização pelo interesse negativo. *Civilistica.com*. Rio de Janeiro, a. 9, n. 1, 2020.

TERRA, Aline Miranda Valverde; KONDER, Carlos Nelson; GUEDES, Gisela Sampaio da Cruz. Boa-fé, função social e equilíbrio contratual: reflexões a partir de alguns dados empíricos *Princípios contratuais aplicados*: boa-fé, função social e equilíbrio contratual à luz da jurisprudência. Indaiatuba, SP: Foco, 2019.

TOMASEVICIUS FILHO, Eduardo. *O princípio da boa-fé no direito civil*. São Paulo: Almedina, 2020.

VARELA, João de Matos Antunes. *Das obrigações em geral*. 10. ed. Coimbra: Almedina, 2005. v. 1.

VARELA, João de Matos Antunes. *Das obrigações em geral*. 5. ed. Coimbra: Almedina, 1992. v. 2.

VENCESLAU, Rose. O negócio jurídico e suas modalidades. In: TEPEDINO, Gustavo (Coord.). *A parte geral do novo Código Civil*: estudos na perspectiva civil-constitucional. Rio de Janeiro: Renovar, 2007.

VICENTE, Dário Manuel Lentz de Moura. *A Responsabilidade pré-Contratual no Código Civil Brasileiro de 2002*. Disponível em: https://revistacej.cjf.jus.br/revcej/article/view/604/784.

VICENZI, Marcelo. *Interpretação do contrato*: ponderação de interesses e solução de conflitos. São Paulo: Ed. RT, 2011.

WILLCOX, Victor. Integração dos contratos na perspectiva civil constitucional. *Revista Fórum de Direito Civil – RFDC*, Belo Horizonte, ano 10, n. 28, p. 13-32, set./dez. 2021.

ZANETTI, Cristiano de Sousa. *Responsabilidade pela ruptura das negociações*. São Paulo: Juarez de Oliveira, 2005.